井堀利宏・小西秀樹

政治経済学で読み解く

政府の行動：
アベノミクスの理論分析

木鐸社

まえがき

　本書は，アベノミクスに代表される最近の日本政府の経済・財政運営や金融政策などの行動について，その理論的整合性や政治的制約要因を政治経済学の視点で理論的に分析している。

　2012年12月の政権交代で再び総理に復帰した安倍首相の経済政策（アベノミクス）は，金融緩和と財政出動と成長戦略を3本の矢と名付けたわかりやすさもあって，評価する人も多い。黒田総裁の日銀が大胆な金融緩和策を発動したことで，日本が過去20年来苦しんできたデフレ経済から脱却（リフレ）できるという期待も高まった。しかし，アベノミクスは即効性のある短期的対策に比重を置いているため，長期的な経済活性化につながっていない。異次元の量的緩和政策も，日銀による国債の購入に限界が見え始めた。他方で，今後の財政再建を考えると，これ以上の消費増税の先送りや新たな財政出動も難しくなっている。規制改革による成長戦略も具体的成果が挙がっていない。

　最近のアベノミクスは，女性の活用など一億総活躍で日本経済の再生を図るとしているが，他方で，均衡ある国土の発展を連想させる地方創生も掲げるなど，八方美人的な政策の羅列にとどまっていて，方向感に乏しく，漂流気味である。各方面に気配りするかぎり，抜本的改革は実施できない。

　一般的に，経済政策や財政金融運営は政治的要因を抜きにして議論できない。本書ではアベノミクスを主な議論の対象としているが，具体的な事例に関する実証分析に力点があるわけではない。むしろ，わが国も含めて，先進諸国の政府が直面する経済政策や財政金融運営の諸課題を理論的な枠組みで検証して，その問題点を抽出することに主要な関心がある。こうした視点で政府の行動を政治経済学で読み解いてみたい。

　したがって，多くの議論は抽象的な理論モデルを用いた説明であり，わが国以外の経済政策や財政金融運営にも適用可能な議論である。それでも，わが国が直面する現実の政策課題に対して有益な政策含意が得られることを著

者は期待している。

　本書の内容は，その多くを研究論文として発表し，あるいは，学会や研究会で報告した論文をもとにして，まとめたものである。第1章，第3章，第4章，第5章，第6章，第7章，第10章は井堀が，また，第2章，第8章，第9章は小西が主に担当した。本書は研究書としての色彩が強いが，大学で中級程度の経済学を学んだ学生にも十分に理解できるように，丁寧な叙述を心がけたつもりである。

　本書の出版に際しては，多くの方々からご協力をいただいた。著者がこれまで書いた論文の執筆や報告では，共著者やコメントをいただいた方々に大変お世話になった。また，井堀担当分は，日本学術振興会（課題番号15H01952），東京大学大学院経済学研究科（日本経済国際共同研究センタープロジェクト研究），政策研究大学院大学から，小西担当部分は日本学術振興会（課題番号25380373），京都大学経済研究所（プロジェクト研究），早稲田大学（現代政治経済研究所特別部会，特定課題研究助成）から助成を受けた研究の成果をベースにしている。最後に，本書の刊行に際しては木鐸社の坂口節子氏に大変なご尽力をいただいた。これらの多くの方々や研究助成金の関係団体に感謝する次第である。

　　　　　　　　　　　　　　　　　　　　　2016年7月

　　　　　　　　　　　　　　　　　　　　　　　　著者

目 次

まえがき……………………………………………………………… 3

第1章　アベノミクスの政治経済学　　　　　　　　井堀利宏……11
1　アベノミクスと本書の目的　（11）
2　金融政策の政治経済学　（13）
3　財政出動と財政再建　（16）
4　経済政策の政治経済学分析　（23）
5　アベノミクスの第2段階　（28）

補論　財政破綻の政治経済学　　　　　　　　　　　　　　……30
1　財政破綻の可能性　（30）
2　財政再建の予算制約式　（31）
3　日本財政の「デフォルト」はあるか　（32）
4　デフォルトと投資家の行動　（33）
5　金融政策と財政運営のゲーム分析　（35）
数学付録：金融政策と財政運営のゲーム分析　（38）

第2章　デフレの政治経済学　　　　　　　　　　　小西秀樹……45
1　デフレ脱却の処方箋　（45）
2　物価水準決定のメカニズム　（46）
3　デフレの政治経済学　（63）
4　結語　（73）

第3章　財政政策の政治経済学　　　　　　　　　　井堀利宏……75
1　問題の所在　（75）
2　分析の枠組み：モデルの基本設定　（79）
3　最善解：既得権の操作　（82）
4　次善解　（84）
5　所得変動と公債の上限　（85）
6　実証分析　（87）

7　分析のまとめ：財政政策と所得変動　(87)
　　数学付録：モデル分析　(89)

第4章　財政出動と財政規律の政治経済学　　井堀利宏……91
　　1　公共投資の政治経済学　(91)
　　2　既得権の政治経済学　(99)
　　3　増税と財政再建の理論分析　(105)
　　4　財政規律と予算制度　(108)
　　5　財政規律と政治的独立性　(113)

第5章　社会保障の政治経済学　　井堀利宏……123
　　1　3党合意の一体改革　(123)
　　2　将来世代への先送り　(125)
　　3　公的年金の改革　(127)
　　4　高齢化・少子化社会の年金改革モデル　(130)
　　5　財政健全化　(138)
　　6　社会保障目的税の政治経済学　(139)
　　7　おわりに　(149)

第6章　消費税の政治経済学　　井堀利宏……151
　　1　消費税増税　(151)
　　2　格差是正と所得税　(158)
　　3　資産課税と消費税　(163)
　　4　財政再建と消費税の理論分析　(166)
　　数学付録：財政再建の動学モデル分析　(174)

第7章　地方分権の政治経済学　　井堀利宏……177
　　1　日本の地方分権　(177)
　　2　地域間再分配と地方交付税　(179)
　　3　地方交付税制度　(182)
　　4　複数の地方政府の選択　(186)
　　5　政府間財政の理論分析　(191)

6　地方分権のあり方　（203）
    数学付録：政府間財政の理論分析　（208）

第8章　グローバル化の政治経済学　　　　　　　　　小西秀樹……217
    1　はじめに　（217）
    2　地域貿易協定の政治経済学　（218）
    3　資本移動の政治経済学　（232）
    4　グローバル化がもたらすトリレンマ　（243）
    数学付録：生産効率性命題の証明　（248）

第9章　選挙の政治経済学　　　　　　　　　　　　　小西秀樹……253
    1　はじめに　（253）
    2　公約の役割　（253）
    3　利益集団政治と選挙　（264）
    4　選挙とシグナリング　（274）
    5　大衆迎合の陥穽　（282）

第10章　ポスト・アベノミクスの政治経済学　　　　井堀利宏……293
    1　アベノミクスの課題　（293）
    2　地方創生の経済分析　（295）
    3　ふるさと納税の政治経済学　（303）
    4　ポスト・アベノミクスの経済運営　（309）

索引……………………………………………………………………311

政治経済学で読み解く
政府の行動：
アベノミクスの理論分析

第1章　アベノミクスの政治経済学

1　アベノミクスと本書の目的

　1990年代以降，わが国では「失われた20年」という表現に象徴されるように，マクロ経済の低迷が続いていた。株価も地価も長期低落傾向から抜け出せなかった。2000年代前半の小泉政権でようやく不良債権処理が進んで，景気回復傾向がみられたが，長続きしなかった。2009年の政権交代で民主党が政権に就いたときも，既得権益の打破という政治姿勢に期待が高まったが，マクロ経済の回復・活性化にはつながらなかった。

　ところが，2012年12月の政権交代で再び総理に復帰した安倍首相の経済政策（アベノミクス）はそれまでとは異なった展開を見せ始めた。政権交代前の2012年10月頃に，金融政策をより積極的に活用すべきという方針を安倍自民党総裁が明示したときから，市場は敏感に反応し，円安・株高傾向が始まった。政権復帰後は，中国などの外需に支えられて景気が回復局面に入ったという幸運も手伝ってさらに円安と株高が進行し，安倍政権の経済政策（金融緩和と財政出動と成長戦略を3本の矢としたアベノミクス）は好結果を出した。黒田新総裁の日銀が大胆な金融緩和策を発動したこともあって，日本が過去20年来苦しんできたデフレ経済から脱却（リフレ）できるという期待が一段と高まった。

　2013年のG20サミットなどでも，アベノミクスは国際的に注目され，一定の評価を得た。1980年代後半のバブル再来という懸念も聞かれたが，久しぶりの日本株復活をチャンスとみた投資マネーが東京市場に流れ込んだ。安倍政権の支持率は，政権発足時から3年以上が経過した2016年現在でも，40％

から50％程度のかなり高い水準を維持している。その大きな理由は，マクロ経済環境の改善，株価の回復であった。

　日銀は２％のインフレ目標を安倍政権と共有した。すなわち，黒田総裁は異次元の金融緩和政策で経済や物価をコントロールして2013年から２年間程度で２％の物価上昇率を目指した。インフレ志向の金融当局は，標準的な金融政策からみれば，異端の理念である。本来，金融当局はインフレ抑制の保守的な理念をもつべきとされている。

　そもそも金融当局が政治的に独立している以上，政府（あるいは財政当局，政治家）の意向に中央銀行が全面的に協調するのか望ましいのかは，議論がある。政府＝財政当局は利益団体からの政治的圧力に対処するのに弱すぎる。こうした政治的な攪乱・圧力を考慮すると，政治家の選好は社会・有権者のあるべき選好から乖離していると考えられる。たとえば，政府は将来世代を軽視して，公債発行の上限を緩めるかもしれない。日本では，中央銀行が独立した政策当局として行動してきたし，日銀のインフレ目標は，従来，政府の目標よりも保守的であった。その意味では，アベノミクス以前の日銀は次善解を実現するために，適切に行動してきたとも言えよう。

　逆に言えば，デフレが止まらない非常時だからという名目で，政府（政治家）が主導する形で短期の利益を追求して財政金融政策を決定するアベノミクスは，過度のインフレ・バイアスと財政の放漫化をもたらし，中長期的に弊害をもたらしかねない。マイナス金利という禁じ手も総動員して２％のインフレが達成されたとしても，こうしたマネタイゼーションは資産バブルを引き起こしかねず，その弊害も小さくない。インフレ心理が蔓延すると，投機的資金が土地や株などの資産に流れ，予想を上回る速度で資産価格が上昇して，バブル経済が止まらなくなる恐れもある。

　デフレ脱却には，同時に，金融政策と経済成長のバランスが重要である。しかし，日本経済にこれ以上の成長源泉が乏しいとすると，バブルの危険性だけが高まりかねない。金融政策は実質経済成長率などの実物経済には中長期的に中立的で影響力がないというのが，経済学の基本である。財政の持続可能性を無視してまで，大胆な金融政策を続けるには限界がある。非伝統的で大胆な金融緩和やマイナス金利という非常手段が当面成功したとしても，やがては普通の金融政策に戻る出口戦略が必要になる。入口で大幅な金融出動を実施すればするほど，出口での引き締めが金利上昇をもたらし，実物経

済，ひいては財政の持続可能性に与える悪影響もより大きくなる。つまり，日本国債の信認等に大きな問題が出てくる可能性がある。とくに財政規律を維持できていないときに，金融政策で出口戦略をとろうとして，日銀が国債買い入れ額を縮小し始めると，国債の引き受け手がいなくなり，国債価格の暴落や財政破綻が顕在化する。金融政策に過大な期待をかけるのは危ないだろう。

　安倍内閣は株価最大化内閣と呼べるだろう。実際に，安倍内閣の支持率と株価には正の相関がある。しかし，アベノミクスは即効性のある短期的対策に比重を置いているため，長期的な副作用も無視できない。短期的に景気が回復し，株価が上昇しても，機動的財政出動で累増した借金の付けを将来世代が負わされるなら，世代間の公平からみて問題が残る。

　また，アベノミクスでは，女性の活用や既得権の打破で日本経済の再生を図るとしているが，他方で，均衡ある国土の発展を連想させる地方創生も掲げるなど，八方美人的な理念を打ち出しており，痛みを伴う改革を実行できるのか，不透明である。さらに，2015年10月にアベノミクスは第2の段階に入ったとして，強い経済や社会保障の充実など，もっともらしい政策目標を羅列したが，それらを実現する具体的な政策手段は不透明であり，曖昧な政策願望に退化したようにも見える。

　本書は，アベノミクスに代表される最近の日本政府の経済・財政運営や金融政策などについて，その理論的整合性や政治的制約要因を政治経済学の視点で理論的に分析する。アベノミクスという具体的な経済政策を主な議論の対象としているが，アベノミクス固有の政策を取り上げて具体的な実証分析をするのではなくて，今日の政府が直面する経済政策，財政金融政策の諸課題を政治経済学の理論的な枠組みで検証して，その問題点を抽出することに力点がある。したがって，多くの議論は抽象的な理論モデルを用いた説明であり，わが国以外の経済政策・財政金融運営にも適用可能な議論になっている。それでも，わが国が直面する現実の政策課題に対して有益な政策含意を導出することにも留意している。以下では，本書で展開する議論の意図を紹介してみよう。

2　金融政策の政治経済学

　まず，第2章ではアベノミクスの目玉である金融政策を取り上げる。2012

年の政権獲得直後から白川前総裁による日銀の金融政策に政治的圧力をかけた安倍政権は，積極的な金融緩和＝マネタイゼーションを志向した。黒田新総裁の異次元金融政策とは，財政出動のために発行される国債を中央銀行が事実上無制限に引き受けることで，円安を誘導して，デフレ心理をインフレ心理に転換させることである。企業や家計がインフレ心理になれば，購買意欲が刺激され，デフレ脱却の可能性も高まり，成長も促進され，日本経済も再生できるという。こうした異次元金融政策の有効性について，第2章では「物価水準の財政理論」を紹介しながら，批判的に検討している。

アベノミクスの「第1の矢」である大胆な金融政策はこれまでのゼロ金利政策や時間軸政策とは一線を画した未曾有の実験である。それは，大量の長期国債を購入してベースマネーを積み上げ，民間のインフレ予想への働きかけを企図している。実際，黒田総裁が主導した異次元金融緩和によって当初は大幅な円安が進み，日経平均株価も急上昇した。しかしながら，本来意図していたインフレ率は目標の2％に届かず，景気回復の見込みも未だに不透明なままと言わざるをえない状況である。

果たして金融政策は物価水準を決める主役なのだろうか。国債購入の対価として市中銀行に支払われたベースマネーは民間市場には出回らず，大部分が日銀の当座預金に残ったままになっており，物価水準を引き上げるはずのマネーストックは大して増えていない。貨幣の需要と供給をバランスするように物価水準が決まるという標準的な考え方ではうまく説明できないインフレ率の低迷は，異次元金融緩和を主張したリフレ派には予期せざる事態だと思われる。

日銀の国債大量購入には，事実上の財政ファイナンス，マネタイゼーションではないかという見方もある。返済できる見込みがないほど膨大な長期債務を抱えた政府の財源調達を支えるために，金融当局が受動的な運営を迫られる。そういった状況では金融政策は財政政策のサポート役に回り，物価水準は実質的には財政政策のあり方によって決まってくる。これが「物価水準の財政理論」という考え方である。数式で表せば，

$$\frac{t期期首の名目債務残高}{t期の物価水準} = t期以降の実質財政余剰の割引現在価値$$

を満たすように t 期の物価水準が決まると考える。この「物価水準の財政理

論」を使って財政金融政策が物価水準にもたらす効果を，統一した理論的フレイムワークで検討するのが第 2 章の課題である．

「物価水準の財政理論」にしたがえば，現在の物価水準は将来における政府の実質的な債務負担の大きさによって決まってくる．将来の実質債務負担が増加すれば現在の物価水準にインフレ圧力がかかる．たとえば政府が債務の返済を将来に先送りすると，将来の名目負債が増加する．返済の先送りとともに政府が将来の財政余剰を増加させないなら将来の物価水準が上昇して，実質負債が財政余剰の現在価値に等しくなるように調整される．返済先送りで将来の物価水準が上昇すると，もともと将来に返済義務のあった負債の実質価値も減少する．その結果，現時点で見れば，政府の財政負担の一部は物価上昇によって帳消しになる．この効果が大きいと，実質的な財政負担が減った分，現時点では逆に物価水準にはデフレ圧力がかかる．「物価水準の財政理論」にしたがえば，デフレの原因はベースマネーの大量供給を渋ってきた日銀の金融政策ではなく，債務返済の先送りを常態化してきた財政当局にあるということになる．

では，「物価水準の財政理論」から見たとき，現在日銀が行っている長期国債の大量購入は物価水準を引き上げる効果を持つだろうか．この問いへの答えは，日銀が政府に納付する通貨発行益の割引現在価値に依存する．

日銀が政府の発行した国債をすぐさま購入してしまうやり方は，本質的には，財政支出の財源を通貨発行で賄っているのと同じである．通貨を発行すると日銀のバランスシート上では負債がその分だけ増えることになる．だが，通貨が不換紙幣である以上，その発行残高は形式的に負債と扱われているだけであり，日銀は未来永劫，それに対して何か返済する必要は全くない．

だとすれば，日銀が大量に長期国債を購入すれば政府の将来債務が減るから，財政余剰の流列に変化がない限り，将来の物価水準も低下する．これは前述の，債務返済先送りと完全に逆の効果である．将来の物価下落を通じた実質債務残高の増大幅が大きければ，現時点では，物価水準に上昇圧力がかかる．リフレ派の主張は「物価水準の財政理論」でもある程度妥当性を持つ．

だが，ある時点で通貨発行益を増やせば将来時点では減らさなければならなくなる可能性がある．民間経済主体は必要以上に貨幣を保有しようとはしない．民間に保有してもらえる貨幣残高に上限があれば，通貨発行で調達できる財源にも割引現在価値で見て上限がある．

日銀の供給するベースマネー供給量の流列がすでにこの上限に達しているなら，現在の通貨発行益を増額する政策は将来のそれを先食いしているのと同じことになる。日銀が長期債を今大量に購入すれば，将来政府が返済すべき債務は減少するが，同時に将来の通貨発行益も減ってしまい，差し引きゼロである。もしそうなら，現在の物価水準には何のインパクトも生じない。

「物価水準の財政理論」は大量に発行された国債の負担にも新たな視点を提供する。政府が減税を実施して国債発行で財源を調達したとき，標準的な考え方にしたがえば，将来世代が国債償還のための財源を負担させられる。

だが「物価水準の財政理論」では，政府が国債を発行しても返済を裏付ける財政余剰の増加がそれに伴わないならば，償還を迎える将来時点では債務の実質価値が変わらないように物価水準が上昇する。このとき損失を被るのは将来世代ではなく，公債発行が行われた時点で長期債を持っている現代世代である。というのは，将来の物価上昇を読み込んだ債券市場で長期債の価格が暴落するからである。

日本ではまだ長期国債の価格が暴落する兆候は見られていない。「物価水準の財政理論」にしたがえば，これは債務返済の先送りに伴って将来の財政余剰を増やす財政健全化の対応がとられると予想されているからと考えられる。

将来の財政余剰を増やす要因の1つは高齢化である。将来のインフレ予想で引き起こされる長期債の価格低下から受ける損失は，高齢世代の方が現役世代よりも大きいであろう。そのような場合，高齢世代の政治力に配慮した政府は，所得税や社会保険料の引き上げなど現役世代の負担増でプライマリーバランスを改善しようとする。これが奏功している限りインフレの到来は遅くなるが，現役世代が負担できる財源にも限界がある。その限界が見えたとき，一気にインフレ予想が高まり，国債価格が暴落するリスクを孕んでいるのがアベノミクスの財政金融政策である。

3 財政出動と財政再建

3.1 公共投資の経済効果

中央銀行の高い独立性，専門性が求められる金融政策と比較して，政治環境に敏感な財政運営では，平時でも政治的要因は無視できない。アベノミク

スでは中央銀行の金融政策に政治的圧力をかけたが，財政運営はそれ以上に政治的要因に左右される。とくに，わが国の政治状況を考えると，財政出動への政治的圧力は大きい。そのため，財政健全化政策を実施しようとしても，歳出削減や増税はなかなか実現しない。

アベノミクスの2番目の柱は，公共投資を活用した積極的な財政出動である。第3，4章では財政出動の功罪について，景気変動や財政規律の観点から議論している。たしかに，日本のインフラは数十年前に整備された古いものが多く，更新時期を迎えている。また，耐震化の需要もある。必要な社会資本をきちんと整備することは，望ましい。しかし，第4章でも指摘するように，公共投資が経済を活性化させる効果は政治的に過大評価されやすい。

公共投資は，内容さえ適切なものであれば，GDP拡大効果が期待できる。けれども，既存の配分内容を前提とすると，公共投資を量的に拡大してもその波及効果は小さい。過疎地域の振興対策に代表される波及効果の乏しい公共投資では，乗数効果は1に近いままである。1990年代以降の公共投資がGDPを拡大させた効果は，アカデミックな実証分析では確認されていない。むしろ，無駄な社会資本の維持管理費用が将来へのつけとなる。他方で，1990年代に公共投資が拡大したこともあり，2000年代以降日本の財政状況は大きく悪化している。財政状況が厳しいときには，積極的財政政策のメリットは限定される一方で，デメリットは相当大きい。

すなわち，社会資本の水準がまだ不十分であれば，そして，公共投資が有益で利用価値の高い社会資本整備に向けられれば，公共投資の拡大で将来世代にも大きな便益の増加が期待できる。便益の高い公共投資の増大は経済厚生を改善し，さらに，現在の民間消費支出も拡大させる。将来の経済活動が旺盛になれば，民間投資の収益も上向くことが期待できるので，それを見越して今から民間投資は誘発される。公共投資が民間消費・投資を誘発する度合いが大きいほど，将来世代からみても公共投資の便益は高い。逆に言うと，こうした波及効果が見込めない公共投資は将来世代に調達財源や維持管理費用を負担させてしまうので，実施すべきでない。

たしかに，政治的な発言力の強い地方の居住者の中には経済的に困窮している人も多い。地域活性化が政治の重要課題になるのは理解できる。アベノミクスの財政運営でも国土の均衡ある発展＝地域経済への財政支援が「地方創生」という理念で重要な政策目標になっている。ただし，過疎地では高齢

化が進行し、人口も減少している。地方経済を支えることを最優先する公共事業では、カンフル剤にはなっても、中長期的な経済発展につながらないし、将来世代に過度の負担を強いることになりかねない。公共投資が経済を活性化させる効果は政治的に過大評価されやすい。

3.2 景気対策の功罪

　アベノミクスの第2の矢のような機動的財政出動を評価するのに有益な概念は、平時と非常時の区別である。平時では、マクロ経済活動に景気循環で変動が生じたとしても、底割れするリスクがないから、中長期的にマクロ経済は潜在成長を実現できるはずである。短期的な景気対策が必要としても、累進税制や社会保障制度などによるビルト・イン・スタビライザー（自動安定化機能）で十分対応可能であり、公共事業などによる裁量的な政策対応は限定される。中長期の視点で世代間、地域間、個人間の効率性と公平性を重視した持続可能な財政運営を最優先すべきだろう。

　他方で、マクロ経済環境が非常時になると、不況期の落ち込みも人々の経済困窮も大きくなるから、その時点でのマクロ経済環境を改善することが最優先課題となる。将来に付けを先送りしてでも、積極的に財政出動することが求められる。アベノミクスの機動的財政運営が正当化できるとすれば、それは非常時の財政出動に限定される。

　景気後退期に財政赤字を出すことで、マクロ経済や国民生活に与えるマイナスのショックを緩和することが望ましいのは、ケインズ的な枠組みでも、新古典派的な枠組みでも、政府が最適に行動できれば、定性的には同様に成立する。前者では景気安定化政策として財政赤字を活用する立場であり、後者では課税平準化（税負担を異時点間で均等にする政策）として財政赤字を活用する立場である。これに対して、経済危機（非常時）における財政運営はあまり議論されてこなかった。そもそも非常時である以上、緊急に対策を講じる必要があるため、冷静な議論がしにくい側面もある。

　一般的に、平時と非常時では財政運営の評価軸が異なる。そのため、平時と非常時の区別が重要となるが、実際にはこれを適切に判断するのが困難である。とくに、現実の財政運営では、平時の景気循環における不況であったとしても、非常時の底割れリスクを伴う不況＝非常時と判定しがちである。さらに、真の非常時であっても、その対策では政治的バイアスが大きくなる。

すなわち，非常時はマクロ経済が非常事態に直面しているから，財政出動への政治的要請も大きい。非常時という大義名分で財政の非常時（極端な財政出動での財政悪化）も正当化されることがある。しかし，非常時だからと言ってすべての政策が許容されるわけでもない。

わが国の財政運営では，2008年のリーマン・ショックによる世界経済危機で大きな影響を受けた日本経済を立て直すため，積極的な財政出動をした。また，2011年の東日本大震災も非常時であるから，大規模な復興対策費を支出した。アベノミクスでさらに積極的な財政出動を実施した。その結果，2020年までにプライマリーバランス（基礎的収支）を均衡化させるという財政健全化のハードルはますます厳しくなった。2017年に消費税率を10%に引き上げるだけでは，とても足りない状況である。平時を想定してきた標準的な財政運営だけでなく，非常時における政策対応や機動的財政出動についても，その費用対効果をきちんと考慮すべきである。

第4章でも述べるように，アベノミクスの財政運営は需要面での景気刺激効果（乗数効果）に関心が向いている。最近編成された補正予算でも，公共事業の乗数効果が大きいことが強調された。しかし，景気刺激効果に大きく期待するのは無理だろう。また，あまり役に立たない社会資本を整備すれば，将来の維持管理費用も重荷になる。

他方で，公債発行の日銀引き受けで当面の増税を回避したとしても，公債はいずれ償還せざるを得ない。そのためには，将来何らかの財源が必要になる。景気対策で過大な財政出動をすれば，財政が悪化し，その持続可能性が危うくなる。すでに，諸外国からは日本の財政健全化に対して厳しい注文がつくようになった。いつまでも機動的な財政出動をする余裕はない。平時により強力に財政健全化を実現して，真の非常時に備えるべきである。

また，第3章で説明するように，政府が政治的に強くなくて，民主主義の効率性に問題がある場合は，景気順応的な財政運営が望ましい可能性もあり得る。財政状況を悪化させる対価を払うだけの効果があるのかどうか，景気刺激の財政運営には厳しい視点が求められる。

不況期に拡張的な財政政策を実施するのが望ましい条件は，乗数効果が大きく，政府が賢明な施策を実行でき，予算編成での既得権がなく，新規公債発行ができる十分な余裕があることである。しかし，実際の財政運営を見ると，景気対抗的な財政運営は必ずしも望ましいとは言えない。とくに途上国

では，不況のときに財政を引き締めて，好況のときに財政を拡張することがある。第3章で示すように，政治経済学的なモデルでこれを理論的に正当化することは，可能である。第3章の理論モデルは，現在が不況期で将来が好況期という2期間モデルでこの問題を分析している。すなわち，もし既得権獲得の政治活動コストが無視できないなら，不況期に公債発行を抑制するのが望ましい状況もある。

ただし，不況期に緊縮的な財政運営を行うのが望ましいとしても，現実には政治的なバイアスがかかって，これを実行するのは難しい。そのため財政規律が保たれず，国債の信認に問題が出てくる。財政規律をどう担保すべきかという論点は，ケインズ的な裁量的財政政策をどこまで用いるべきか，ということにも関わる。ビルト・イン・スタビライザーで対応すべき範囲と，裁量的な政策で対応すべき範囲を曖昧にして，本来，ビルト・イン・スタビライザーで対応すべき景気の落ち込みにも，裁量的な政策で対応してしまうと，財政規律が失われて，結果として国債をどんどん発行してしまう。したがって，何らかの縛りが必要になる。均衡財政が万能でないことは確かだが，財政再建に関してもある程度のルールを設定して，そのルールと景気対策が両立するにはどういう方法が望ましいかを検証すべきだろう。

3．3　財政規律と財政再建

第4章では，財政規律の視点で財政健全化の道筋も議論している。アベノミクスそのものの是非という問題は別にしても，中長期的に見て日本の金融政策にとっても，財政運営が持続可能であることは必要である。消費増税が再度先送りされたことで財政再建の道筋は不透明になったが2017年に予定通りに消費税を10%に引き上げたとしても，その後はこれまでの財政出動によって増加した公債残高の削減が大きな課題になる。

そもそも日本国債が，ここまで膨大に発行され，累増した理由は，量の面でも質の面でも，歳出歳入の両面で財政改革が進められてこなかったことにある。これにはいろいろな要因があるが，1990年代以降わが国が連立政権になったという政治的要因も大きい。連立政権下では政治的に不安定になって財政赤字が増大することが，理論的にも実証的にも成立する。また日本の場合には，選挙区の定数配分が不平等であり，既得権の削減が困難という問題もある。

もう1つは，情報の非対称性である。財政再建が必要だと政府が発信しても，国民にはそれが正しく伝わらないし，国民がそれを信じない。これは，近年の「霞が関埋蔵金」の問題や，民主党政権の事業仕分け，安倍政権での行政レビューなどの出来事に象徴されている。増税より前に無駄な歳出の削減を求める世論は根強い。しかし，無駄な歳出とみられているものの多くは社会保障給付のように，その削減が困難な「無駄でない」歳出である。

　また，より根本的には，「ただ乗り」という問題がある。ある政策のコストは，増税という形で各人が負担するので実感できるが，そのメリットは国民全体に拡散するので，受益と負担が乖離する。とくに将来世代にとっては，この乖離が大きい。将来世代は政治的な決定に参加できないため，現代世代でも高齢者の意向が政治的に反映されやすく，政治的意思決定の視野は短期的になり，直近の選挙対策が優先される。

　政府と国民の間の情報の非対称性に関しては，2012年6月の3党合意で，消費税率引き上げが取り上げられて以降は，ある程度解消されつつある。与野党の枠を超えて増税に合意したのは初めての経験であるが，これも，財政状況が悪いことに国民の理解が深まったためと考えられる。また，政治的意思決定の視野が短期的ということに関しては，2012年の総選挙で安倍自民党が選挙に圧勝したことで，久しぶりに長期政権が実現するかもしれず，意思決定の視野が長くなる可能性が大きくなった。これは財政健全化の実現に本来は好材料であるが，実際に成果が実現するかどうかは不透明である。とくに社会保障の制度改革は，まだ手がつけられていない。

　2013年秋以降，すでに決めた消費税率の引き上げをもう一度考え直すという政策遂行上の迷走が顕著である。その背景には，現在と将来の経済環境を見て，現在は不況だから財政出動が必要だという議論がある。その前提となっているのは，将来に対する楽観的な期待である。「今はデフレで悪い均衡だが，将来はほどほどのインフレで経済が活性化し，税収も上がり，良い均衡が来るはずだ」という期待である。「今は悪い均衡から良い均衡へジャンプできるチャンスだから，増税で足を引っ張ってはいけない」という議論で正当化していた。しかし，増税を見送れば，本当に悪い均衡から良い均衡へ簡単にジャンプできるのか疑問である。かりにできるのであれば，20年前に既にジャンプしていたはずだ，とも言えるだろう。

　2013年に消費税率を8％に引き上げた際には，消費税を3％引き上げ分の

２％分を公共事業に回そうという政治的プレッシャーが働いた。財政状況が良くなりそうなので，税収増加分を借金返済に回すのではなく，公共事業に使おうという政治的圧力である。税収増が無駄な歳出に消えてしまわないためには，あらかじめ財政ルールを設定し，財政状況が好転しなければ，財政再建のプレッシャーが高くなる仕掛けを折り込んでおくことが重要である。

　わが国の財政の維持可能性を回復するには，いずれにせよ相当規模の増税は不可避である。その場合，追い込まれてから，やむを得ず増税するという事後的な対応ではなく，財政赤字拡大に応じて何らかの課税ルールを事前に設定する方が，財政健全化，財政効率化により有効である。条件付きの財政再建ルールを組み込むことが，財政の仕組みを効率化する上で有益である。たとえば，財政が悪化すれば，自動的に歳出減少，増税を予算化する制度を入れる。事後的な対応ではなく，財政赤字拡大に応じて何らかの課税ルールを事前に設定するという政策対応の方が，財政健全化により有効である。

　あとで，財政状況が悪いからといって，事後的に増税しても，それが無駄な歳出増加につながるのでは効果がない。事後的な税収の増加は所得効果のみをもたらすので，財政再建に協力する誘因を利益団体に与えない。財政赤字への課税を事前に取り決めておくと，財政赤字に応じて課税が増加することを経済主体が予想するので，財政赤字を拡大させるコストを意識させるという代替効果ももつ。将来に負担を先送りすると増税要因も大きくなることがわかるので，国民，利益団体も自発的に財政再建に協力する誘因が大きくなる。

　ただし，拘束力ある枠組みがどれだけ効力を持つかは，マクロ経済環境にも依存する。世界金融危機など，マクロ経済環境が悪化すると，財政再建よりは目先の景気対策を求める声が強くなる。財政赤字のマクロ安定化機能は否定できないから，景気動向にある程度配慮する必要はある。しかし，だからと言って，何でもありの景気対策ではその効果も限定的になる。財政状況が悪いときに減税や歳出拡大をしても，長続きする政策と見なされなければ，民間経済を刺激する効果も小さい。好況期に財政再建を大胆に進めて初めて，不況期にそれなりの景気対策も可能となる。わが国のように，好況期でも高い GDP 成長率が望めない国では，むしろ，景気動向とは独立に，そして，着実に財政再建を進めることが求められる。

4 経済政策の政治経済学分析

4.1 社会保障と消費税

　少子高齢化社会では社会保障が重要な論点になる。アベノミクスの第2段階でも，社会保障の充実が唱われている。もちろん，社会保障の給付が充実することは望ましい。しかし，持続可能な社会保障制度を維持し，世代間での公平性を実現するには，単なる給付の充実とは両立しない改革も必要になる。第5，6章では，社会保障制度改革とそれを財源面で支える消費税の増税について，考察している。

　2012年に3党合意された社会保障と税の一体改革は，財政・税制の持続可能性を回復させる上でも，効率的で公平な社会保障制度を実現する上でも，きわめて不十分な内容である。高齢化，経済活力の低迷，財政赤字の累増という厳しい現実に直面しているわが国で，改革に残された時間はあまりない。税制・社会保障制度の抜本改革を先送りすることなく，高齢者の既得権に踏み込んで，歳出削減に取り組む政府の能力が問われている。

　ところで，消費税増税を政治的に実現するには，税収がきちんと使われるという安心感，信頼感が不可欠である。その1つの有力な方法は福祉目的税化である。これは，消費税を福祉目的の財源に限定するという大義名分をつけることで，社会保障需要に必要な増税に対する国民感情を和らげる効果を狙ったものである。政府は，消費税収の使い道は社会保障制度の維持強化にあるとして，国民の理解を求めている。

　しかし，民主主義の政策決定を想定すると，当面の選挙対策を最優先するなど，政府の税制改革は短期的な視点で実施されやすい。社会保障給付の効率化の道筋は不透明である。現在でも高齢者の政治力は大きい。少子高齢化が進展するにつれて，有権者の平均年齢は上昇しているし，若い世代と比較して，高齢者の投票率は高い。たとえば，2008年の高齢者医療制度導入時に，高齢者の負担増になるという反発を受けて，その負担緩和策が模索された。その後の民主党政権での高齢者医療制度に関する改革は，迷走した。

　高齢者世代の社会保障給付を支える財源として消費税が安易に用いられると，必要以上に税率が引き上げられて，非効率，不公平な歳出が既得権化するという，大きな政府の弊害が表面化するかもしれない。最近の国政選挙で

自民党が大勝した結果，古い体質の族議員が復活する兆しがある。安倍政権では消費税増税で得られる財源で，大盤振る舞いの景気対策を求める政治的圧力が強まっている。紆余曲折して増税しても，その財源が効果の乏しい公共事業に消えてしまうなら，財政再建はおぼつかない。

ところで，増税の大前提は，財政における公平性の確保である。2015年10月からという当初の想定した税率10％への引き上げ時期は延期され，2017年4月から10％に消費税を増税することも2019年10月まで先送りされた。消費税増税を政治的に実現するには，税収がきちんと使われるという安心感，信頼感が不可欠である。なかでも，消費税増税を国民に理解してもらうには，特に負担感が大きい弱者への対策が不可欠である。政府は，逆進性緩和等の観点から，消費税率が10％になる段階で，食料品など生活必需品に軽減税率を適用することを決定した。ところが，すでに軽減税率を導入しているEU諸国では，この制度はあまり評判が良くない。軽減税率は富裕層にも恩恵が及ぶから再分配効果は限定的になるとともに，対象品目を合理的に決定することが困難だからである。逆進性の緩和策としては，累進的な所得課税や給付による再分配政策の方がより効果的だろう。

厳しい財政事情を考慮すると税収増は必要であり，課税ベースの拡大は望ましい。所得税と相続税の最高税率の引き上げは，格差是正という政治的アピールの意味はあるが，税収増の効果が不透明であるし，攪乱効果も予想される。2016年からマイナンバーが導入されたが，これを納税者番号制度に進化させることは，公平な徴税制度に不可欠である。また，格差是正に累進的税制だけで対処するのではなくて，社会の連帯感を高めて，自助，共助の精神で経済の活性化に取り組むべきだろう。

4.2 地方創生と地方分権

アベノミクスの第3の矢は，規制改革による成長の促進である。ここが，経済政策の本丸であることは，安倍総理自身が強調している。しかし，実際の進展はかならずしも順調とは言えない。農業や医療分野での規制改革はそれほど進展していないし，TPP交渉も5年越しの難産でようやく合意にこぎ着けた状態である。経済成長が今後加速する保障はない。むしろ，少子高齢化社会では，よほどのイノベーションがないと，経済成長率は低下して，マイナスになる。

規制改革の大きなテーマの1つが,地方分権である。第7章では地方分権の視点で,規制改革など構造改革について考察している。理論分析としては,中央政府から地方政府への補助金に関するソフト予算制約を取り上げ,両政府間で課税ベースが重複することから生じる垂直的な外部性を明示して,その効果を考察する。また,ソフト予算制約のメリットとデメリットを明らかにするために,地方政府によるレント獲得行動も考慮する。

中央政府が地方政府の求めに応じて補助金を追加すると,ソフト予算になる。その直観的な説明は以下の通りである。第1に,地方政府が公債をたくさん発行して第1期(現在)により多くの借り入れをすると,その返済のために第2期(将来)の地方公共支出が減少する。これは中央政府からみても,将来の地方歳出が過小になるので,望ましくない。こうした状況を是正するため,中央政府は将来に地方への補助金を追加しようとする。第2に,地方政府の公共投資はそれが経済的に効果を持つと,中央政府の税収増ももたらす。将来に中央政府の支出を増やせるから,同時に,第2期に地方公共支出も増やすことが望ましい。そのため,中央政府は将来に地方政府への補助金を増やす誘因がある。

所得税と住民税の課税ベースが同じ所得であるように,中央政府と地方政府の課税ベースが重複すると,中央政府,地方政府ともに,ほかの政府の税収に及ぼす効果を考えないために,税収の垂直的外部性が生じる。そのために,地方政府の公共投資は過小になりうる。その結果,ソフトな予算制約で公共投資が促進されれば,それは望ましい効果を持つ。ただし,地方の利益団体によるレント獲得行動も誘発するというデメリットもある。地方政府の公債発行に対する(中央政府による)起債制限のないケースではソフトな予算制約は2つのルートがともに働くために,公共投資を刺激する効果を持つ。その場合,ソフトな予算の方が経済厚生を増加させることもある。また,地方政府の公債発行に(中央政府の)起債制限のある場合は,中央政府が事実上地方債の発行をコントロールできるため,地方政府の公債発行によるソフト予算のルートは働かない。したがって,ソフトな予算でも必ずしも公共投資が促進されるとは言えず,ハードな予算制約よりも経済厚生が必ず改善するとも言えない。第7章でのモデル分析は,公共支出の限界評価と政府間での税収配分比率が中央政府による起債制限とソフト予算を評価する上で重要であることを示している。

4.3　グローバル化の政治経済学

　第8章では，国際的な視点でグローバル化の問題を扱っている。国論を二分して大騒動になったTPP参加問題は2015年10月大筋合意に達し，12カ国にまたがる経済連携が実現する見込みになった。TPPのような特定国間だけで相互に関税の優遇措置を認め合う自由化協定を，地域貿易協定（Regional Trade Agreement）と呼ぶ。現在では600を超える地域自由貿易協定が世界各地で締結されている。このような地域主義的な貿易自由化はグローバルな自由貿易へと道を開くのであろうか。

　地域貿易協定を締結すると，輸入財産業では関税撤廃により貿易創造効果が働き，社会的余剰が増加する一方，締結相手国からの割高な輸入がもたらす貿易転換効果によって社会的余剰は減少する。また輸出財産業では関税優遇によって社会的余剰が増加する。これらを総合すると，協定締結後には協定相手国からしか輸入が行われず，国内価格が大きく低下するほど，地域貿易協定は一国全体の社会的余剰を改善しやすい。しかし，それは同時に，輸入財産業に従事する生産者の利益を大きく損なうから，政治的には協定締結は困難になりやすい。それでも政府が消費者の利益を重視するタイプであれば，有権者の投票圧力が政府に輸入財産業のロビー活動を押し切って協定締結に進ませる誘因を与える可能性がある（この点は第9章で扱っている）。

　また，地域貿易協定を締結した政府には，締結後に域外関税率を引き下げる誘因がある。政府が社会的余剰を重視するタイプならば，その誘因が強まる。これは輸入財の国内価格が低下して消費者余剰が増加するからである。

　しかし域外関税率が引き下げられれば，協定相手国の輸出財企業は損失を被る。そのような協定破りをあらかじめ見越していれば，彼らは協定締結に反対するであろう。逆に言うと，締結後も域外関税率が高く維持されるだろうという相互の信頼があって初めて協定締結が可能になる。つまり，地域貿易協定は消費者の利益をあまり重視しないタイプの政府によって締結されやすいと考えられる。この点からすれば，地域主義的な関税優遇措置がグローバルな貿易自由化につながると考えるのは少々楽観的かもしれない。

　TPP交渉では財やサービスの貿易自由化だけでなく，資本移動についての規制撤廃や海外投資家の利益保護も議論の焦点になってきた。国際的な資本移動への規制が撤廃されると，法人税の負担を回避して国内資本が海外逃避

しやすくなるし，海外から資本を呼び込むためにも高い法人税率を維持しにくくなる。そして，各国は法人税率の引き下げ競争に巻き込まれる。日本の法人税率は国際的にも高い水準であり，今後段階的に引き下げられる予定になっている。

　もちろん法人税率を引き下げるだけで資本の海外流出を避けられるわけではない。国内の様々な規制や慣行が資本流出を助長するかもしれない。たとえば終身雇用や年功序列を規範とする日本的雇用慣行は労働費用を引き上げ，資本収益率を引き下げる要因になりかねない。近年派遣労働者など非正規雇用への規制が緩和されてきたのは，政府が産業界から経済のグローバル化への対応を迫られたからである。

　規制緩和は少なくとも短期的には分配の不平等を助長する可能性が高い。政府はグローバル化に起因する経済ショックなどに対応する必要にも迫られるだろう。しかしながら資本や労働が国境を越えて自由に移動できるようになると，不平等の是正や社会保障の充実といった要請に応えることが財源面で難しくなる。また社会全体の連帯や規範に関わる規制や慣行も維持困難になり，グローバル・スタンダードに収斂させられていく。こういった状況は，Rodrik (2011) が「グローバリゼーションのトリレンマ」と名付けた命題に端的に表されている。民主的な意思決定に基づいて国民国家の独自性を維持しようと思うならば，ある程度グローバル化に制限を加える政策を実施する必要がある。

　2016年に入っても中国経済の先行きは不透明であり，難民問題を抱えるEUや利上げの金融政策を模索するアメリカの景気回復に期待するのにも限界がある。2020年のオリンピックが東京で開催されることは日本経済の活性化に追い風であるが，それだけで日本の経済成長が持続するわけではない。真の国益に基づいてTPP交渉妥結の成果を国民が共有できるかどうか，また，規制改革を大胆に進展できるかどうか，政権交代を経験した第2次安倍政権の成熟度が問われている。

4.4　選挙の政治経済学

　わが国では自民党の長期政権が続いてきたが，2009年の衆議院選挙で民主党に政権が交代した。しかし，2012年の選挙でまた自民党政権に復帰した。選挙は民主主義社会において有権者が政府を合法的に交代させることができ

るほとんど唯一の手段である。投票を通じて有権者は政府に自分たちの利益に適った政策を選択させるよう動機づけられるかもしれないし，自分たちの利益に適ったタイプの政治家を選出できるかもしれない。だが，選挙がそういった機能を果たすにはいくつかの条件がある。それが満たされないときには，政権交代の可能性が有権者に望ましくない結果をもたらすこともありうる。

　第9章では，ゲーム理論を応用しながら，公約の役割，利益集団政治と選挙，選挙とシグナリング，ポピュリズムの陥穽という4つのテーマで選挙の役割や功罪について議論している。

　また，ポピュリズムの陥穽では原発再稼働問題を取り上げている。福島原発事故の大惨事を目の当たりにして，有権者の多くが原発の安全性に疑心暗鬼になっている。こういう状況下で政治家に再稼働の決定を委ねると，たとえ原発が安全だとわかっていても有権者に阿って再稼働に反対しやすくなってしまう。再稼働させると特定の利害関係者との関係を疑われ，次期の選挙で落選してしまう可能性が高くなるからである。原発再稼働については，安全性の確保が最優先であることは間違いないし，放射性廃棄物の処理問題にも明確な答えは見つかっていない。同時に，電力供給が経済に与える波及効果は甚大である。日本に今ある原発をどれだけ，いつまでに再稼働させていくかは，今後の経済成長や温暖化ガスの排出削減にとって喫緊の課題といって間違いない。だが現在の制度では原発再稼働の権限がいったい誰にあるのか，不明確である。政治家ではなく第三者機関に決定権を委ね，その中立性を厳しく監視していく体制も一案であろう。

5　アベノミクスの第2段階

　以上，簡単に各章の内容を紹介するとともに，財政運営を中心としてアベノミクスの功罪を議論してきた。アベノミクスは，財政出動をその第2の矢にしているように，財政再建に消極的である。財政再建をどれだけ緊急に実施するかという問題は，財政再建を先延ばしして歳出増や減税などの財政出動をどれだけ行うかの問題でもある。このバランスは，政府の政治的強さ，財政再建の重要さ，緊急性と財政出動の有効さ，その効果との相互比較で判断すべきだろう。

　財政再建が国民的な課題であることには合意できたとしても，具体的な再

建プロセスをどのように進めていくべきかについて，なかなか合意するのが困難である。財政再建の必要性はますます高まっているが，社会保障制度改革などの歳出効率化も消費税増税の将来像も先送りされている。また，金融政策でも，マイナス金利の採用など異次元の金融緩和に頼り切りで，その出口戦略は不透明のままである。規制改革の成果もまだ見えない。

　最後の第10章では，ポストアベノミクスの課題を展望している。2015年9月になって安倍総理は「アベノミクスは第2ステージに移る」と宣言し，経済成長の推進力として新たな「3本の矢」を発表した。

(1)　希望を生み出す強い経済，
(2)　夢を紡ぐ子育て支援，
(3)　安心につながる社会保障。

これら3つの政策目標はいずれももっともらしい。しかし，今度の3本の矢はこうあってほしいという願望を列挙したものに過ぎない。新味がなく具体的な政策手段も曖昧である。地方創生は底辺を底上げする政策である。日本経済の再生を最優先課題として，その後で地方創生にお金をつぎ込むべきだろう。第10章では，地方創生に内在するただ乗りの問題とふるさと納税の危うさも議論している。

　総じて，アベノミクスには将来への懸案先送りが顕著である。わが国の経済政策，財政金融運営は政治的要因を抜きにして議論できない。本書ではこれまで紹介してきたように，アベノミクスという今日のわが国における経済政策を主な議論の対象としているが，具体的な事例に関する実証分析に力点があるわけではない。むしろ，わが国も含めて，先進諸国の政府が直面する経済政策，財政金融政策の諸課題を政治経済学の理論的な枠組みで検証して，その問題点を抽出することに力点がある。こうした視点で政府行動を経済学で読み解いてみたい。

参考文献
Rodrik, D. (2011), *The Globalization Paradox: Why Global Markets, States and Democracy Can't Coexist*, Oxford University Press.

補論　財政破綻の政治経済学

1　財政破綻の可能性

　この補論では，財政破綻について整理しておこう。大量に公債発行を続けると，いつかは財政が破綻する。では逆に考えると，どの大きさまでなら公債を長期的に発行できるだろうか。一般的に言えば，公債残高が経済の規模（＝ GDP）よりも大きなスピードで累積しない限り，政府の財政は破産しない。公債を償還するために，新しく借換債を発行するとしても，GDP との相対的な規模で安定していれば良い。なぜなら，税収も GDP と同じ速度で増加するからである。これは破綻しないケースであり，図1Aで示している。また，破綻するケースは図1Bで示している。

　財政がこのままでいくと破綻するのかどうかは，政府の支払い能力以上に債務を負っていくかどうかで判断できる。支払い能力にプラスになるものは，(1)現在の政府の資産（国有地や公営企業の価値，社会保障基金の積立金など）と(2)将来の税収から将来の政策経費に充てる部分を除いた（プライマリー）財政黒字の大きさである。また，負債として効いてくるのは，(1)これまで発行した公債残高と(2)将来義務的に発生する新たな債務（公的年金の支払

図1A　破綻しないケース

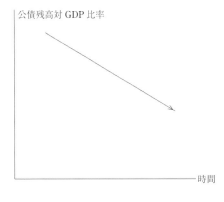

図1B　破綻するケース

いなど）である。

　将来の経済成長が高ければ将来の税負担能力も大きくなり，また，金利が高ければ将来の債務の拡大も大きくなる。

2　財政再建の予算制約式

　以上の議論を数式でまとめておこう。政府の予算制約式は以下のように書ける。

$$\Delta B = G + rB - T$$

ここで B は公債残高，G は政府支出，T は税収である。この式を対 GDP 比率で表すと，

$$\Delta B / Y = g + rb - t$$

ここで，$g = G/Y, b = B/Y, t = T/Y$ である。Y は GDP である。ところで，

$$\Delta b / b = \Delta B / B - \Delta Y / Y$$

の関係があるから，

$$\Delta b = (\Delta B / B - \Delta Y / Y) b = g - t + (r - n) b$$

ここで b は公債残高の対 GDP 比率，g は政府支出の対 GDP 比率，r は利子率，t は税収の対 GDP 比率，n は経済成長率，Δb は公債残高対 GDP 比率の増加分を意味する。

①　ドーマー条件

　もし $g = t$ でプライマリー収支（利払い費を除いた収支：$g - t$ の収支）が均衡しているとする。このとき，

$$\Delta b = (r - n) b$$

となる。したがって，$r > n$ であれば発散するし，逆に，$r < n$ であれば収束する。金利と成長率の大小関係が，公債残高の動向に影響する。

②　ボーン条件

　もし $r = n$ とする。このとき

$$\Delta b = g - t$$

ここでプライマリー赤字 $g - t$ が b とともに減少するとしよう。

$$g - t = \phi(b) \qquad \phi'(b) < 0$$

そうであれば，

$$\Delta b = \phi(b)$$

はゼロに収束する。したがって，公債残高対 GDP 比率は発散しない。逆にプライマリー赤字が b の増加関数であれば，公債残高対 GDP 比率は発散する。プライマリー収支が赤字であっても，公債残高が増加しているときに，その赤字幅が縮小しているのであれば，財政破綻は回避できる。

③通常の財政赤字の条件

通常の財政赤字 $g + rb - t \equiv H$ が一定とする。このとき

$$\Delta b = H - nb$$

したがって，$n > 0$ であれば，b は収束する。逆に $n < 0$ であれば，b は発散する。経済が成長する限り，通常の財政赤字を対 GDP で一定に抑えられれば，公債残高対 GDP 比率が発散することはない。

3　日本財政の「デフォルト」はあるか

現在，わが国の財政収支が大幅な赤字で，公債残高が累増しているにもかかわらず，プライマリー収支の改善はなかなか進展していない。それでも公債は低い金利で消化されている。これには，日銀による異次元の金融緩和政策が効いている。同時に，投資家が財政システムの将来を楽観しており，やがては財政再建によって，財政収支が黒字となり，長期的に政府の収支が破綻しないと考えているからである。しかし，財政収支の赤字が今後も拡大して，公債残高がさらに歯止めもなく累積していけば，財政再建に必要な財政引き締め額も巨大化し，歳出の削減にしろ，増税にしろ，それを実現するのが政治的に困難になる。その場合は，将来の財政収支が十分に黒字化するという予想は信頼性がなくなる。もし，民間の投資家がこのように認識を下方修正すれば，財政に対する信頼性はかなり揺らぐ。償還リスクが高まり，インフレや金利の上昇など財政破綻の兆候が生じる。

ここで，金利形成と財政危機における政府の対応との関係について考えてみよう。将来の財政破綻を心配して，市場が公債を消化するのを拒否すると，どういう事態が起きるだろうか。もっとも極端な場合，誰も新規の公債を保有しなくなると同時に，既存の公債を保有している投資家も，その公債を全額市場で売却しようとする。既発債をすべて政府が買い取るのは，事実上公

債の即時償還を意味する。こうした財政危機が生じたとき，政府のとりうる対応は2つある。

　1つは，デフォルト（債務不履行）を宣言して，既発債の債務を拒否することである。これは1回限りであれば，政府にとって魅力的な選択肢である。「無い袖は振れない」と政府が開き直ったとしても，投資家が強制的に政府資産を没収することはできない。

　政府のとりうるもう1つの選択は，市場の求めに応じて，売りたい投資家の公債を直ちに償還することである。そのための財源を確保するには，大幅な増税が必要になる。こうした第2の選択が採用されるかどうかは，短期的な増税のコストがどの程度大きいかに依存する。理論的にはGDPあるいは国富の大きさまで短期的に増税することは可能であろう。しかし，課税構造が偏っている場合，大幅な増税にはその課税ベースとなる経済主体からの抵抗，障害も大きくなり，短期的に増税するコストがかなり大きくなる。逆に，課税構造が効率的，均一的であれば，短期的増税のコストはそれほど大きくならない。したがって，課税構造がどの程度不均衡（不公平，非効率）であるかどうかで，デフォルトするか，きちんと償還するかが決まることになる。

　日本の税制は，一般的な課税ベースである所得税と消費税が中心であり，国際比較の面から見ると，徴税システムも円滑に機能している。また，現在の税負担（対GDP比）は先進諸国では最低水準である。したがって，税収を増やす余力は残されており，この点からはデフォルトする可能性は小さい。ただし，多くの国民が所得税や消費税の増税に抵抗すれば，政治的にはそれほど増税の余力はないかもしれない。たとえば，2017年4月に消費税率を10％に引き上げる際に，軽減税率の導入が決まった。軽減税率の対象が広くなれば，その分だけ消費税の増収効果は弱くなる。そのような場合にも，税収増があまり期待できないので，デフォルトの可能性は高まってくる。

4　デフォルトと投資家の行動

　簡単な2期間モデルを考える。国内外の投資家はデフォルトのリスクを考慮しながら，公債を購入するかどうかを決定するとしよう。ここで，qは公債の発行価格，1は公債の償還価格，dは財政再建に必要な税負担を表す。第2期になると，投資家は財政再建に賛成する一方で，公債を保有していない非投資家は財政再建に反対する。非投資家にとってはデフォルトすれば，

表 1　公債発行とデフォルト

	第 1 期	第 2 期
外国の投資家	$-q$	1　（財政再建） 0　（財政破綻）
国内の投資家	$-q$	$1-d$　（財政再建） 0　（財政破綻）
国内の非投資家	0	$-d$　（財政再建） 0　（財政破綻）

財政再建のための増税を回避できるので，その分だけ得をする。ただし，金融市場が混乱すればマクロ経済にも悪影響が出るので，非投資家にとっても何らかのマイナスはあるだろう。以下の議論では，単純化のために，このコストは小さくて，非投資家はデフォルトでネットの利得があると想定する。したがって，非投資家が中位投票者（あるいは政治的に発言力が強い有権者）であれば，第 2 期に財政再建のために増税することは困難になる（表 1）。

課税構造が不均衡であるほど，非投資家が中位投票者になりやすいので，政府にとってデフォルトする誘因が高くなる。こうした政府の行動を市場が合理的に予想すれば，そうした状況では公債を将来きちんと償還してくれない可能性が高いから，公債の保有はかなりリスクのある投資対象となる。その分だけ，公債の利子率が高くないと投資家は公債を保有しようとしない。したがって，課税構造が不均衡であるほど，公債は高い金利でないと市場で消化されなくなる。これが，課税の不均衡によるリスク・プレミアムである。その結果，利払い費が増大して，ますます財政危機を引き起こす可能性も高くなる。

また，公債を国内の投資家が多く保有し，外国の投資家があまり保有しない場合は，国内の投資家が中位投票者になりやすいので，デフォルトの誘因は政治的には大きくならない。逆に，多くの公債を外国の投資家が保有している場合には，国内の非投資家が中位投票者になりやすいから，デフォルトの可能性は高くなる。わが国では国債保有は国内投資家に偏っているので，この点からはデフォルトの誘因は小さい。なお，国内投資家のホームバイアス（自国債を選好する）で国債の信認が維持されていると指摘する考え方もある。しかし，上の議論からすれば，国内投資家のホームバイアスという曖昧な要因を想定するよりは，デフォルトの可能性が低いから，信認が維持できていると考える方がよりもっともらしいだろう。

また，政府が単独与党政権か連立政権かという政治要因も重要になる。すなわち，政府が単独与党政権であり，財政政策の政治的自由度がかなり高い場合，デフォルトを宣言しないで増税するときに，政治力を発揮して，与党

の基盤とする圧力団体以外に重い課税をすることができる。そのような課税は与党政府にとってあまり負担にならないから，課税で対応する誘因が高くなる。逆に，連立政権の場合には，連立を構成するいずれかの政党の圧力団体にとって，増税が負担とならざるをえない。連立を構成する政権が国民の多数であるほど，この可能性は大きくなる。さらに，連立政権では短期のメリットが重視され，長期のコストは軽視されるから，デフォルトのコストも軽視されがちである。したがって，連立政権の場合には増税よりもデフォルトを選択する誘因は高い。

こうした状況を合理的に予想できるという意味で，合理的期待を投資家や市場がもっているなら，連立政権が発行する公債には高い金利がつく。これが，連立政権のリスク・プレミアムである。国際比較をしても，連立政権ほど財政赤字は大きくなり，また，他の経済環境が同じであっても，高い金利で公債を発行している。わが国でも，政治改革や選挙制度改革が中途半端のままで先延ばしされると，連立政権の悪い面が表面化して，デフォルトのリスクも大きくなる。

ところで，いったんデフォルトしてしまうと，それ以降公債を発行しようとしても，投資家はそう簡単には保有しない。将来の公債発行は事実上困難になる。このようなリスクを考えると，長期的な視点で政府が行動する限り，デフォルトはあまり得策ではない。第2次世界大戦後でみると，アルゼンチンなど途上国ではデフォルトも生じたが，先進国でデフォルトした国はない。1970年代のイギリスや1990年代のイタリアやカナダでも，最近のわが国と同じ程度の財政悪化に直面したが，結局は歳出削減や増税で対応した。これはデフォルトの中長期的コストが極めて高いからである。したがって，わが国でも歳出削減と増税で財政再建するしかないだろう。

5　金融政策と財政運営のゲーム分析

ここで，中央銀行と財政当局を明示的に考慮して，金融政策と財政運営との相互関係からデフォルトの可能性について理論的に分析してみよう（Doi, T., T. Ihori and K. Mitsui, (2007a, b)）を参照。最善解は，金融当局と財政当局が協力して，国民の選好を反映した目的関数を最大化することである。その際に当初の政策にコミットすることも重要である。

Beetsma and Bovenberg (1997a, b) で分析されているように，財政当局ある

いは政治家が短期的視点で行動すれば，必ずしも最適な政策（最善解）を実行するとは限らない。金融当局と財政当局が最善解を実現するように協力できない。その場合，次善解を実現するには，保守的で独立した中央銀行が必要である。なぜなら，政治的な圧力に敏感な財政当局は，インフレを甘受しても拡張的な政策を追求する誘因をもつ。したがって，平時であれば，金融当局の選好をより保守的なものに修正して，インフレ抑制により厳しくすることが望ましい。Persson, Persson and Svensson (1987, 2005) も参照。

　かりに政治的な攪乱を考慮して，政治家や財政当局の選好は社会（有権者）の選好から乖離していると想定しよう。たとえば，政府や政治家は選挙のことを意識して，直近に成果が出るものを重視し，将来になって成果が出る政策を軽視して，将来世代に余計な負担を強いることを気にしなくなるから，結果として，過度に公債発行するかもしれない。

　他方で，こうした財政運営のバイアスを抑制する制度的な枠組みは，専門性，独立性の高い中央銀行である。中央銀行が過度の公債発行に厳しい態度を示せば，財政当局のバイアスにかかった行動を是正できるかもしれない。日本では，中央銀行が独立した政策当局として行動する原則になっている。中央銀行の人事に政治介入したアベノミクスは，この点からみると，日銀の独立性を侵しかねない危険性がある。

　ここで，公債残高がある上限を超えると財政当局はデフォルトするとしよう。こうしたデフォルトを予期すると，投資家は公債を購入しなくなる。したがって，公債残高がこの水準になると，新規の公債は消化されない。これにより，財政当局は公債の上限を制約として行動せざるをえなくなる。

　簡単な3期モデルで考えてみよう(数学付録を参照)。財政当局が第1期に公債を発行して第3期に償還するとする。この公債発行は第3期にデフォルトの可能性がある。第1期に財政当局は公債発行を戦略的に選択する。デフォルトを回避しようとすると，第2期に新規の公債発行をする際に，第2期には財政健全化のために追加の増税あるいは歳出削減も必要になってくる。

　こうした財政当局の戦略的行動で第2期に公債発行の上限制約に伴う攪乱（追加の増税あるいは歳出削減がマクロ経済に及ぼす悪影響）を相殺するため，金融当局は，拡張的な政策をとってインフレ税収を確保しようとする。このように，金融当局は財政当局の後始末をするため，インフレ・バイアスをもつようになる。ところが，こうした金融当局の第2期の政策を予想すると，

財政当局は第1期により過大な公債を発行する誘因をもつ。そうすることで，第2期における政策ゲームで増税や歳出削減をそれほどしなくて済むため，財政当局にとって公債発行のコストを小さくできる。この財政当局の戦略的バイアスは資源配分をさらに攪乱させる。

以上の分析から，以下のような政策的含意を得る。財政再建を成功させるには，この攪乱に2つの方法で対処する必要がある。1つは，金融当局の目標を有権者のもっている選好よりもより保守的にして，インフレ安定により比重を置くようにすることである。もし金融当局がより保守的になってインフレ税収をもたらすインフレ政策に消極的であれば，財政当局も第1期に過大に公債発行をする戦略的誘因が小さくなる。

もう1つは，第1期の公債発行に制度的な上限を設定することで，資源配分の攪乱効果を抑制することである。これは財政当局の戦略的行動を直接的になくしてしまう。もちろん，財政当局がデフォルトの水準まで公債残高を発行していなければ，この制約は有効に機能しない。日本の財政状況は悪く，公債残高が世界最高水準に達しているから，こうした制約は有効であろう。

参考文献

Beetsma, R.M.W.J. and A.L. Bovenberg (1997a), "Central bank independence and public debt policy," *Journal of Economic Dynamics and Control* vol.21, pp.873-894.

Beetsma, R.M.W.J. and A.L. Bovenberg (1997b), "Designing fiscal and monetary institutions in a second-best world," *European Journal of Political Economy* vol.13, pp.53-79.

Doi, T., T. Ihori, and K. Mitsui (2007a), "Sustainability, inflation, and public debt policy in Japan," in David G. Mayes and Jan Toporowski eds., *Open Market Operations and Financial Markets*, pp.293-320, Routledge.

Doi, T., T. Ihori, and K. Mitsui (2007b), "Sustainability, debt management, and public debt policy in Japan," in Takatoshi Ito and Andrew Rose eds., *Fiscal Policy and Management in East Asia*, East Asia Seminar on Economics Volume 16, pp.377-412, The University of Chicago Press.

Persson, M., T. Persson and L.E.O. Svensson (1987), "Time consistency of fiscal and monetary policy," *Econometrica* vol.55, pp.1419-1431.

Persson, M., T. Persson and L.E.O. Svensson (2005), "Time consistency of fiscal and monetary policy: A solution," *NBER Working Paper* No. 11088.

数学付録：金融政策と財政運営のゲーム分析

1．モデルの設定

簡単なモデル分析で第 5 節の内容を説明したい。投資家は政府の行動を考慮して，公債を保有するかどうかを決める。もし政府がデフォルトすることが前もってわかっていれば，公債を購入しない。この点を部分ゲーム完全ナッシュ均衡の概念で分析しよう。

社会の損失関数を以下のように定式化する。

$$V^S = \frac{1}{2}\sum_{t=1}^{2} \beta_S{}^{t-1}[\alpha_{\pi S}\pi_t{}^2 + (x_t - \tilde{x})^2 + \alpha_{gS}(g_t - \tilde{g}_t)^2] \tag{A1}$$

ここで，$\alpha_{\pi s} > 0$，$\alpha_{gs} > 0$，また β_S は割引要因である。$0 < \beta_S \leq 1$，π_t はインフレ率，x_t はマクロ生産水準，$\tilde{x}_t$ は望ましいマクロ生産水準目標，g_t は政府の歳出水準（対 GDP 比），$\tilde{g}_t$ は政府の歳出目標であり，t 期における課税攪乱や予想外インフレ攪乱なしの生産における最適な政府支出シェアである。単純化のため，$\tilde{g}_t$ は時間を通じて一定とする。$\tilde{g}_t = \tilde{g}$。なお，インフレの目標水準はゼロとおいている。

財政当局と金融当局はそれぞれ独自の損失関数をもっていると考える。財政当局の損失関数は次式である。

$$V^F = \frac{1}{2}\sum_{t=1}^{2} \beta_S{}^{t-1}[\alpha_{\pi F}\pi_t{}^2 + (x_t - \tilde{x})^2 + \alpha_{gS}(g_t - \tilde{g}_t)^2] \tag{A2}$$

ここで $\alpha_{\pi F} > 0$，$\alpha_{gs} > 0$，また，β_S は割引要因である。$0 < \beta_S \leq 1$，また，金融当局の損失関数は次式である

$$V^M = \frac{1}{2}\sum_{t=1}^{2} \beta_S{}^{t-1}[\alpha_{\pi M}\pi_t{}^2 + (x_t - \tilde{x})^2 + \alpha_{gS}(g_t - \tilde{g}_t)^2] \tag{A3}$$

ここで $\alpha_{\pi M} > \alpha_{\pi F} > 0$，すなわち，インフレ目標に対して金融当局は財政当局よりもより保守的であると想定する。それぞれの政策当局は相手の行動を所

与として，自らの損失を最小にするように行動する．毎期，同時に意思決定をする．投資家の損失関数は上で定式化した（A1）式である．

さて政府がデフォルトする可能性を考えよう．政府はその期の政策が選択される前にデフォルトを宣言できる．デフォルトすれば，公債は償還しない．しかし，デフォルトによって金融市場の機能が損なわれると，経済全体が混乱し，その期の民間生産は悪化する．こうしたデフォルトのコストを考慮すると，マクロ供給関数は以下のようになる．

$$x_t = zv(\pi_t - \pi^e_t - \tau_t) \qquad 0 < z < 1 \qquad (A4)$$

ここで，τ_t は税率である．z は時間を通じて一定である．公債をデフォルトすると，生産が正常期の z 倍に落ち込む．これがデフォルトのコストに対応している．また，マクロの供給量は予想インフレ率以上にインフレになれば（予想外のインフレになれば）増加するし，税率が上昇すれば減少すると定式化する．

毎期の制約式は，供給関数（A4）と政府の予算制約式である．この予算制約式は以下のように書き直せる．

$$\tilde{K} + \frac{(1-z)\tilde{x}}{vz} + (1+\rho)b_0 = (\tau_1 + \frac{\tilde{x}}{vz}) + \kappa\pi_1 + (\tilde{g} - g_1) + b_1 \qquad (A5-1)$$

$$\tilde{K} + \frac{(1-z)\tilde{x}}{vz} + (1+\rho)b_1 = (\tau_2 + \frac{\tilde{x}}{vz}) + \kappa\pi_2 + (\tilde{g} - g_2) \qquad (A5-2)$$

ここで $\tilde{K} \equiv \tilde{g} + \tilde{x}/v$. $(x_t - \tilde{x})^2 = z^2v^2(\pi^e_t + \tau_t + \frac{\tilde{x}}{vz})^2$ が（A4）式より成立する．

$$\tilde{K} \equiv \tilde{g} + \tilde{x}/v.\ (x_t - \tilde{x})^2 = z^2v^2(\pi^e_t - \pi_t + \tau_t + \frac{\tilde{x}}{vz})^2$$

$z = 1$ が正常期であり，$0 < z < 1$ はデフォルト期である．

毎期，金融当局は名目賃金が決まる前にアナウンスしたインフレ率にコミットできないと仮定する．この場合，政策当局はインフレ期待を与件として行動する．

2. 第2期の政策決定

3期間からなる政策決定問題を解くために，後ろ向きに解いてみよう．まず第2期の解を求めて，次に第1期の解を求める．こうして時間について整

合的な政策を求める。すなわち，第2期に財政当局は $\{\tau_2, g_2\}$ を選択して損失関数を最小化する。予算制約式は（A5-2）である。金融当局は，$\{\pi_2\}$ を選択して彼の損失関数を最小化する。その際，期待インフレ率 (π_2^e) を与件とするが，政府の予算制約式（A5-2）には注意を払わない。

2.1 正常な場合

もし政府が第2期にデフォルトしないとき，$\{\pi_2, \tau_2, g_2\}$ の最適条件からインフレ期待や他の政策当局の政策を与件として，次式を得る。

$$v(\tilde{x} - x_2) = \alpha_{gS}(\tilde{g} - g_2) = \alpha_{\pi M}\pi_2 \tag{A6}$$

さらに，政府の予算制約式と合理的期待形成 ($\pi_2^e = \pi_2$) から次の関係式を得る。

$$\pi_2 = \frac{1}{N\alpha_{\pi S}}[\tilde{K} + (1+\rho)b_1]$$

$$\tau_2 + \frac{\tilde{x}}{v} = \frac{1}{Nv^2}[\tilde{K} + (1+\rho)b_1] \tag{A7}$$

$$\tilde{g} - g_2 = \frac{1}{N\alpha_{\pi S}}[\tilde{K} + (1+\rho)b_1]$$

ここで $N \equiv \frac{\kappa}{\alpha_{\pi M}} + \frac{1}{v^2} + \frac{1}{\alpha_{gS}}$，また，$\rho$ は割引率である。$\beta = 1/(1+\rho)$

したがって，財政当局の損失関数は次式となる。

$$V_2^F \equiv \frac{1}{2}\frac{N_F^*}{N^2}\{\tilde{K} + (1+\rho)b_1\}^2 \tag{A8}$$

ここで $N_F^* \equiv \frac{\alpha_{\pi F}}{\alpha_{\pi M}^2} + \frac{1}{v^2} + \frac{1}{\alpha_{gS}}$

2.2 デフォルトの場合

もし政府が第2期にデフォルトを選択すれば，政府は損失金額を減少させることができるかもしれない。投資家が第2期のデフォルトを予見できるなら，第1期に公債を購入することはない。その場合，政府は第1期に公債を発行できないので，第2期に公債をデフォルトすることもできない。

3．第1期の政策選択

第1期に，投資家は政府が第2期にデフォルトするかどうかを予想する必

要がある。もし投資家がデフォルトを予想すると、公債を購入しない。これは信用不安をもたらす。この状況で政府は新規の公債 (b_1) を発行できない。もし投資家がデフォルトを予想しないなら、公債は市場で取引される。

そのあとで、財政当局は予算制約式（A5-1）のもとで $\{\tau_1, g_1, b_1\}$ を選択して、損失関数を最小化する。同様に、金融当局は $\{\pi_1\}$ を選択して、その損失関数を最小化するが、その際に政府の予算制約式（A5-1）は考慮しない。

3.1 信用不安無しの正常な場合（ケースN）

最初に、信用不安が生じないケースから分析する。政府は新規の公債 (b_1) を発行できる。財政金融当局は第2期の状況を考慮して、それぞれの損失関数を最小化する。それぞれの損失関数は以下のようになる。

$$V_1^a = \frac{1}{2}[\alpha_{\pi a}\pi_1^2 + (x_1 - \tilde{x})^2 + \alpha_{gS}(g_1 - \tilde{g})^2] + \beta_S V_2^a \tag{A9}$$

ここで $a = F, M$。V_2^a は第2期の損失関数の損失額を表す。V_2^F は（A8）式で定義され、V_2^M は（A9）式に（A7）式を代入して得られる。

金融当局は、財政当局の政策とインフレ期待を所与として、損失関数（A9）を最小化する。$\{\pi_1\}$ の最適化条件から次式を得る。

$$v(\tilde{x} - x_1) = \alpha_{\pi M}\pi_1 \tag{A10-1}$$

財政当局は、損失関数の最小化で次式を得る。

$$v(\tilde{x} - x_1) = \alpha_{gS}(\tilde{g} - g_1) = \beta_N^*[\tilde{K} + (1+\rho)b_1] \tag{A10-2}$$

ここで $\beta_N^* \equiv \beta_S(1+\rho)N_F^*/N$。これらの条件（A10-1, 2）と政府の予算制約式から合理的期待形成 ($\pi_1^e = \pi_1$) のもとで、次式が成立する。

$$\begin{aligned}
\tau_1 + \frac{\tilde{x}}{v} &= \frac{1}{Nv^2}[\tilde{K} + (1+\rho)b_0 - b_1] \\
\pi_1 &= \frac{1}{N\alpha_{\pi M}}[\tilde{K} + (1+\rho)b_0 - b_1] \\
\tilde{g} - g_1 &= \frac{1}{N\alpha_{gS}}[\tilde{K} + (1+\rho)b_0 - b_1] \\
b_1 &= \frac{\delta_2}{1+\rho}[(1+\rho)b_0 + \tilde{K} - \beta_N^*\tilde{K}]
\end{aligned} \tag{A11}$$

ここで $\delta_2 \equiv \dfrac{1+\rho}{1+\beta_S(1+\rho)^2 N_F^*/N}$

したがって，損失関数の金額は，

$$V_1{}^{FN} \equiv \frac{1N_F^*}{2N^2}[\tilde{K}+(1+\rho)b_0-b_1]^2 + \frac{1}{2}\beta_S \frac{N_F^*}{N^2}\{\tilde{K}+(1+\rho)b_1\}^2$$

$$= \frac{1N_F^*}{2N^2}\delta_2{}^2\{(\beta_N*)^2+\beta_S\}[\tilde{K}+\frac{1}{1+\rho}\tilde{K}+(1+\rho)b_0]^2 \qquad \text{(A12)}$$

3．2 信用不安とデフォルト（ケースD）

次に信用不安が生じるケースを考える。このとき，政府は新規の公債を発行できない（$b_1 = 0$）。第1期にデフォルトすると想定しよう。財政金融当局はそれぞれ損失関数を最小化する。政府が第1期にデフォルトすれば，第2期には公債がないので，第2期のデフォルトもない。第1期の損失関数は以下のようになる。

$$V_1{}^{aD} = \frac{1}{2}[\alpha_{\pi a}\pi_1{}^2 + (x_1-\tilde{x})^2 + \alpha_{gS}(g_1-\tilde{g})^2] + \beta_S V_2^a|_{b_1=0} \qquad \text{(A9')}$$

ここで$\alpha = F, M$

また，こうした状況での生産活動は（A4）式で決まる。第1期の政府の予算制約式は，

$$\tilde{K} + \frac{(1-z)\tilde{x}}{vz} = (\tau_1 + \frac{\tilde{x}}{vz}) + \kappa\pi_1 + (\tilde{g}-g_1) \qquad 0<z<1 \qquad \text{(A5−1')}$$

金融当局は（A9'）式を最小化する。$\{\pi_1\}$の最適化条件から次式を得る。

$$vz(\tilde{x}-x_1) = \alpha_{\pi M}\pi_1 \qquad \text{(A13−1)}$$

財政当局も（A9'）式を予算制約式（A5−2'）のもとで最小化する。財政当局の行動は，

$$vz(\tilde{x}-x_1) = \alpha_{gS}(\tilde{g}-g_1) \qquad \text{(A13−2)}$$

これらの条件（A4），（A13−1，2）と政府の予算制約式（A5−1'）から，合理的期待形成（$\pi^e{}_1 = \pi_1$）のもとで次式を得る。

$$\pi_1 = \frac{1}{H\alpha_{\pi S}}[\tilde{K} + \frac{(1-z)\tilde{x}}{vz}]$$

$$\tau_1 + \frac{\tilde{x}}{vz} = \frac{1}{Hv^2z^2}[\tilde{K} + \frac{(1-z)\tilde{x}}{vz}] \tag{A14}$$

$$\tilde{g} - g_1 = \frac{1}{H\alpha_{gS}}[\tilde{K} + \frac{(1-z)\tilde{x}}{vz}]$$

ここで $H \equiv \frac{\kappa}{\alpha_{\pi M}} + \frac{1}{v^2 z^2} + \frac{1}{\alpha_{gS}}$

したがって,損失関数の金額は

$$V_1^{FD} \equiv \frac{1}{2}\frac{H_F^*}{H^2}[\tilde{K} + \frac{(1-z)\tilde{x}}{vz}]^2 + \frac{1}{2}\beta_S \frac{N_F^*}{N^2}\tilde{K}^2 \tag{A15}$$

ここで $H_F^* \equiv \frac{\alpha_{\pi F}}{\alpha_{\pi M}^2} + \frac{1}{v^2 z^2} + \frac{1}{\alpha_{gS}}$

3.3 ケースNとケースDの厚生比較

　第2期に信用不安が生じるかどうかは,財政当局のそれぞれの期の損失関数の厚生損失額に依存する。もし $V_1^{FN} \leq V_1^{FD}$ なら,財政当局が第1期にデフォルトする誘因をもたない。したがって,投資家も公債を購入する。この状況を分析してみよう。

　$V_1^{FN} \leq V_1^{FD}$ は,以下の条件の下で成立する。

$$0 \leq b_0 \leq -\frac{2+\rho}{(1+\rho)^2}\tilde{K} + \frac{1}{(1+\rho)\delta_2}\sqrt{\frac{\frac{H_F^* N^2}{N_F^* H^2}\{\tilde{K} + \frac{(1-z)\tilde{x}}{vz}\}^2 + \beta_S \tilde{K}^2}{(\beta_N^*)^2 + \beta_S}} \tag{A16}$$

もし $V_1^{FN} \leq V_1^{FD}$,つまり,条件 (A16) が成立していれば投資家も第1期に公債を購入する。信用不安も生じない。そうでない場合は,信用不安すなわちデフォルトが生じる。

　$\alpha_{\pi M} > \alpha_{\pi F}$ であり,$\alpha_{\pi M}$ が大きいほど,(A16) 式の不等号の右辺は大きくなるから,信用不安も生じなくなる。その意味で,金融当局がインフレに対してより保守的な選好をもつことが望ましいと言える。

第2章　デフレの政治経済学*

1　デフレ脱却の処方箋

　1990年のバブル崩壊以降，日本経済は「失われた20年」とも呼ばれる長期停滞を経験してきた。その間，政府や日本銀行はさまざまな政策立案によってデフレからの脱却を図ってきたが，成功の兆しはあまり見られなかった。ところが民主党政権から自民党の安倍政権に代わり，日本銀行の執行部が黒田総裁の手に委ねられ，いわゆるアベノミクスによる財政金融政策が発動されるようになると，状況は一変した。円安と株高が急速に進み，輸出企業を中心として企業業績は大幅な改善を見せている。アベノミクスを構成する三本の矢のうち，とくに注目を浴びているのが「大胆な金融緩和」あるいは「異次元金融緩和」と呼ばれる金融政策である。

　黒田総裁の異次元金融緩和政策は，予想インフレ率を引き上げることによって経済全体での需要を呼び起こしデフレからの脱却を図る政策とされている。

　アベノミクス以前の金融政策は，市中銀行が日銀に保有する当座預金口座の残高（準備預金，日銀預け金ともいう）を公開市場操作などを通じてコントロール（金融調節）することが中心であった。これによって，日銀は市中銀行間で短期資金の貸し借りをするときの金利（オーバーナイト無担保コー

　＊　本章の作成に当たっては，早稲田大学の上田晃三氏，小倉義明氏，鎮目雅人氏，田中昌宏氏，日本銀行の片桐満氏との金融政策に関する日常的な議論に負うところが多々あります。この場をお借りしてお礼申し上げます。もちろん，ありうべき誤りや考えが至らないところはすべて筆者の責任です。

ル・レート,政策金利ともいう)を政策的に誘導してきた。いわゆるゼロ金利政策とは,この政策金利をほぼゼロの水準にまで誘導するような金融調節である。実際,2000年後半から2001年前半,2006年後半から2008年末の期間を除けば,政策金利は1999年初頭からほぼ0.1%以下の水準に押さえ込まれている。さらに,ゼロ金利政策を一定期間継続すると宣言し,それにコミットする政策も実行に移された。この政策は,時間軸政策あるいはフォワード・ガイダンスと呼ばれている。時間軸政策は,現在から将来にわたる政策スタンスへのコミットメントを表明して市場の予想形成に働きかける効果を狙っている点において,足元の政策金利の誘導だけに集中していた伝統的な金融政策と一線を画している。

政策金利よりも長期の金利は,おおよそ足元の政策金利と将来予想される政策金利に依存して決まってくる。そのためゼロ金利政策や時間軸政策によって長期金利も低水準で推移してきた。たとえば2012年初頭における国債金利(10年物流通利回り)は約1.47%であったが,2016年1月には0.2%程度まで下落している。

このようにして日本の長短金利はもはや下げる余地がほとんどないところまで押さえ込まれたが,総需要を刺激する効果は期待されたほどには生まれなかった。そこでクローズアップされるようになったのが予想インフレ率に働きかける政策である。日銀は金融調節によって名目金利をある程度コントロールできるが,総需要を左右するのはそこから予想インフレ率を差し引いた実質金利である。名目金利に下げ余地がなくても,予想インフレ率を引き上げられれば,実質金利の低下を通じて消費や投資を誘発し総需要を増大させることができる。

予想インフレ率はどのように決まってくるのか。この問いに答えるには,そもそも物価水準の決定メカニズムを検討する必要がある。合理的な経済主体はそのメカニズムを予想形成の際に用いると考えられるからである。

2 物価水準決定のメカニズム

2.1 日銀は物価水準をコントロールできるか

古典的なマクロ経済学では物価水準は,

$$P_t Y_t = k M_t \tag{1}$$

という貨幣数量方程式によって決まると考えられている。左辺は t 期の物価水準 P_t と実質国内総生産（GDP）Y_t の積で表された名目 GDP，右辺の M_t はマネーストック（以前は，マネーサプライと呼んでいた）を表しており，両者の間には一定の定数 k（マーシャルの k と呼ばれる）によって維持された比例的な関係があるという。マネーストックとは，市中に流通する日銀券の残高と当座預金や普通預金など流動性の高い預貯金の残高を合計したものである。

　実質 GDP がたとえば完全雇用水準 Y^* に維持されているとしよう。貨幣数量方程式にしたがう限り，マネーストックを毎年 2 ％ずつ増やしていくことにすれば物価も 2 ％ずつ上昇していく。予想インフレ率を引き上げるには，とにもかくにも日銀はマネーストックを増やし続ける政策にコミットし，それを民間経済主体に信じ込ませればよい。このような文脈において Krugman (1998) は，中央銀行が「物価の番人」という伝統的な役割を放棄して，物価上昇を無責任に容認するよう振る舞うと確約することこそ，デフレ経済がゼロ金利のために陥った流動性の罠から脱却する方法だと主張している。しかしながら，中央銀行がマネーストックを増やしてインフレ期待を醸成するという議論にはいくつかの問題点がある。

　第 1 に，日銀はマネーストックを思うがままにコントロールできるわけではない。大量の日銀券を新たに印刷して空中からまき散らせば確かにマネーストックを瞬間的に増やすことができるだろう。だが実際には，金融調節による短期金利の誘導や，公社債売買を通じた市中銀行の日銀預け金の増減がマネーストックを調整する主要な政策手段である。これらの政策が市中銀行の民間貸出を誘発したり手控えさせたりして初めて，マネーストックは変化する。

　今，t 期に市中で流通する日銀券の残高を C_t，市中銀行の準備預金残高を R_t としたとき，両者の和で表されるベースマネーは，$H_t = C_t + R_t$ である。ベースマネーとマネーストックの比を α としよう。α は信用乗数と呼ばれる。

$$\alpha = \frac{M_t}{H_t} \tag{2}$$

信用乗数は，民間経済主体と市中銀行の間での資金の貸し借りによる信用創造プロセスを通じて，1 円のベースマネーが何円のマネーストックを生み出すかを表している。

もしも信用乗数が時間を通じて一定であれば，日銀が市中銀行の保有する公社債などを買い取って代金をその準備預金口座に振り込んでやると，マネーストックはベースマネーの増分に比例して増える。市中銀行は，積み増された日銀預け金を元手に民間貸出を増やそうとするからである。そのプロセスは，派生的に生み出される預金増に対して確保されるべき預金準備がちょうど日銀預け金の増分と等しくなるまで継続する。学部レベルの中級マクロ経済学の教科書には「信用創造のプロセス」として，このような信用乗数の議論が必ず解説されている。

　だが市中銀行が有利な貸出先を見いだせなければ，新たな信用は創造されない。ベースマネーが増えてもマネーストックは変化せず，ひたすら日銀預け金が積み増され α の値が下がるだけである。

　図１は2003年からの日本のマネーストック（M2），ベースマネーおよび信用乗数の推移を描いている。これを見ると，黒田総裁が誕生した2013年３月ごろを境に急速なペースでベースマネーが増えていることがわかる。一方，マネーストックの伸びに目立った変化はない。その結果，信用乗数は急激な

図１　信用乗数の推移

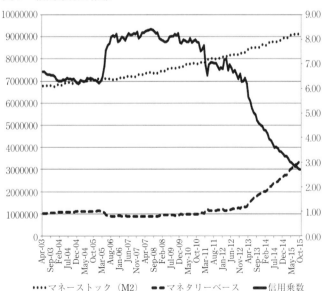

出所：日本銀行，左軸の単位は億円，右軸は信用乗数の目盛り

低下の一途を辿っている。過去には信用乗数が安定して推移した時期も観察されるが,そのこと自体,日銀がマネーストックをコントロールできていたという証左ではない。むしろ逆に,信用乗数を大きく変化させないように市中からの貨幣需要に合わせて日銀がベースマネーの量を受動的に調整してきた可能性も示唆される。

最近の経験から言えば,少なくとも図1が示すような短期ではマネーストックとベースマネーの間に安定的な関係はないようである。だとすれば,貨幣数量方程式や類似の理論を援用して,量的緩和政策で予想インフレ率を早期に引き上げられるとするリフレ派の主張には,明確な理論的根拠が欠けているという他はないであろう。

第2に,仮に実質GDPおよびマーシャルのkが一定であり日銀がマネーストックをコントロールできるとしても,金融政策が物価水準を決める上で主体的な役割を担うとは限らない。

金融政策が物価水準やインフレ率の決定に主体的な役割を果たすことができない可能性を最初に指摘したのはSargent and Wallace (1981) である。彼らは,中央銀行の通貨発行益(セニョレッジ)が政府による財政支出の財源の一部として繰り入れられる点に着目した。

インフレ政策を実施すると貨幣価値が下落する。物価水準の上昇に呼応して民間経済主体はより多くの貨幣を取引のために需要するから,中央銀行は追加的な貨幣発行でそれに応える必要が出てくる。中央銀行が新たに印刷した貨幣で債券や株式を購入すれば,利子や配当による収入が増える。このような中央銀行の収益は政府に納入され,財政支出の財源に繰り入れられる。通貨発行益とは,貨幣発行との見合いで中央銀行が保有する金融資産の運用益である[1]。

逆にインフレを抑制したければ,中央銀行は民間経済主体が保有しようとしない貨幣を回収すべく,手持ちの金融資産を売却しなければならない。その結果,通貨発行益は縮小し,政府は財源不足を甘受しなければならない。

だとすると,現在時点で緊縮的な金融政策をとって一定期間インフレの抑制に成功したところで,それに伴う通貨発行益の減収に対して財政当局が何

---

[1] 実際にはこの運用益から中央銀行の職員に対する給与などの費用を差し引いた金額が政府に納入される。

の対応もとらなければ，将来時点で金融当局は政府の財源不足をカバーするためにインフレ政策をとって貨幣発行益の増額を図らざるをえなくなる。通貨発行益が政府の財源として重要な位置を占め，その変動に対して財政当局が増税や支出削減などの対応をとらず，金融当局に尻拭いさせるような状況では，マネーストックの調整は単にインフレの発生時点を変化させるだけであり，未来永劫インフレを押さえ込むことはできない。

Sargent and Wallace (1981) はこの命題を，財政当局と金融当局を併せた統合政府の通時的収支条件にもとづく簡単な四則演算だけで明らかにし，「マネタリストの不快な算術」(unpleasant monetalist arithmetic) と名付けた[2]。物価変動は常に貨幣的現象であり，マネーストックの調整でインフレをコントロールできると主張してきたマネタリストへの痛烈なアンチテーゼであるとともに，インフレ抑制政策の成否が政府予算をめぐる財政当局と金融当局の相互依存関係や中央銀行の独立性に依存している点を明確に示した命題である。その詳細は節を改めて，基礎理論から順を追って解説したい。

2．2　通貨発行益と統合政府の通時的収支条件

まずは通貨発行益を組み込んだ統合政府の通時的な収支条件についての検討から始めよう。

今，政府は1期ごとに償還される国債を発行して財源を調達している。t期のプライマリー収支（＝税収マイナス国債の利払い費以外の政府支出）の実質額をs_t，t期期末の名目国債残高をB_t，t期の新発国債に約束される名目利子率をR_tとすれば，通貨発行による財源調達に含めた統合政府のt期における収支バランスは

$$R_{t-1}B_{t-1} = B_t - B_{t-1} + P_t s_t + H_t - H_{t-1} \tag{3}$$

と表される。この式は，t期に政府が負う債務の利払い費$R_{t-1}B_{t-1}$が新規国債発行額$B_t - B_{t-1}$，プライマリー収支$P_t s_t$（ただしs_tは実質プライマリー収支），通貨（ベースマネー）の新規発行額$H_t - H_{t-1}$を組み合わせて調達される事情を示している[3]。なお，中央銀行が保有する資産の運用益は財政当局に納

---

2) Sargent and Wallace (1981) はさらに，将来のインフレを民間経済主体が予想して行動する場合，現在時点でのインフレ抑制にも失敗する可能性があると指摘している。

3) 厳密には，政府債務には公的年金の積立不足が含まれる一方，政府が保有す

付され，債務の利払い費 $R_{t-1}B_{t-1}$ の算定で相殺されている点に注意されたい4)。

(3) の両辺を P_t で割って実質値で表すと，次のように書き直すことができる。

$$(1+r_t)\frac{B_{t-1}}{P_{t-1}} = \frac{B_t}{P_t} + s_t + \frac{H_t - H_{t-1}}{P_t} \tag{4}$$

ここで r_t は t 期に実現した実質利子率であり，t 期のインフレ率を $\pi_t = (P_t - P_{t-1})/P_{t-1}$ としたとき，$1 + r_{t-1} = (1 + R_{t-1})/(1 + \pi_t)$ によって定義される。

t 期の予算収支条件 (3) は，財政当局と中央銀行を併せた統合政府のバランスシートにおける負債残高の通時的な変化を表していると見てもよい。統合政府の負債残高を国債残高とベースマネーの合計を $B_t + H_t$ と便宜的に見なして (3) を

$$B_t + H_t = B_{t-1} + H_{t-1} - (P_t s_t - R_{t-1}B_{t-1}) \tag{5}$$

のように書き直してみよう。t 期の負債残高は $t-1$ 期のそれに比べて，財政黒字 $P_t s_t - R_{t-1}B_{t-1}$ の分だけ減少（赤字の場合は増加）する関係にあることがわかる。

以下では表記を簡単化するために $t+1$ 期以降に実現する実質利子率は時間を通じて r で一定と仮定して議論を進めよう5)。この仮定のもとで (5) を t 期と $t+1$ 期の間について実質単位で書き直すと，統合政府の実質負債残高は

$$\frac{B_t + H_t}{P_t} = \frac{1}{1+r}\frac{B_{t+1} + H_{t+1}}{P_{t+1}} + \frac{s_{t+1}}{1+r} + \frac{1}{1+r}\frac{R_t H_t}{P_{t+1}}$$

る実物資産，金融資産の価値が差し引かれる必要がある。またここでは日銀当座預金に支払われる利子は無視している。

4) ここで言う国債残高 B_t は厳密には統合政府の純債務残高を意味する。したがって通常の国債残高から政府や中央銀行が保有する資産を差し引き，公的年金債務のような隠れた負債を加えて算出されるべき値だが，以下では単に国債残高と呼ぶ。同様にプライマリー収支 $P_t s_t$ の算出も，いわゆる一般会計のプライマリー収支に社会保険料収入を追加し，社会保障給付を差し引く必要がある。

5) この仮定は，たとえば $t+1$ 期に実現するインフレ率 π_{t+1} が合理的に予想されるかあるいは完全に予見され，財市場の均衡で決まってくる実質利子率 r に予想インフレ率がフルに反映されて名目利子率 R_{t+1} が $R_{t+1} = (1+r)(1+\pi_{t+1}) - 1$ を満たすよう決まるというフィッシャー効果を前提している。

という関係を満たす。この関係を繰り返し用いて，将来の第 T 期にまで展開していくと

$$\frac{B_t + H_t}{P_t} = \frac{1}{(1+r)^{T-t}} \frac{B_T + H_T}{P_T} + \sum_{k=1}^{T-t} \frac{s_{t+k}}{(1+r)^k} + \sum_{k=1}^{T-t} \frac{1}{(1+r)^k} \frac{R_{t+k-1} H_{t+k-1}}{P_{t+k}} \tag{6}$$

が得られる。右辺第1項は T 期における実質負債残高の割引現在価値，第2項は T 期までのプライマリー黒字の割引現在価値である。第3項は，通貨発行による財源調達ゆえに回避できる利払い費の割引現在価値を表している。後に示すように，この部分が通貨発行益に該当する。

(6) を (5) に代入して式を整理したうえで T を無限期先まで延長すれば，統合政府の t 期期首における負債と資産が実質ベースで通時的にどう見合っているかが明らかになる。

$$\frac{(1+R_{t-1})B_{t-1} + H_{t-1}}{P_t} = \lim_{T \to \infty} \frac{1}{(1+r)^{T-t}} \frac{B_T + H_T}{P_T}$$

$$+ \sum_{k=0}^{\infty} \frac{s_{t+k}}{(1+r)^k} + \sum_{k=1}^{\infty} \frac{1}{(1+r)^k} \frac{R_{t+k-1} H_{t+k-1}}{P_{t+k}} \tag{7}$$

ここで右辺第1項が問題になる。この値がプラスであれば，t 期期首の国債残高の一部は無限に借り換え続けられ，結局のところ返済されない。だがそれが予見されるなら，民間経済主体は国債を買わないであろう。発行した国債が市場を通じてスムーズに消化されていくためには，統合政府は実質負債残高が時間とともに

$$\lim_{T \to \infty} \frac{1}{(1+r)^{T-t}} \frac{B_T + H_T}{P_T} = 0 \tag{8}$$

を満たすよう推移していく範囲内で財源調達を行わなければならない6)。

換言すれば，(8) を (7) に当てはめて得られる通時的な収支バランス条件

$$\frac{(1+R_{t-1})B_{t-1} + H_{t-1}}{P_t} = \sum_{k=0}^{\infty} \frac{s_{t+k}}{(1+r)^k} + \sum_{k=1}^{\infty} \frac{1}{(1+r)^k} \frac{R_{t+k-1} H_{t+k-1}}{P_{t+k}} \tag{9}$$

---

6) この条件は非ポンジーゲーム条件と呼ばれる。

が統合政府の財源調達に課された異時点間の予算制約である．左辺は統合政府の t 期期首における実質負債残高，右辺は統合政府の t 期における実質資産残高を表している．負債は t 期期首の国債残高，当期利払い費およびベースマネーからなる．一方の資産は統合政府の課税権と通貨発行権によって担保されている．具体的には，t 期以降のプライマリー収支の現在価値（第1項）と $t+1$ 期以降に得られる通貨発行益の現在価値（第2項）である．

2.3 通貨発行益と財政再建

　誤解されやすいところだが，通貨発行権を独占しているからと言って中央銀行がお金を刷れば刷るだけ無尽蔵に収益を上げられるわけではない．もしそうなら，税金は不要だし，財政赤字の累増で大騒ぎする必要もない．

　中央銀行が通貨（ベースマネー）を毎期どれだけ発行できるかは，民間部門が受け取ってくれるマネーストックの量に制約される．

　たとえば標準的なマクロ経済学の理論にしたがって，マネーストックへの需要が（1）にしたがっており，(2) のように信用乗数が一定であると仮定しよう7)．このとき t 期のベースマネーに対する実質需要は $H_t/P_t = kY_t/\alpha$ と決まってくる．その結果，t 期に通貨の新規発行で調達可能な実質額は

$$\frac{H_t - H_{t-1}}{P_t} = \frac{kY_{t-1}}{\alpha}\left(1 + g_t - \frac{1}{1+\pi_t}\right) \tag{10}$$

に等しい．g_t は実質 GDP の成長率，π_t はインフレ率を表している．

　(10) の右辺は π_t の増加関数だから，インフレ率 π_t が高いほど t 期の財政支出は通貨発行によってより多く賄える．通貨発行による財源調達がインフレ税と呼ばれることもあるのは，人々がインフレによって価値の目減りした保有貨幣を補充すべく追加需要するときに，新たな通貨発行によって財源調達が可能になるからである．

　ここで実質 GDP の成長率が g，インフレ率が π の一定値で推移する定常状態を考えよう．$r > g$ が満たされ $\pi \geq 0$ であれば，毎期の通貨発行で調達できる財源の現在価値は

---

7)　以下の議論は貨幣需要関数がより一般的に名目利子率に依存する形でも成立する．

$$\sum_{k=0}^{\infty} \frac{1}{(1+r)^k} \frac{H_t - H_{t-1}}{P_t} = \frac{(1+r)kY_{t-1}}{\alpha(r-g)}\left(1+g-\frac{1}{1+\pi}\right) \qquad (11)$$

と決まってくる。通貨発行による財源調達は現在価値で見て，右辺の額を超えられない。一方，$r \leq g$ が成り立つなら，上記の値は無限大になる。実質利子率が実質経済成長率を上回るかどうかは実証的な問題である。しかし最近ヒットした Piketty (2014) でも話題になった通り，短期的にはともかく，長期的に $r \leq g$ という状況が続くと考える経済学者はきわめて少数であると思われる。

　図2が示すように，2013年以降の異次元緩和政策で日銀は大量の長期国債を購入し市中にベースマネーを供給している。日銀が保有する長期国債は，統合政府では返済が相殺される。この点からすれば，日銀の国債大量購入は政府の財政負担を緩和し，財政再建に貢献しているように考えられるかもしれない。

　しかしながら，この議論は間違いである。日銀の国債大量購入は通貨発行によって将来調達可能になる財源を先食いしているにすぎない。

　日銀が国債購入で支払った資金の大部分は現在，過剰準備として日銀当座預金に積み残されたままで市中には消化されていない。異次元緩和政策をやめて従前の金融政策に戻る場面になったとき，日銀は過剰準備を解消するために，保有する長期国債を市中に売却するか，国債の新規購入を手控えて過剰準備が解消するのを待たなければならない。前者の場合，統合政府の債務残高が増加するし，後者の場合，新たな通貨発行による財源調達が制約される。

　もっとも，日本のように中央銀行の独立性が制度化されている社会では，統合政府の予算制約という視点から通貨発行による財源調達を考えるには表面上無理がある。財政当局が発行した国債を中央銀行が直接引き受けたり，もっと極端には，中央銀行が通貨を刷ってそのまま財政当局に引き渡したりすることはできないからである。そこで，通貨発行による財源調達と中央銀行が当期利益として政府に納付する運用益の関係を見ておく必要がある。

　実質利子率が一定という仮定の下では，t 期以降の通貨発行による財源調達額の割引現在価値は次のように表せる。

図2　準備預金と長期国債保有残高の推移

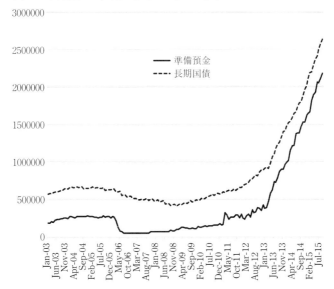

出所：日本銀行．金額の単位は億円

$$\sum_{k=0}^{\infty}\frac{1}{(1+r)^k}\frac{H_{t+k}-H_{t+k-1}}{P_{t+k}}=\sum_{k=1}^{\infty}\frac{1}{(1+r)^k}\frac{R_{t+k-1}H_{t+k-1}}{P_{t+k}}-\frac{H_{t-1}}{P_t} \quad (12)$$

　たとえば中央銀行が市中銀行から国債を買ってベースマネーを増やしたとしよう。国債の償還に際して政府はいったんは中央銀行に国債の利子を支払うものの，最終的に中央銀行の運用益が国庫に納付されるという形で政府に戻ってくる。上式の右辺に現れた $R_{t+k-1}H_{t+k-1}$ はまさにそういった，通貨発行との見合いで中央銀行に買い上げられた国債への利払いが統合政府の会計では帳消しになる効果を示している。

　会計上の通貨発行益は中央銀行が資産運用によって上げて政府に納付された運用益という形で算定される。日本の場合，日銀が政府に納付する当期剰余金（国庫納付金）がそれである。

　日銀が新たに発行した通貨の大部分は，市中銀行から公社債や株式などの証券を購入した代金の支払いに当てられて市中へと出回っていく。このとき日銀のバランスシートでは負債項目のベースマネーが増えるのに対応して，

資産項目に各種証券の保有残高の増分が新たに計上される。たとえば $t+k$ 期に H_{t+k} だけのベースマネーが負債に計上されていれば，日銀は自己資本が負にならない限り，帳簿上それと同額以上の資産を保有しているはずである。その資産が次期に生む運用益が理論的には $R_{t+k}H_{t+k}$ の金額に対応する。したがってフローで考えれば，日銀が政府に納付する資産運用益を通貨発行によって得られた財源調達額と見なすことができる。

日銀は当期剰余金という形で資産運用益を国庫に納付している。2009年度の当期剰余金は3,002億円，国債利息は5,995億円であったが，異次元緩和政策による国債の大量購入で2015年度の当期剰余金は1兆90億円，国債利息も1兆440億円に拡大している。同年度の政府一般会計では国債の利払い費が10兆1,472億円だから，日銀の国庫納付金は国債の利払い費のほぼ10%を帳消しにする規模に達している。その意味では，日銀の国債大量購入は財源調達に苦慮している政府を陰で支える原動力としてわずかなりとも貢献していると言えるだろう。だが(11)および(12)を組み合わせればわかるように，通貨発行益の現在価値には上限がある。急拡大した日銀の国庫納付金は将来調達できる通貨発行益を先取りしただけであり，経済成長が飛躍的に進まない限り，現在の水準をずっと維持できるどころか，近い将来には国庫納付金がほとんどなくなってしまうような事態を引き起こしかねない[8]）。

2．4　マネタリストの不快な算術

さて，(9)に戻ろう。左辺で表された実質負債残高の分子は t 期期首においてすでに決まっていて変更不可能な負債の名目残高である。同様に t 期の物価水準 P_t もすでに与えられていて，中央銀行が選択できるのは $t+1$ 期以降に実現するインフレ率の流列，$\pi_{t+1},\ \pi_{t+2},\ \pi_{t+3}\cdots$，だけだとする。このとき財政当局が左辺の実質負債残高を右辺のプライマリー黒字の現在価値だけで賄えるように増税や支出削減を行おうとしないならば，金融当局は通貨発行益の現在価値を調整して不足分を調達する必要がある。そうしなければ政府が財政破綻を引き起こしてしまうからである。つまり，(9)は統合政府が

---

[8]）本節のような動学モデルの文脈とは異なるが，Fujiki and Tomura (2015)によるシミュレーションでは，異次元緩和政策停止直後から15年間にわたって日銀は赤字決算になり国庫納付金がゼロになるという結果が報告されている。

直面する通時的な予算制約を表しており，統合政府はこれを満たすように税負担，財政支出，通貨発行の流列を決める必要がある。

　財政余剰の現在価値が実質負債残高に満たない場合，(9) および (12) より，$t+1$ 期以降のインフレ率の流列は通貨発行益の現在価値が統合政府の収支バランス条件，

$$\sum_{k=0}^{\infty} \frac{1}{(1+r)^k} \frac{H_{t+k} - H_{t+k-1}}{P_{t+k}} = \frac{(1+R_{t-1})B_{t-1}}{P_t} - \sum_{k=0}^{\infty} \frac{s_{t+k}}{(1+r)^k} \quad (13)$$

を満たすように決められなければならない。これまで想定してきた数量方程式にもとづく貨幣需要のもとで実質 GDP が Y で一定だと仮定して (10) を代入すると，(13) は

$$\frac{kY^*}{\alpha} \sum_{k=0}^{\infty} \frac{1}{(1+r)^k} \frac{\pi_{t+k}}{1+\pi_{t+k}} = \frac{(1+R_{t-1})B_{t-1}}{P_t} - \sum_{k=0}^{\infty} \frac{s_{t+k}}{(1+r)^k} \quad (14)$$

に書き換えられる。

　(10) が示すように，各期に通貨発行で調達できる財源はそのときに実現したインフレ率の増加関数になる。t 期の物価水準やプライマリー黒字の流列が一定なら，(14) の右辺も一定である。このとき，中央銀行がベースマネーの伸び率を抑えて $t+1$ 期からの一定期間インフレを抑制しようとすれば，その間に失われた通貨発行益をカバーするために，将来時点ではベースマネーの伸び率を引き上げインフレを容認し，通貨発行益を増額する政策をとらざるをえなくなる。

　財政当局と金融当局を併せた統合政府の予算制約を念頭に置き，それを満たすように財政当局が政策を選択しないならば，現在のインフレ率と将来のインフレ率の間にトレードオフの関係が生まれる。財政の制約に直面した金融政策が実施できるのは高々，異なる時点間でのインフレ率を調整するだけであり，永遠にインフレ率を押さえ込むことはできない[9]。

---

9) さらに，(1) とは異なり，各期の貨幣需要がその期の名目利子率に依存し，名目利子率が上昇するにつれて貨幣需要も弾力的に減少する場合には，各期の実質資産運用益のスケジュールは名目利子率について逆 U 字型の関係を示し，実質資産運用益には最大値が存在するようになる。そうすると (13) の右辺で表された不足額が大きいほど，金融政策によって引き下げられるインフレ率に

2．5　物価水準の財政理論（FTPL）

　財政当局が通時的な予算制約を満たすように財政政策を調整せず財源不足を放置するような行動を取るとき，中央銀行が通貨発行による穴埋めを強いられるため金融政策が（マネタリストにとって理想的な経済モデルを前提しても）インフレを自由にコントロールできなくなってしまう。「マネタリストの不快な算術」と題した Sargent and Wallace (1981) の論文は，財政当局と中央銀行の相互依存という観点から物価水準の決定を分析した記念碑的業績である。

　とは言え彼らの分析にはいくつかの弱点がある。

　第1は，通貨発行益が政府予算に占める相対的な規模の問題である。経済的に未発達な途上国の政府ならいざ知らず，先進国における政府支出が中央銀行から納付される資産運用益で賄われる部分は微々たる金額にしかならない。日本の場合，通貨発行益にあたる日銀の国庫納付金は異次元緩和政策以前までは毎年高々5000億円程度で推移しており，一般会計歳出総額のわずか1％に満たない。30兆円に達しているプライマリー赤字（平成24年度実績）が今後減らされて行くにせよ，日銀の資産運用益の増減が統合政府の通時的予算制約を満たす鍵になるとは考えにくい。

　第2に，通貨発行益で調達できる財源の割引現在価値には上限がある。統合政府の通時的な予算制約における財源不足がこの最大値を超えてしまえば，金融政策がどうがんばっても，不足を補うことは不可能になる。「マネタリストの不快な算術」はこのとき経済に一体何が起きるのか，何も示していない。

　第3に，(14) をみればわかるように，彼らの議論は t 期期首の実質債務残高 $(1 + R_{t-1})B_{t-1}/P_t$ が一定という仮定にもとづいて，通貨発行益を調達すべく金融当局がインフレ率の流列を選択する設定になっている。なぜ実質政府債務を変えることができないのだろうか。政府の債務が物価連動債のような実質利子率を保証する，言い換えれば R_{t-1} が t 期のインフレ率 π_t の変化に伴って比例的に調整される債務であれば，確かに債務の実質残高は物価水準の変動に影響されない。しかし実際に政府の発行する国債の大部分は物価水準の

も下限が生まれてくる。

変化に連動しない名目債務(nominal debt)であり,物価水準の上昇とともに債務の実質額は目減りする10)。

こういった観点から「マネタリストの不快な算術」を発展させたのが,Leeper (1991),Sims (1994),Woodford (1995)らによる物価水準の財政理論(FTPL: Fiscal Theory of the Price Level)である。この理論の核心は,標準的には統合政府の予算制約式と解釈される(9)を,t期の物価水準P_tが決定される均衡条件式と解釈する点にある。(1)の貨幣数量方程式によって物価水準が決まるとする伝統的な見方とは180度違っており,物価水準を主体的に決めるのは財政政策であるという,一見奇抜な学説である11)。

物価水準の財政理論には2つの重要な前提がある。

まず第1に,国債は名目金利を約定した名目債務(nominal debt)であり,物価水準の上昇は実質債務残高を減少させる効果を持つ。第2に,財政当局は非リカード型の政策運営を行う。非リカード型の政策運営とは,統合政府の通時的な収支バランス(9)を満たさない財政政策,いいかえれば,(8)の非ポンジーゲーム条件を満たさず負債の一部を未来永劫に借り換え続けて返済しないような財政政策を実施しようとすることである。

財政当局が非リカード型の財政運営を行うとき,物価水準が統合政府の通時的な収支バランスを成立させるように決まる政治経済的メカニズムとして,標準的には次の2つが考えられている。

1つは Woodford (1995) が主張するような,資産効果を通じた物価水準の調整である。統合政府の収支バランス条件は,民間家計部門の集計的な収支バランス条件の裏返しになっている。閉鎖経済で考えると,一国全体の資産と負債はバランスするはずだから,統合政府の勘定で負債が資産を上回るなら,民間部門全体の勘定では資産が負債を上回り,民間は政府に税金や通貨発行益として支払う以上の金額を,保有する国債の元利償還金として受け取ることとなる。いわば恒久的な減税政策が実施された状況と見てよい。このような場合家計の消費を拡大する資産効果が働くため,現在時点の財市場が

---

10) Sargent and Wallace (1981) の議論は実質利子率を保証する実物債務(real debt)を仮定していると批判されるのはこの点である。

11) 物価水準の財政理論をめぐる初期の論争については, Buiter (2002), Bassetto (2002), Cochrane (2000) などを参照せよ。物価水準の財政理論に関する邦語での詳細な解説は渡辺・岩村(2004)を参照せよ。

超過需要になる。それを反映して物価水準が上昇するというわけである。物価水準の上昇は政府の実質負債を引き下げ，通時的な収支バランスを回復するまで続く12)。

　もう1つは，統合政府の財政破綻を回避すべく中央銀行が金融政策を駆使して現在時点の物価水準を引き上げ，実質負債残高が財政余剰の割引現在価値総額に見合うまで減少させるという反応である。統合政府の負債が資産を上回っていると負債の一部は返済されないから，政府は国債の新規発行で財源を調達できなくなり破綻の危機を迎える。「マネタリストの不快な算術」では中央銀行の通貨発行益で財源不足を補う想定だが，ここでは物価水準の引き上げによる実質負債の削減で調整が行われる。財政当局と金融当局がリーダー・フォロワーの関係になって統合政府の収支バランスを維持しようとする点は同じである。Leepr (1991) は通時的予算制約を満たさない非リカード型の財政政策を能動的（active）な政策運営，その尻拭いを強いられる中央銀行の金融政策を受動的（passive）な政策運営と呼んでいる。

　これら2つの考え方に対して Cochrane (2000) が提案しているのはもっとストレートな物価水準の決定メカニズムである。彼は (9) を，配当流列の割引現在価値として定式化される株価の決定式と同じく，国債に対する市場の評価式であると主張している。

　今，すべての取引がキャッシュカードで行われ，現金通貨が不必要な経済を考えよう13)。通貨がないなら，モノの価値を1円玉何個と交換されるかという基準で測らなくてもかまわない。1円玉の代わりに，各期に満期を迎える額面1円の利付き国債何枚と交換可能かによってモノの価値が計られるとしよう。t 期首では B_{t-1} 枚の国債が発行され，民間部門に保有されている。t 期の物価水準 P_t とは，この国債 P_t 枚と財1単位の価値が等しいことを意味

---

12) この場合，物価の変化は市場の自律的な調整の結果であり，少なくとも短期的には中央銀行は貨幣を増発するなどの対応を迫られることはない。だが長期的には，取引の円滑化といった理由から (1) を満たすように，与えられた物価水準に対してマネーストックを調整する形で金融政策を運営するかもしれない。

13) 現金が不要なら，市中銀行が日銀に当座預金を持つ必要もなく，通貨発行益は生まれないから，以下の議論では (8) や (9) にあるベースマネーはすべてゼロと考えてよい。

する。

　このとき，もし（8）が満たされず，（9）の右辺が左辺を上回るならば，すでに説明したように，それは政府が借金の一部を返済しないことと同じだから，t期期首においても誰も国債を買おうとはしないはずである。その結果，国債価格 $1/P_t$ が低下する。国債価格は国債の請求権に見合った水準，つまり（9）を成立させるところまで調整される。（9）は統合政府による財政金融政策の選択を拘束する予算制約ではなく，単に国債の価格を決める均衡条件にすぎない。企業の行動が株価の日々の変動に縛られることがないように，財政当局が国債の価格変動に拘束されつつ財政政策を選択しなければならない理由はない。Leepr (1991) 流にいえば，財政政策は常に能動的に決められており，その結果毎期の物価水準は（9）を満たすように調整される。

2．6　日本政府の財政運営スタンス

　日本の財政政策は能動的に，金融政策は受動的に運営されているのだろうか。物価水準の財政理論が現実に妥当するかどうか考える上で，この問いを実証的に分析することは極めて重要である。

　最近では日銀が新規発行の国債を大量に購入しているため，実質的な財政ファイナンス，マネタイゼーションではないのかといった声も上がっている。財政ファイナンスとは，日銀が新発国債を直接引き受けて財政赤字をファイナンスすることを言い，財政法で禁じられた財源調達方法である。物価水準の財政理論で想定される金融政策の受動的な運営は決して財政ファイナンスである必要はないが，財政政策が受動的で通時的な収支バランスと整合的かどうか，言いかえれば財政当局がリカード型の政策スタンスをとっているかどうかを実証的に検討することは，（8）に基づく政府債務の維持可能性を判断する上でも重要なポイントになる。

　政府債務の維持可能性を検証するのによく用いられるのは Bohn (1998) によって提案された手法である。以下で大まかにそれを説明しよう。

　中央銀行の資産運用益は少額なので無視することにすれば，政府の実質債務残高は（4）より，

$$\frac{B_t}{P_t} = (1+r)\frac{B_{t-1}}{P_{t-1}} - s_t \tag{15}$$

という差分方程式にしたがって時間の経過とともに動いていく。政府がリカ

ード型の政策運営をしているなら（8）が満たされていなければならない。そのためには実質債務残高の成長率が少なくとも長期的には実質利子率 r を下回る必要がある。（15）に照らせば，毎期のプライマリー黒字が前期の実質債務残高が上昇したときには増え，低下したときには減少するという反応を平均的には見せていなければならない。

そこで実際のプライマリー収支の動きがそのような反応を見せてきたかどうかを知るために，

$$s_t = \beta_0 + \beta_1 \frac{B_{t-1}}{P_{t-1}} + u_t, \text{（ただし誤差項} u_t \text{は AR(1) 過程にしたがう）} \quad (16)$$

といった形の財政運営ルールを定式化する。このモデルを現実の予算データに当てはめると，β_1 の推計値 $\hat{\beta}_1$ が得られる。（15）と（16）を組み合わせれば B_t/P_t の伸び率は $r - \beta_1$ になるから，$\hat{\beta}_1 > 0$ という統計的に有意な推計結果が得られたなら，（8）が長期的に満たされている証拠になって，財政政策はリカード型で運営されており，今後もそれが続く限り現在の政府債務は維持可能な水準だと判定される。

日本のデータにもとづく実証研究の結果は，Ihori *et al.* (2001)，Doi *et al.* (2011) や Ito *et al.* (2011) などによって報告されている。

Ihori *et al.* (2001) は 1956 年から 1998 年までの年次データを用い，（16）にいくつかのコントロール変数を付け加えた推計式を推定した。その結果，ほとんどのケースで β_1 について有意な推計値が得られなかったことから，日本の政府債務が維持不可能になっていることを否定できないと論じている。

Doi *et al.* (2011) や Ito *et al.* (2011) は（16）よりもずっと複雑な，財政政策がリカード型と非リカード型の間を確率的に推移するモデルを用いて推計している。ただし観測期間の違いなどもあって必ずしも同じ結果が得られているわけではない。Doi *et al.* (2011) は 1980 年から 2010 年までの四半期データにもとづいて実証し，財政再建路線が取られた 1980 年代と小泉政権によって構造改革が進められた 2000 年代中頃を除くと，日本の財政政策は非リカード型で運営されており，政府債務の維持可能性が損なわれているという結果を報告している。一方，Ito *et al.* (2011) は 1885 年から 2005 年までの年次データを用いて分析し，1930 年から 1950 年までの期間および 1970 年から 2004 年までの期間では財政政策は非リカード型で運営されており，財政規律が失われているという結論を導いている。

これまで日本政府が実行してきた財政運営のやり方では債務は維持不可能であるとするこれらの実証結果は同時に，物価水準の財政理論が妥当しうることを示唆するように思われる。だが厳密には，物価水準の財政理論の立場からは，こういった実証分析の手法自体に疑問が呈されている。批判の焦点は β_1 の推定量は一致性を欠いており，バイアスがかかっているというものである。一致性とは，平たく言うと，サンプルサイズを大きくすれば母集団の真のパラメータに等しい値を推計できるという意味であり，推計量が最低限備えていなければならない性質である。

　(16)における係数 β_1 の推計に一致性が保証される条件は t 期の誤差項 u_t と説明変数 B_{t-1}/P_{t-1} に相関がないことである。説明変数は前期に決まった変数だから今期の誤差項とは無相関なはずだと考えるわけにはいかないのは，物価水準の財政理論にしたがえば，毎期の物価水準は将来のプライマリー収支の流列を見込んだ，フォワードルッキングな形で決まるからである。

　たとえば $t-1$ 期において u_t が大きくなりそうだと予想された場合，それはとりもなおさず s_t が大きくなることを意味する。このとき物価水準の財政理論にしたがえば，将来のプライマリー収支の改善を反映して P_{t-1} が低下する。その結果，u_t と B_{t-1}/P_{t-1} には正の相関が生まれてしまう。

　この指摘は，$\hat{\beta}_1 > 0$ という有意な推計結果が得られても財政運営がリカード型か非リカード型かを識別できたことにならないと言いかえてもよい。このような内生性のために推計値がバイアスを持ってしまうから，Bohn (1989)の手法やそれに類する方法では，政府債務残高が維持不可能な財政運営がなされていても維持可能と判定したり，その逆になる場合も排除できない[14]。

3　デフレの政治経済学

　日本経済はバブル崩壊以降20年の長きにわたってデフレを経験してきた。なぜ物価水準を引き上げることができないのか。いわゆるリフレ派と称されるマクロ経済学者たちは日銀による貨幣供給不足が諸悪の根源だと主張したが，異次元緩和政策も今のところ目立った効果を発現するには至っていない

---

[14]　たとえば最近の研究としては，Li (2009) や Leeper and Walker (2012) を参照せよ。また，金融政策が受動的か能動的かを判定する計量分析についても識別可能性の問題があることは Cochrane (2011) によって指摘されている。

ように思われる。

3.1 政府債務の先送りと日銀の国債大量購入が物価水準に与える効果

Cochrane (2001) に基づきながら，物価水準の財政理論をベースにした簡単な2期間モデルで物価水準がどのように決まってくるか具体的に見ていこう。

現在は第1期の期首にあり，政府債務は第1期末に満期を迎える債務と第2期末に満期を迎える債務の2種類から構成されているとする。それぞれの名目残高は $B_0(1)$ および $B_0(2)$ 円である。簡単化のため，これらの債務はすべてゼロクーポン債とする。

第 t 期の物価水準を P_t，実質プライマリー収支を s_t，通貨発行による財源調達額（以下では通貨発行益と呼ぶ）を ΔH_t とすれば，第1期における政府の予算制約は

$$B_0(1) = P_1 s_1 + Q_1(2)B_1(2) + \Delta H_1 \tag{17}$$

と表せる。政府は第1期に額面総額 $B_1(2)$ 円の国債を新たに発行し，さらに ΔH_1 だけの通貨を発行して財源を調達している。$Q_1(2)$ は第1期に発行され第2期に満期を迎える額面1円のゼロクーポン債の価格である。この価格は市場での裁定を通じて名目利子率の逆数に等しくなる。したがって実質利子率を r で一定とすれば，

$$Q_1(2) = \frac{P_1}{(1+r)P_2} \tag{18}$$

と決まってくる。

一方，第2期では政府の債務残高は名目で $B_0(2) + B_1(2)$ 円である。「物価

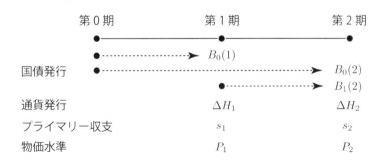

図3　2期モデル

水準の財政理論」にしたがえば，第2期における政府の収支バランス条件より，

$$\frac{B_0(2) + B_1(2) - \Delta H_2}{P_2} = s_2 \tag{19}$$

が成り立つように第2期の物価水準 P_2 が決まる。さらに第1期の物価水準 P_1 は，(17) と (19) を連立し $B_1(2)$ を消去すれば，次の式を満たすように決まることがわかる。

$$\frac{B_0(1) + Q_1(2)B_0(2)}{P_1} = s_1 + \frac{s_2}{1+r} + \frac{\Delta H_1}{P_1} + \frac{1}{1+r}\frac{\Delta H_2}{P_2} \tag{20}$$

左辺は第1期での実質政府債務，右辺はプライマリー収支と通貨発行益の実質額を現在価値ベースで表している。

(20) に (18) を代入して書き換えると

$$\frac{B_0(1) - \Delta H_1}{P_1} + \frac{1}{1+r}\frac{B_0(2) - \Delta H_2}{P_2} = s_1 + \frac{s_2}{1+r} \tag{21}$$

となる。この条件は，2期間の物価水準がトレードオフの関係にあることを示している。第1期の債務の満期構成，プライマリー収支の実質額および通貨発行益の流列を所与としたとき，将来の物価水準 P_2 が上昇してインフレが起きるなら，現在の物価水準 P_1 は低下してデフレが生じる。さらに (19) を代入して P_2 を消去すれば，結局，P_1 の決定式は以下のように求まる。

$$\frac{B_0(1) - \Delta H_1}{P_1} = s_1 + \frac{s_2}{1+r}\frac{B_1(2)}{B_0(2) + B_1(2) - \Delta H_2} \tag{22}$$

3．2　債務返済の先送り

上記のモデルに基づきながら，第1期の債務負担 $B_0(1)$ のうちより多くの部分を国債の増発によって，つまり $B_1(2)$ を増額して第2期に先送りしたとき物価水準がどう変化するか考察しよう。

まず第2期の物価水準については，(19) より，債務返済の繰り延べで $B_1(2)$ が増加したとき，P_2 は上昇することがわかる。一方，第1期の物価水準については，$B_1(2)$ の増加によって (22) の右辺大きくなるから，P_1 を引き下げる効果が現れる。このように債務返済の先送りは将来の物価水準の上昇と，足元での物価水準の下落をもたらす要因になる[15]。

現時点で物価水準が低下する直観的な理由は次のようになる。

国債を新たに発行して将来の債務負担を財政余剰以上に増大させると，将来の物価水準が上昇してその財政不均衡が調整される。このときインフレは新発債のみならず既発債の負担も一部で実質的に帳消しにする。既発債の名目残高が大きければ帳消しになる実質債務も拡大するため，現在時点では政府が財政余剰を通じて返済しなければならない債務の負担が減少する。こうして発生した現時点での財政不均衡に反応して，現在の物価水準が低下する。

債務返済の先送りは将来のインフレ率 P_2/P_1 をも上昇させる。この効果は現在において長期国債の価格 $Q_1(2)$ の低下に跳ね返ることにも注意が必要である。

日本政府は毎年巨額の公債を発行して債務の返済を先送りし，2014年度末には国と地方を合計した長期債務残高は1000兆円，名目 GDP の 2 倍を超えている。物価水準の財政理論からすれば，将来の十分な財源調達の当てもなく債務の積み増し返済を先延ばししている財政運営がデフレを助長した原因であり，将来的にはインフレの加速と長期国債の暴落が同時に発生するリスクを高めているといえる。

3.3 日銀による新発国債の購入

では，通貨発行による財源調達は物価水準にどのような影響をもたらすだろうか。日銀は現在，発行された国債をただちに市中から買い上げて平時よりも数倍の金額を通貨発行益として国庫に納めるという，「国債爆買い」政策とでも呼ぶべき金融緩和を続けている。しかし物価水準はリフレ派が予期したほどには上昇してきていない。

日銀による国債購入が物価水準に与える効果は上記の 2 期モデルを利用すると，次のように考えることができる。

まず第 2 期の物価水準への影響を見ていこう。異次元緩和政策が実施しているように，第 1 期に通貨を増発して新発国債を購入したとすれば，$B_1(2)$ が減少するから，(19) より，第 2 期の物価水準 P_2 が低下する。

第 1 期については，日銀の新発国債購入に対して政府が債務返済の先送り

---

15) もちろん債務返済の繰り延べが現在における減税（s_1 の低下）とともにセットで実施される場合には，現時点においてもインフレ圧力が働くから，P_1 が低下するとは限らない。

をどのように調整するかに依存して物価水準の変化が異なってくる。もしも政府が国債の新規発行額 $B_1(2)$ を変化させず，その結果市中に残される新発国債と通貨発行による財源調達額の和（$Q_1(2)B_1(2) + \Delta H$）が一定であれば，(22) より，第1期の物価水準 P_1 も変化しない。

しかし，政府が日銀による国債購入を当て込んで債務返済の先送りをある程度増額する場合，(22) における $Q_1(2)B_1(2) + \Delta H$ の値が上昇するため，第1期の物価水準 P_1 は低下する。逆に政府が債務返済の先送りを縮小するなら，第1期の物価水準は上昇する。

現在実施されている日銀の国債大量購入がマネタイゼーションかどうかはともかくとしても，財政規律の維持という観点からは決して望ましいものではない。この非常手段に政府が安住して債務返済の先送りを増額するか，あるいは脱却を目指して財政規律を高めようとするかに依存して，現在の物価水準の動向が左右される。もし政府が前者の行動をとるなら，日銀がいくら国債を買ってベースマネーを増やしても現在ではデフレが続く。その一方で将来のインフレ率は上昇するから，予想インフレ率を引き上げるという点についていえば，日銀の国債大量購入には物価水準の財政理論に照らしても一定の合理性があるかもしれない。

だが，すでに述べたように，通貨発行益は無尽蔵に増やせるものではない。通貨発行益で調達できる財源の現在価値には上限がある。実際，図2のようにして大量に積み上がった日銀当座預金を今後どうやって解消していくかという問題が，異次元緩和政策の出口戦略として議論を呼んでいる[16]。

解消するには，日銀は新たな通貨発行を抑制し当座預金が市中銀行に消化されていくのを待つか，保有する国債を売却しその代金を当座預金から回収するしかない。いずれにしても，ベースマネーの追加が抑制される時点において通貨発行による財源調達は減少する。2期モデルでいうなら，ΔH_1 を増やせば，ΔH_2 を減らす必要が出てくる。

たとえば，通貨発行によって調達できる実質財源は現在価値ベースで一定

---

[16] 異次元緩和政策の出口で日銀が政策金利を引き上げる際，同時に準備預金に支払っている付利金利を引き上げて利上げを行うかもしれない。この場合には，保有国債の価格が暴落したり付利支払いが増大して通貨発行益が激減もしくはマイナスになる可能性もある。詳しくは Fujiki and Tomura (2015) を参照せよ。

であり，ΔH_1とΔH_2の間には（11）で示したのと同じように，

$$\frac{\Delta H_1}{P_1} + \frac{1}{1+r}\frac{\Delta H_2}{P_2} = 一定$$

という関係があるものとしよう。この場合，日銀が第1期に通貨発行で新発国債を購入しても，第2期には減少した債務負担額と減額を余儀なくされる通貨発行額がちょうど相殺するため，どちらの期の物価水準にもまったく変化が起きない17)。将来時点で通貨発行が抑制されなければならない事実を織り込んで考えれば，新発国債の総額が一定である限り，日銀の国債購入は現在の物価水準だけでなく将来のインフレ率にも影響しなくなる。

3．4　高齢化とデフレ

現執行部の中心を占めるリフレ派の厳しい批判に対して，白川総裁が主導した当時の日銀が，不十分な貨幣供給ではなく少子高齢化がデフレの要因だという反論を展開したのは記憶に新しい。

図4は，OECD加盟各国の消費者物価上昇率と高齢化率について2000年から2014年までの平均をとって散布図を描いていたものである18)。これを見ると，因果関係はともかく両者の間には統計的に有意な負の相関関係が検出される。

高齢化がデフレを引き起こすとすれば，そのメカニズムはどのようなものだろうか。

金融政策が物価水準を決定する上で中心的な役割を果たすのなら，その運営が高齢化に左右されると考えざるを得ない。だが曲がりなりにも政治からの独立性を担保された日銀が高齢世代に配慮した政策運営を行うインセンティブを持つとは想定しにくい。貨幣数量方程式に代表される標準的なマクロ経済理論の枠組みに依拠する限り，前日銀執行部が主張したデフレの高齢化犯人説は理論的な根拠を欠いているように思われる。

金融政策とは異なり，財政政策の運営には人口構造の変化が様々な形で影

---

17)　国債の価格$Q_1(2)$が（18）で決まってくることを考慮すれば，この事実を確認できる。

18)　高齢化率は，65歳以上人口を20際から64歳までの人口で割った値である。ただし，50％超のインフレ率を経験したトルコと高齢化率のデータがないスロバキアを除いている。

図4 高齢化率と物価上昇率

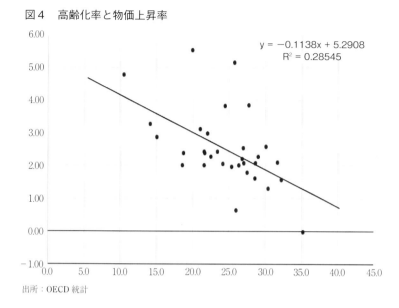

出所：OECD統計

響を及ぼす。経済的には労働力人口の減少がもたらす税収減，高齢人口の増大による社会保障支出の増加は財政収支を悪化させるし，累積した政府債務の負担は1人あたりで見れば，少子化とともにますます大きくなっていく。政治的にも，シルバー民主主義と揶揄されるように，高齢化に伴って退職世代の政治的な影響力が増し，統合政府の財政余剰や政府債務の返済スケジュールに変化をもたらす可能性がある。

物価水準の財政理論は，高齢化がデフレ要因になるかどうか考察する上で，政治・経済の両面から統一的な視点を与えてくれる分析枠組である。とくに今日の日本のように巨額の政府債務が財政金融政策の運営にとって大きな足かせとなっている場合，この視点はある程度もっともらしいと考えてよいかもしれない。

3.5 物価水準の変化による再分配効果と財政再建

高齢化とデフレの関係を考える上で鍵となるのは，物価水準や予想インフレ率の変化がもたらす再分配効果である。

一般に，高齢世代は老後のために蓄えた財産を土地，住宅などの実物資産

以外に，株式，投資信託などの金融資産で保有しており，負債残高は現役世代に比べて少額である．家計部門だけでなく企業部門で保有される政府債務もかなりの部分は，株価や社債の価値に反映される形で実質的には高齢世代によって直接あるいは間接的に保有されていると考えてよい．逆に現役世代は老後のための資産を蓄える段階にあるから，住宅ローンなどの負債の方が資産よりも多い．

　物価水準が上昇した時，預貯金，国債，社債といった名目資産を多く持つ高齢世代は資産の実質価値が目減りして損失を被るが，住宅ローンを中心とした名目負債を多く持つ現役世代は負債の実質価値が減少して得をする．このように考えると，高齢世代はデフレの継続に経済的なメリットがあり，インフレ政策には政治的に反対する傾向を持ちやすい．逆に，現役世代の多くはインフレになった方が負債が実質的に減って有利である．

　物価水準の財政理論で考えれば，統合政府のプライマリー黒字が将来増大すると予想されるとき，それに反応して現在の物価水準は低下する．たとえば前述の2期モデルを使うと，(19)および(22)より，他の事情を一定にしてs_2を引き上げたとき，P_1とP_2がともに低下する．将来のプライマリー黒字が改善すれば，将来の物価低下を予想して国債の発行価格が上昇（名目利子率が低下）し，現在の財源調達が容易になる．これに反応して現在の物価水準が，財政均衡を達成するように低下するのである．

　今後も高齢化が進んで高齢世代に配慮した財政政策がとられるとすれば，将来，財政再建が現役世代への課税強化，社会保険料の徴収増という形で進み，プライマリー黒字が改善するというシナリオが考えられる．このとき高齢化がデフレ継続の可能性をもたらす．

　しかし，労働力人口も同時に減少していくから，現役世代1人あたり負担の引き上げにも限界がある．税収や社会保険料を増やすことが困難になれば，高齢化にともなう社会保障関係の支出増がむしろ財政余剰を悪化させ，インフレを招くことも考えられる．

　高齢化がデフレをもたらすもう1つのルートは債務返済の先送りである．

　現時点ではプライマリー黒字の改善が見込めず，債務返済が将来に先送りされるとき，前節で論じたように，短期的にはデフレが起きる一方，長期的なインフレ率は上昇する．名目資産を多く持つ高齢世代は消費税や資産課税の増税，社会保障支出の削減を甘受するよりも，債務返済を先送りして短期

的にデフレが続くことを歓迎するかもしれない。

　ただし，もう一方の長期的なインフレ率を引き上げる効果は，高齢世代が享受する短期的なデフレのメリットを相殺してしまう可能性がある。予想インフレ率の上昇が長期債の価格低下をもたらし，高齢世代の持つ資産の価値を毀損するからである。

　先の2期モデルでいえば，$B_0(1)$で表されたような満期までの期間が短い短期債については，債務返済の先送りでP_1が低下すれば実質価値が上昇する。しかし，$B_0(2)$で表されたような満期までの期間が長い長期債では，長期的なインフレ率の上昇（P_2/P_1の上昇）が予想されると債券価格（国債の場合には$Q_1(2)$）が下落する。

　債務返済の先送りが誘発する現在から将来までの物価水準流列の変化が高齢世代にとって有利かどうかは，彼らの保有する資産がどのようなポートフォリオになっているかに依存する。これまでの状況を見る限り，デフレは続いてきたものの，長期金利が上昇し長期国債の価格が暴落するといった現象は生まれていない。その意味では債務返済の先送りがもたらした物価水準流列の変化は高齢世代に有利に働いてきたと言えるかもしれない。

3.6　公債の負担

　日本の政府部門がかかえる長期債務残高は1000兆円を超え（平成26年度予算を含めた見通し），名目GDPの200％強に相当する規模に達している。経済学では公債の負担が将来世代に転嫁するかどうか，長く論争が続いてきた。代表的な考え方として，Bowen et al. (1960) は世代間での国債の売買を通じて将来世代へ負担が転嫁されると論じた。ある時点で発行された公債は，そのときの現役世代が貯蓄の一部として保有する。そして政府は公債償還の時点で増税を実施することになる。最初に公債を買った世代が償還時の税を負担するなら，公債による財源調達は同一世代に対する増税を将来に繰り延べただけで，公債発行時点の現役世代が税を負担する点に変わりない。しかし，償還時点が世代をまたいでいて，増税が次の世代に対して実施される場合，公債を購入した世代は増税を免れ，負担は次の世代に転嫁される。公債の累積に伴って将来世代の負担を懸念する議論はこのロジックに依拠している。

　これに対して Barro (1974) は，家計が利他的であり子孫の効用水準も考慮して消費の意思決定を行う場合を想定し，増税を免れた世代は遺産や贈与な

どの家計内移転を増やす形で次世代の負担増を相殺しようとすると論じている。その結果，公債の負担は将来世代には転嫁されない。この命題はリカード・バローの中立命題として知られている。

重要なのは，これらの伝統的な公債負担論は公債が物価連動債のような実質負債であり，インフレ率の増減に比例して名目利子率も上下すること，そして政府がリカード型であり将来公債を必ず償還することを暗黙のうちに仮定している点である。公債が名目債務であり，かつ財政運営が非リカード型になっているという物価水準の財政理論の前提に立つと，タイミングや家計内移転ではなく，物価水準の流列がどう決まってくるかが公債負担論の鍵になる。

前節で考察したように，物価水準の財政理論では，現時点で増税せず公債増発によって政府が返済負担を先送りしても，だからと言って将来増税が不可避になるとは考えられていない。むしろ，先送りされた債務が永遠に返済されないような状況を想定している。このとき債務の先送りは将来の物価水準を上昇させ，返済負担の一部を実質的に帳消しにする効果をもたらす。インフレで削減される将来の債務負担が十分に多ければ，現在では先送りによって逆に債務負担が軽減され，物価水準が低下する。

こういった現在および将来の物価水準の変化は実物経済にも影響を及ぼす可能性があるが，その影響はどのような市場経済モデルを想定するかによって異なってくる。

実物経済への影響を除いて考えれば，物価水準が将来上昇するからといって，それが合理的に予想されている限り，将来世代の経済厚生に変化が生じることはない。彼らはインフレの発生を合理的に織り込んだ価格で国債を現在世代から購入するからである。物価水準の財政理論で考えると，ロジックは全く異なるが結論的には Barro (1974) と同じように，公債発行の時点で生まれていない将来世代には公債の負担は転嫁されないと言える。

一方，公債発行時点の現役世代や退職世代がどのような負担を被るかは，Barro (1974) の議論とも大きく異なってくる。注意すべきは，負担が世代という括りではなく，個人の資産保有のパターンに依存して決まってくる点である。

まず第1に，債務返済の先送りによって長期的にはインフレ率の上昇が予想される結果，国債を含む長期債の価格が下落して，その保有者が損失を被

る。第2に，長期的なインフレ期待の上昇とともに現在ではデフレが起きるから，預金や短期債の保有者は実質価値の上昇を通じて利益を得，固定金利の住宅ローンなどの負債を抱えている個人は逆に損失を被る。

4 結語

政府が膨大な長期債務を累積しているにもかかわらず，現在のところインフレが急速に進む傾向は見られない。欧州中央銀行に続いて日銀も2016年1月末に市中銀行の当座預金金利をマイナスにするという異例の金融緩和施策を採用した。それでも2％のインフレ目標がいつになったら達成できるのか，依然として不透明なままである。物価水準の財政理論は財政政策と金融政策の相互依存関係に焦点を当てながら，政府と中央銀行を連結した統合政府のバランスシートを用いて物価水準の決定を解明しようと試みる。日本では高齢化に伴う年金債務の拡大や財政赤字の累増が予想されるものの，それがインフレにつながる兆しは見えていない。多くの研究者や政策担当者にとって，金融政策と物価水準の関係は今や藪の中と言ってよいような状況だが，アベノミクスで膨張した日銀の国債保有残高や市中銀行の日銀当座預金を異次元緩和政策の終了後にどう解消していくのか，それに付随した市場へのインパクトへどのように対処するのか，政策課題は山積している。

参考文献

Barro, R. (1974), "Are government bonds net wealth?," *Journal of Political Economy*, 82, pp.1095-1117.

Bassetto, M. (2002), "A game - theoretic view of the fiscal theory of the price level," *Econometrica*, 70, pp.2167-2195.

Bohn, H. (1998), "The behavior of U.S. public debt and deficits," *Quarterly Journal of Economics*, 113, No.3, pp.949-963.

Bowen, W.G., R.G. Davis, and D.H. Kopf (1960), "The public debt: A burden on future generations?," *American Economic Review*, 50, pp.701-706.

Buiter, W.H. (2002), "The fiscal theory of the price level: A critique," *Economic Journal*, 112, pp.459-480.

Cochrane (2001), "Long - Term debt and optimal policy in the fiscal theory of the price level," *Econometrica*, 69, No.1, pp.69-116.

Cochrane, J.H. (2005), "Money as stock," *Journal of Monetary Economics* 52(3), pp.501-528.

Cochrane, H.H. (2011), "Determinacy and identification with taylor rules," *Journal of Political Economy*, 119, No.3, pp.565-615.

Doi, T., T. Hoshi, and T. Okimoto (2011), "Japanese government debt and sustainability of fiscal policy," *Journal of The Japanese and International Economics*, 25, pp.414-433.

Fujiki, H. and H. Tomura (2015), "Fiscal cost to exit quantitative easing: The case of Japan," *TCER Working Paper Series*, E-99, Tokyo Center for Economic Research.

Ihori, T., T. Doi, and H. Kondo (2001), "Japanese fiscal reform: fiscal reconstruction and fiscal policy," *Japan and the World Economy*, 13, pp.351-370.

Ito, A., T. Watanabe, and T. Yabu (2011), "Fiscal policy switching in Japan, the US, and the UK," *Journal of The Japanese and International Economics*, 25, pp.380-413.

Krugman, P. (1998), "It's baaack: Japan's slump and the return of the liquidity trap," Brookings Papers on Economic Activity, 1998, 2, pp.137-205.

Leeper, E.M. (1991), "Equilibria under "Active" and "Passive" monetary and fiscal policies," *Journal of Monetary Economics*, 27, pp.129-147.

Leeper, E.M. and T.B. Walker (2012), "Perceptions and misperceptions of fiscal inflation," *NBER Working Paper Series*, 17903, National Bureau of Economic Research.

Li, B. (2009), "On the identification of fiscal policy behavior," *CAEPR Working Paper*, No.026-2008, Center for Applied Economics and Policy Research, Indiana University.

Piketty, T. (2014), *Capital in the Twenty - First Century*, Harvard University Press（山形，守岡，森本訳『21世紀の資本』，2014年，みすず書房）

Sargent, T.J. and N. Wallace (1981), "Some unpleasant monetarist arithmetic," *Federal Reserve Bank of Minneapolis Quarterly Review*, 5, pp.1-17.

Sims, C.A. (1994), "A simple model for study of the determination of the price level and the interaction of monetary and fiscal policy," *Economic Theory*, 4, 1994, pp.381-399.

Woodford, M. (1995), "Price - level determinacy without control of a monetary aggregate," *Carnegie - Rochester Conference Series on Public Policy*, 43, pp.1-46.

第3章　財政政策の政治経済学

1　問題の所在

1．1　所得変動と財政再建

　アベノミクスの財政政策は，財政出動による経済の活性化である。これは，伝統的なケインズ政策に他ならない。不況期に財政出動すべきことは，標準的な経済学では常識であるが，財政赤字を累増させるマイナスの副作用もある。本章では，不況期の財政出動がどういう条件で正当化されるのか，あるいは，正当化できないのか，政治経済学の枠組みで分析してみよう。

　財政危機に直面すると，政府は公債の発行や残高に上限や目標値を設定することが多い。しかし，不況に直面すると，財政健全化の取り組みを緩めたり，中断したり，あるいは，止めたりすることもある。所得変動に応じてどこまで厳格に財政再建目標を維持するのか，また，安定化政策との整合性をどう確保するのかが，重要な問題である。

　たとえば，ヨーロッパでは安定成長協定（SGP）がEU27カ国の取り決めとして，経済通貨同盟の安定性を維持するために，締結されている。よく知られているように，個々の加盟国が目標とすべき予算基準（マーストリヒト基準）は，以下の2つである。(1)年次の財政赤字はGDP比でみて3％以内に抑える，(2)公債残高はGDP比でみて60％以内に抑える。2005年3月にこのルールが厳格すぎるという批判を考慮して，このルールの運用は少し緩和され，SGP協定が締結された。とくに，フローの3％とストックの60％という目標は維持するものの，ある国がこの基準を超えているかどうかを判断す

る際には，景気循環調整済みの財政赤字，公債残高，不況期の長さ，財政赤字が経済を活性化する効果などの諸条件にも留意することになって，より柔軟な財政運営が可能になった。

　日本では，1997年前半にEUの財政健全化目標とほぼ同じ内容の財政構造改革法が制定されたが，1997年後半のアジア経済・金融危機に直面して，マクロ経済が大きく停滞するなかで，この法律の実施は断念された。政府は多くの国民の政治的要望に添って，拡張的な財政運営に方向転換した。それ以降，景気回復のための財政運営が最優先されて財政状況は悪化した一方で，財政健全化を図る法律的な拘束は有効に機能していない。Doi and Ihori (2009) を参照。

　また，2014年11月に安倍総理は15年10月に予定していた消費税率10％への引き上げを1年半延期して17年4月と決めた。衆院解散・総選挙でこうした政策変更について国民の信を問うという理屈で，不意打ち解散を正当化した。「アベノミクス」の2年間の成果を掲げ，そして，再増税に向けた経済環境を整えるという口実で，有権者の審判を仰いだ。「まずはデフレ脱却，次は財政再建」という懸案先送りの決断は，高齢者に心地よいから，自民党はこの総選挙で圧勝した。

　これらの事態は，政治経済の現実であり，財政規律を中長期的に維持して，財政健全化目標を達成する上で，所得変動の影響をどこまで考慮すべきかが重要な論点であることを示唆している。政府がマクロ財政運営では政治的に強力であって，公債の上限を設定できるとしよう。ここで問題となるのは，長期の財政再建目標を経済変動にどう対応させるべきか，そして，景気安定化政策との整合性をどう維持するかである。標準的な見解は，最善解でそうであるように，不況期には景気対抗的な財政運営が望ましい。それにもかかわらず，実際には景気対抗的でない財政運営をしている国も多い。

　本章では，政治経済学の簡単なモデルを用いて，公債の上限を所得変動にどの程度柔軟に対応させるべきかを，長期の視点で分析する。公債の大きさは政治過程で決められるし，社会の財政的既得権や財政再建の動きにも左右されるので，公債の上限を政府が設定できたとしても，政府が最善解で財政運営を実施できるとは限らない。政府が財政の既得権を容易に削減できないという意味で，ミクロ財政運営上は政治的に弱い政府を想定すると，こうした次善のケースでは，景気対抗的でない財政運営が望ましい場合もありうる。

この章では，財政の既得権を獲得する利益団体の政治活動を明示的に考慮する。理論的に考えると，民間の経済主体による財政再建努力は財政状況を改善させて，すべての国民にもプラスに働くので，公共財的な波及効果を持つという特徴がある。Ihori and Itaya (2002, 2004) や Ihori (2011) で分析したように，公共財の自発的供給の枠組みは有益である。Cores and Sandler (1996) を参照。また，財政規律の文献としては，Auerbach (2006), Velasco (2000) また Woo (2005) などが有益である。

以下では財政健全化の逆の側面を取り扱う。たとえば，ある地方における土建業者などの利益団体は，その地域限定の公共事業の権益など財政の既得権を求めると仮定する。あるいは，高齢者団体は高齢者に有利な社会福祉事業の拡大を要求するだろう。様々な利益団体はそれぞれ固有の既得権に関心がある。それにもかかわらず，政府が財政赤字（起債）の上限を設定すると，利益団体は既得権による有益な公共サービスが減少することを考慮して，既得権獲得行動に多少は慎重になる。したがって，ミクロ財政運営で政治力の弱い政府であっても，利益団体はその財政再建にある程度は協力するだろう。さらに，ある利益団体の既得権獲得行動は他の利益団体にとっては，その社会全体に有益な公共サービスの減少をもたらすだけなので，マイナスの波及効果をもつ。

わが国の1990年代，あるいは，2008年のリーマン・ショック以降の景気対策でも観察されたように，不況になって家計の可処分所得が減少している状況では，政府は財政赤字を増大させて，景気対抗的な財政運営をするのが一般的である。ケインズ的な財政運営である。しかし，こうした景気対応的な財政運営は必ずしも経済の活性化に結びつくとは限らない。第4章で説明するように，実際にわが国の経験では，とくに公共事業の多くは民間投資や消費を誘発する効果に乏しく，当初の目的は達成されなかった。その代価が財政赤字の累増であった。もし公共事業の誘発効果が期待できないとすれば，あえて，不況期に財政赤字を拡大させる財政運営は，増税を将来に先送りするため，望ましくないかもしれない。

1．2 本章の構成

以下では，単純化のために GDP は外生的に変動し，財政政策で操作できないとする。また，政府はマクロ財政政策を遂行する上では政治的に強力であ

り，少なくとも，公債の上限を設定できるし，中長期的にそれにコミットできるとする。しかし，他方で，政府はミクロ財政政策レベルでは政治的に弱体であり，財政の既得権を直接には操作できないとする。利益団体はロビー活動をして財政上の既得権益を追求する。財政の既得権として 2 つの政府支出を想定する。個人レベル（あるいは地域レベル）での差別的な補助金と個人レベル（あるいは地域レベル）での差別的な公共支出（公共事業など）である。一般的な税収は外生的に所与であり，政府が操作できないと想定する。

まず第 2 節で理論モデルを構築する。ついで第 3 節では，ベンチマークとして財政運営の最善解を調べる。ここでは財政の既得権はなく，政府が最適に予算を編成できる。このとき，所得変動に応じて，景気対抗的な財政運営をするのが望ましく，民間消費の異時点間での平準化が実現できる。

第 4 節では，政府が財政の既得権を最適に操作できない次善の世界を取り上げる。最初に，公債の上限設定が緩やかなときに，利益団体はより強力にロビー活動をする誘因があることを示す。また，税収が外生的に増加すると，政府の財政事情が改善されるので，それをあてにして，既得権を求めるロビー活動も刺激される。利益団体の所得が増加すると，無駄な公共支出への政治的圧力は増加するが，差別的な補助金への政治的圧力は減少する。前者の既得権はプラスの所得効果を持っているが，後者の既得権はマイナスの所得効果を持っている。したがって，既得権を求めるロビー活動全体の所得効果の符号は不確定となる。ロビー活動が非効率であれば，この所得効果はマイナスになる。

本理論モデルでは，公債の上限の最適水準は有益な公共支出の異時点間での限界効用レベルでの平準化で決まる。最適な上限水準は利子率の減少関数であり，割引率の増加関数となる。そして，最適な上限水準が所得変動とプラスに相関する可能性を分析する。しばしば財政健全化の試みはマクロ経済環境が良くなければ成功しないと指摘されている。しかし，政府が不況期に公債の上限を大きくするのが必ずしも望ましいとは言えない。

OECD 諸国の事例でみると，たしかに，一般的な傾向として財政政策は景気対応的である。最善解で政府が行動できているなら，こうした財政運営は正当化できる。さらに，次善解でも政府が税収を最適に操作できれば，同様の財政運営が望ましい。しかし，Gavin et al. (1996) が指摘しているように，多くの途上国では財政運営はむしろ景気順応的（好況期に財政赤字が拡大す

る)である。Alesina and Tabellini (2005) では,腐敗した政府が多くの財源を手にすることを有権者はきらって,景気が良いときに減税や有益な政府支出の増大を望むことで,無駄な歳出に財源が消えることを避けようとするからだと指摘している。これらの研究は好況期になぜ政府が積極財政を実施するのか,あるいは,それが望ましいのかを説明する上で興味深い。しかし,不況期に緊縮的な財政運営をすることを必ずしもうまく説明できていない。

　第5節では,不況期においても,なぜ政府は景気対抗的でない(景気順応的な)緊縮財政を志向する可能性があるのかを,もっともらしいロジックで説明したい。すなわち,不況期において政府が民間消費の異時点間平準化を実現できないとき,民間消費は減少し,補助金を求める政治的圧力は増加する。他方で,無駄な歳出を求める圧力は減少する。その結果,有益な政府支出が増加するか,減少するかは不確定である。もし,既得権への支出の所得効果がマイナスであれば,有益な公共支出の限界便益は低下する。こうした状況は,ロビー活動があまり効率的でないときに生じやすい。このとき,公債の上限を低くして,有益な支出を減らすことが望ましくなる。これは,政府の予算編成があまり効率的でない場合,景気対抗的でない財政運営を正当化することになる。

　第6節では,本節の理論モデルの帰結を現実のデータに適用して,政府の効率性と財政出動の妥当性について,興味ある実証結果を紹介したい。

　現在世代の人々が将来世代のことを気にしない状況を考えてみる。ここで,政府が公債の上限を設定できるほどには政治的に強いけれども,既得権を削減できない程度に弱い場合,本章の分析の枠組みは現実的な意味を持ってくる。公債の上限を所得変動に対してどこまで柔軟に見直すかは,民間消費,無駄な政府支出,有益な政府支出の評価やロビー活動の規模,効率性に依存している。現在と将来の所得変動の組み合わせは,最適な公債上限に対して,景気順応的な設定が望ましいケースがありうる。

2　分析の枠組み:モデルの基本設定

　本節のモデルでは2つの世代,現在世代と将来世代を考慮する。異時点間の問題を議論する際に,もっとも単純でかつ本質的に同じ議論ができるのが,2期間モデルである。政府も2期間にわたって存在する。政府はミクロ財政運営では政治的に弱体な政府であり,個別の補助金や無駄な公共事業を要求

する利益団体のロビー活動を自らは抑制しきれない。これに対して，政府はマクロ財政運営の政策では政治的に強力であり，公債発行の起債制限を設定することができる。さらに，政府は将来世代のことや一般有権者のことも考慮する「慈悲深い」政府であるとする。政府は発行できる公債の上限を設定（起債制限）することで，間接的に利益団体の行動を抑制する。

ミクロ，マクロ財政運営ともに，強い政府であれば，そもそも財政赤字の累増や財政健全化問題は生じない。逆に，ミクロ，マクロ財政運営ともに弱い政府であれば，財政健全化の取り組みが実施できない。財政危機に直面しているが，財政健全化の大枠は設定できる政府を想定することで，政策的に有意義な議論ができる。以下では，こうした政府を想定して，その国民（利益団体と一般有権者からなる）と政府の行動を定式化しよう。ここでの問題は，起債制限の大きさがどう決まるのか，あるいは，それに対応する財政運営がどうなるのかである。

社会資本整備については，全国共通に便益をもたらす「有益な」公共事業と地域限定でしか便益をもたらさない，他の地域の住民からみれば「無駄な」公共事業の2つのタイプを想定する。利益団体は主として無駄な公共事業の方により関心を持つ。それが増加すると，利益団体固有の便益（＝効用）も増加する。他方で，有益な公共事業は広く国民全体がその便益を享受できる。しかし，有益であって便益が拡散するために，ただ乗りの問題が生じるから，政治的にはそうした公共事業の拡大を求める利益団体は現れにくい。また，もう1つの財政既得権として，ある利益団体に固有の差別的な補助金（あるいは租税優遇措置）も考慮する。これは，利益団体の可処分所得を直接増加させるものであり，効用関数を通じて便益をもたらす「無駄な」歳出とは区別される。

各世代はそれぞれ1期のみ生存して，それぞれ1つの利益団体（あるいは1人の代表的個人）からなる。つまり，第1期に現在世代が生存し，第2期に将来世代が生存する。現在世代（親世代）と将来世代（子どもの世代）との間で，経済的な相互依存関係（たとえば，贈与や遺産など）はないと仮定する。利益団体を1つにまとめたのは，利益団体内部ではまとまって行動しており，これは代表的個人として集約できると想定しているからである。

政府の予算制約式は以下のようになる。

$$T_1 - G_1 - Z_1 = -\overline{D} \tag{1-1}$$
$$T_2 - G_2 - Z_2 = (1+r)\overline{D} \tag{1-2}$$

ここで T_i は期間 i の総税収 ($i=1,2$) であり，代表的個人の税負担でもある。これらは外生的に所与であると想定する。Z_i は期間 i における財政既得権の歳出額であり，利益団体にとっての財政既得権でもある。これは「差別的な」補助金 e と「無駄な」公共事業 h の 2 種類からなる。これらは利益団体にのみ，かつ，期間 i でのみ便益をもたらす。「有益な」公共支出（たとえば全国レベルで便益をもたらす社会資本整備）G_i は，ストックであれば将来にも有益な便益をもたらすが，単純化のために，そうしたプラスの便益効果はないと考える。また，公共事業の乗数効果も無視する。なお，この仮定を緩めて，有益な公共事業が今期の GDP や将来世代にプラスの便益効果を及ぼすケースを理論的に分析することは可能である。その場合は，モデル分析がやや複雑になるが，基本的な結果は本モデルと同じである。

$$Z_i = e_i + h_i \qquad (i = 1, 2) \tag{1-3}$$
$$\alpha Z_i = e_i, (1-\alpha) Z_i = h_i \qquad (i = 1, 2) \tag{1-4}$$

以下では分析を簡単化するために，2 つの既得権の相対的な比率は外生的に所与とする。より一般的にこの比率が内生的に決まるモデル分析は，Ihori (2014) でなされている。

また，財政赤字の上限（＝起債制限）を $\overline{D}$ で表す。これは政府が期間 1 に設定する。r は外生的に所与の市場利子率である。政府は財政赤字の上限を設定できるほどに政治的に強力である。しかし同時に，政府は，既得権を操作するほどの政治力がない。この非対称的な想定は，わが国の政府と政治家や利益団体の相互依存関係を考慮すると，それほど非現実的でもないだろう。

さて，経済主体（あるいは，ある代表的な利益団体と一般的な有権者）j の期間 i における予算制約式は，次式となる。本節では代表的個人の行動を対象とするので，経済主体の添え字 j は明示的に示さない。

$$U^i = U^i (c_i, (1-\alpha) Z_i, G_i)$$

代表的個人の期間 i における効用は，民間消費 c_i，有益な公共サービス水準 G_i，（他の経済主体から見れば）無駄な公共支出に依存する。

公債の上限を設定することで，政府は総歳出 $G + Z$ を操作できるが，その

内訳は操作できない。利益団体のロビー活動でその内訳が決まると考える。実際，多くの国では財政健全化で設定されるシーリングの対象は歳出の総額である。Nerlich and Reuiter (2012) が説明しているように，多くの EU 諸国は何らかのシーリングを導入しているが，歳出シーリングと均衡予算原則が最も一般的である。わが国でも何らかの歳出に関するシーリングは導入されてきた。これに対して，収入や税収に関する数値目標を設定する国は少ない。本モデルでは税収は外生的に所与であるから，公債の上限設定は歳出シーリングと同じになる。

予算制約式を効用関数に代入すると，政府の社会厚生関数は以下のようになる。

$$W = U^1(c_1, (1-\alpha)Z_1, T_1-Z_1+\overline{D}) + \rho U^2(c_2, (1-\alpha)Z_2, T_2-Z_2-(1+r)\overline{D}) \quad (2)$$

社会厚生は，2種類の既得権 h_i, e_i とともに民間消費 c_i にも依存する。政府は慈悲的に行動するので，将来世代の効用も考慮するが，所与の割引率で将来世代の効用を割り引くと考える。その割引率は $\delta \equiv (1-\rho)/\rho$ となる。

利益団体がそのロビー活動を多くすれば，それだけ既得権も多く獲得できる。それぞれの利益団体のロビー活動が増加すると，既得権も可処分所得も増加する。代表的個人の可処分所得 $w_i - \tau_i + e_i$ が何らかの形でロビー活動とプラスに相関する，と定式化するのはもっともらしい。他方，政治活動のコストは ϕZ_i で表され，既得権を獲得するために，比例的に費用がかかると定式化する。これは，たとえば時間で計ったロビー活動の費用を機会費用で所得の次元に置き直したものである。したがって，各経済主体の予算制約式は以下のようになる。

$$c_i = w_i - \tau_i + \alpha Z_i - \phi Z_i \quad (3)$$

ここで，課税前所得 w_i は外生的に所与である。補助金を含む総可処分所得は，$w_i - \tau_i + e_i$ となる。ϕ は既得権を獲得する際に要するロビー活動の効率性を表すパラメータである。すなわち，ϕ が大きいほど，既得権獲得に要する費用も大きくなるから，ロビー活動はあまり効率的でないことになる。

3 最善解：既得権の操作

ロビー活動が財政運営に及ぼす効果を分析する際のベンチマークとして，

最善解を取り上げる。いま政府はミクロ財政運営でも，マクロ財政運営でも政治的に強力であり，税収とともに既得権益を操作できるとしよう。この最善解ではロビー活動は存在しない。ロビー活動をしても，既得権益を増やせないからである。したがって，h, e はそれぞれ政府が操作できる補助金と地域限定の公共支出とみなせるだろう。

政府の目的は，以下の社会厚生を最大化する。

$$W = U^1(w_1 - T_1 + e_1, h_1, G_1) + \rho U^2(w_2 - T_2 + e_2, h_2, G_2) \tag{2'}$$

その際の選択できる政策変数は，$e_1, e_2, h_1, h_2, T_1, T_2, G_1, G_2$ である。また，予算制約式は

$$T_1 + \frac{T_2}{1+r} = G_1 + \frac{G_2}{1+r} + Z_1 + \frac{Z_2}{1+r} \tag{4}$$

のようになる。

最適条件は次式で与えられる。

$$U_c^1 = U_h^1 = U_G^1 = \rho(1+r)U_c^2 = \rho(1+r)U_h^2 = \rho(1+r)U_G^2 \tag{5}$$

これらの式は，公共財の最適供給に関する「サムエルソン条件」と消費の平準化条件である。

ここで w_1 が減少する一方で w_2 が増加するとしよう。$dw_1 = -\dfrac{1}{1+r}dw_2 < 0$ の条件を満たすように，現在価値は不変とする。現在は不況であり，将来は好況である。このような所得変動では，$dT_1 = dw_1 < 0$ と $dT_2 = dw_2 > 0$ を実現するように，税収を操作するのが望ましい。すなわち，政府は第1期に減税し，第2期に増税して，可処分所得が両期ともに変化しないようにするのが望ましい。そうすることで，政府は第1期の所得の減少に見合った額だけ公債を追加で発行する。$d\overline{D} = -dw_1 > 0$。2種類の公共財 h_1, h_2, G_1, G_2 は，当初の水準で維持される。これは公共財と民間消費を異時点間で平準化する景気対抗政策である。言い換えると，異時点間の平準化政策は，通常は，標準的な景気対抗政策を意味する。

最善解では，税金と補助金は完全代替の関係にある。政府が一括の補助金を操作できる以上，可処分所得も操作できる。その結果，税収が所与でも民間消費の平準化が可能になる。つまり，不況期には減税する代わりに補助金

を増額すれば良い。そうして民間消費と公共支出を最適値で維持することが可能となる。

4 次善解

以下では、政府が財政の既得権を操作できない「次善」の世界を対象とする。ゲームの時間的な構造は以下の通りである。第1段階で、政府が公債発行の上限（＝起債制限）を設定する。第2段階で、第1期において現在世代（の利益団体）は既得権獲得のロビー活動をして補助金を獲得し、政府が有益な公共サービスと無駄な公共事業の配分を決定する。第3段階で、第2期になって、将来世代（の利益団体）も同様に既得権獲得のロビー活動をして補助金を獲得し、それを受けて、政府が有益な公共サービスと無駄な公共事業の配分を決定するとともに、第1期の公債を償還する。

こうしたアプローチは公共財に自発的供給モデルを組み込む政治経済学的な応用である。関連文献として、Auerbach (2006)、Cornes and Sandler (1985, 1996)、Woo (2005)、Velasco (2000) などがある。

4.1 利益団体のロビー活動

各段階での最適化行動を定式化してみよう。最初に、第2期の最適化問題を考える。ここでは、第1期の総既得権益 Z_1 は、第1段階における現在世代の行動で既に決まっている。政府が第1期に公債上限を高めに設定すれば、第2期の財政既得権の獲得誘因を小さくする。言い換えると、もし政府が第1期に公債の上限を高い水準に設定すれば、第2期に利益団体による既得権獲得行動は小さくなる。逆に、第1期の弱い公債上限（ゆるめの起債制限）を設定すると、第2期における将来世代の利益団体はロビー活動を抑制して、財政健全化により協力せざるを得ない。また、税収 T_2 が減少すれば財政事情が厳しくなるので、将来世代による政治的努力も小さくなる。

可処分所得 w_2 が増加するとき、第2期の財政既得権の獲得誘因に及ぼす所得効果の符号は、$\alpha - \phi$ の符号で決まる。つまり、$\alpha - \phi$ がプラスであれば、この所得効果はマイナスになり、逆の場合はプラスになる。補助金の比重が小さい場合、所得が少ないほど、補助金を獲得する限界便益が小さいので、ロビー活動は抑制される。また、ロビー活動が非効率であれば、$\alpha - \phi$ はマイナスになるから、歳出面での既得権益の効果が大きくなり、所得効果はプ

ラスになる。

次に，第1期の最適化問題を考える。第1期の行動も，ほぼ同様に分析できる。ただし，政府が第1期に公債上限を高めに設定すれば，第1期の財政既得権の獲得誘因は刺激される。第1期における緩めのシーリングは，同じ時期の既得権獲得行動を誘発する。なお，第2期同様，所得 w_1 の増加については，$\alpha - \phi$ がプラスであれば，この所得効果はマイナスになり，逆の場合はプラスになる。

4.2 第1段階での政府の公債上限設定

最後に，政府の最適化問題を考える。第1段階での政府の行動を定式化するには，その目的関数をどう考えるかが重要になる。個人は同質であるから，政府は慈悲深く行動すると考えよう。つまり，政府は個人の反応を織り込んで，(2) 式で与えられる2つの世代の効用の合計を最大化するように行動する。$\overline{D}$ の増加は G_1 の拡大と G_2 の縮小を意味するから，現在世代の効用を上昇させ，将来世代の効用を低下させる。政府の現在価値でみた予算制約式は (4) 式となる。

最善解と異なり，政府は既得権 z_i（そして Z_i）を次善解では操作できない。z_i（そして Z_i）は利益団体の政治的努力によって決まる。慈悲深い政府は外生的に所与の T_1, T_2 のもとで，$\overline{D}$（そして実質的には G_1, G_2）を選択して社会厚生を最大化しようとする。よって，$\overline{D}$ の最適水準は次式を満たすように決まる。

$$\frac{dW}{d\overline{D}} = U_G^1 - (1+r)\rho U_G^2 = 0 \tag{6}$$

$\overline{D}$ の変化を通じての Z_1, Z_2 の間接的効果は，包絡線の定理より，相殺される。(6) 式の第1項は $\overline{D}$ を増加させる限界便益（あるいは現在世代の限界的な利得）であり，第2項は $\overline{D}$ を増加させる限界費用（あるいは将来世代の限界的な損失）である。r や ρ の上昇あるいは δ の低下は，$\overline{D}$ のコストを大きくするから，$\overline{D}$ の最適水準は低下する。最適条件は限界効用レベルで有益な公共支出が平準化することである。

5 所得変動と公債の上限

w_1 が低下し，w_2 が上昇するとしよう。単純化のため税金は所与と考えると，

課税後所得 $\hat{w} \equiv w - \tau$ と課税前所得は同じように変化する。このとき、$\alpha - \phi$ がマイナスであれば、景気順応的な財政運営が望ましい。その直感的な説明は以下の通りである。

$\alpha - \phi$ がマイナスであれば、賃金所得の減少は既得権獲得のロビー活動を抑制するので、Z_1 は減少する。これは公債のシーリングの元で G_1 を増加させる。この G_1 の増加で G_1 の限界便益は第1期に小さくなる。その結果、政府は社会厚生を最大化するため、G_1 を抑制して、G_2 を拡大するのが最適となる。これは景気順応的な財政運営を意味する。

たしかに景気対抗的な政策は実際に採用されている。もし政府が既得権を操作できるのであれば、最善解ではこうした政策が望ましい。次善の世界でも、もし補助金を求めるロビー活動が無駄な公共支出を減らす効果よりも大きいとき、Z は増加して、G は減少してしまう。このとき、w_1, w_2（あるいはマクロ経済環境）$\bar{D}$ の変動で公債上限を景気対抗的に操作するのが正当化できる。標準的な見解が成立する。

逆に、本節の分析は、もし無駄な公共事業へのロビー活動が強力であると、所得効果はプラスになり、標準的な政策が正当化できない可能性を示唆している。すなわち、ロビー活動が非効率的で ϕ が大きいと、補助金を獲得する誘因はほとんどなくなるので、マイナスの所得効果もゼロに近くなる。他方で、（無駄な）歳出獲得は利益団体にとっては効用関数上のメリットだから、ロビー活動が非効率であっても、プラスの所得効果は大きい。結果として、ϕ が大きいと、後者の方が前者の効果を上回るようになり、Z_1 への所得効果はプラスになる。

この枠組みで経済成長の効果を分析することもできる。もし所得が第1期から第2期にかけて増加するとしよう。これは w_2 の増加を意味する。標準的な見解では、もし経済の成長が期待できるなら、政府は公債上限を拡大すべきである。これはゴールデンルール（黄金律）や建設公債を正当化する公債発行原則にも対応する。しかし、本節のモデルでは逆の財政対応が望ましい場合もある。すなわち、もし $\alpha - \phi$ がマイナスであれば、経済成長が起きても、公債発行上限を縮小する方が望ましい。

本モデルに G の乗数効果や生産力効果を導入することも可能である。このとき、$\bar{D}$ の拡大は第1, 2期に追加的な便益をもたらす。したがって、もし公共支出の乗数効果が大きければ、景気対抗的な財政政策がより望ましくな

る。これは直観的にもっともらしい。他方で，もし公共支出の乗数効果が小さければ，景気対抗的な政策を過大に実施することは望ましくない。財政乗数の効果が限定的であれば，景気順応的な財政政策も正当化されうる。

6 実証分析

Ihori and Kameda (2015) では，本節のモデルを前提として実証分析を行っている。GDPが増加したとき，既得権への歳出総額Zが増加するかどうかが，ここでのポイントである。もしZが増加するのであれば，景気順応的な政策が望ましいし，逆に，Zが減少するのであれば，景気対抗的な政策が望ましい。既得権に対応する支出として国際的に利用可能なデータは農業関連支出である。したがって，農業関連支出がGDPにどう反応するかを，各国のデータを用いて推計した。

その結果，多くの先進国ではマイナスの符号が検出されたが，日本についてはプラスの符号であった。つまり，わが国は景気順応的な財政政策が望ましいと言える。その理由は，わが国での政治的効率性が他の先進諸国ほどには良くないと思われることである。一定の既得権を獲得するのにより多くの資源を必要とすると，ϕが大きくなる。わが国は他の先進諸国と比較して，ϕが大きいために，既得権への歳出がGDPとプラスに相関していると考えられる。こうしたプラスの関係は，1990年代以降により顕著に検出されている。

7 分析のまとめ：財政政策と所得変動

財政政策は多くのOECD諸国では一般的に景気対抗的である。こうした財政運営は政府が財政既得権や税収を操作できる最善解やロビー活動が効率的な場合に正当化できるだろう。ところが，興味のあることに，Alesina and Tabellini (2005) は，逆に多くの途上国で景気順応的な財政政策が実施されやすいことを指摘している。とくに，政府支出の対GDP比で見ると，不況期に低下する一方で好況期には増加している。また，財政赤字は好況期に増加し，不況期に縮小している。彼らの説明では，有権者は政府が資源を抱え込むことに信頼を置かず，好況期に政府の財源が豊かになれば減税や有益な政府支出の増加を要求するからだとしている。そうしないと，腐敗した政府に無駄なレントが蓄積されてしまうからである。

彼らの説明は政治経済学の枠組みで景気順応的な財政政策を説明する上で有益であるが，不況期にも景気順応的な政策を実施することを必ずしもうまく説明できていない。本章のモデル分析は，不況期に慈悲的な政府が景気対抗的な政策を実施するのが望ましいかどうかを長期的視点で，もっともらしく説明している。いくつかの国では利益団体がロビー活動に従事し，政府は公債上限を設定できるほどには政治的に強い。この場合，我々の理論的枠組みが適用できる。このとき，補助金のような既得権よりも公共事業のような既得権の比重が大きく，ロビー活動が非効率であれば，景気順応的な政策が望ましい。

参考文献

Alesina, A. and G. Tabellini (2005), "Why is fiscal policy often procyclical?" *IGIER Working Paper*, 297.

Auerbach, A. J. (2006), "Budget windows, sunsets, and fiscal control," *Journal of Public Economics* 90, 87-100.

Cornes, R. and T. Sandler (1996), *The Theory of Externalities, Public Goods and Club Goods*, Cambridge UP.

Doi, T. and T. Ihori (2009), *The Public Sector in Japan: Past Developments and Future Prospects*, Edward Elgar.

Gavin, M., Hausmann, R., Perotti, R. and E. Talvi (1996), "Managing fiscal policy in latin america," Working Paper. Inter-American Development Bank.

Ihori, T. (2011), "Fiscal structural reform and economic activity: Public spending and private effort," *Japanese Economic Review*, 62, 1-24.

Ihori, T. (2014), "Fiscal consolidation in the political economy of japan," in *The Political Economy of Fiscal Consolidation in Japan*, eds. by T. Ihori and K. Terai, Springer, 3-33.

Ihori, T. and J. Itaya (2002), "A Dynamic model of fiscal reconstruction," *European Journal of Political Economy*, 17, 1057-1097.

Ihori, T. and J. Itaya (2004), "Fiscal Reconstruction and local government financing," *International Tax and Public Finance*, 11(1), 1-13.

Ihori, T. and K. Kameda (2015), "Flexibility of deficit ceiling and income fluctuation in a political economy," the annual conference of the Australasian Public Choice Conference, 2014, Melbourne 報告論文の改訂版.

Woo, J. (2005), "Social polarization, fiscal instability, and growth," *European Economic Review*, 49, 1451-1477.

Velasco, A. (2000), "Debts and deficits with fragmented fiscal policymaking," *Journal of Public Economics*, 76, 105-125.

数学付録:モデル分析

 将来世代の利益団体の代表的個人にとって,Z_2についての最適化条件は以下のようになる。
$$(\alpha - \phi)U_c^2 + (1-\alpha)U_z^2 = U_G^2, \tag{A1-1}$$
ここで,$U_c^2 \equiv \dfrac{\partial U^2}{\partial c_2}$,$U_z^2 \equiv \dfrac{\partial U^2}{\partial (1-\alpha)z_2}$ また $U_G^2 \equiv \dfrac{\partial U^2}{\partial G_2}$ である。将来世代の利益団体は,内点解でロビー活動の最適水準を選択すると想定する。したがって,$h_2 > 0$ となる。

 (A1-1)式は,h_2 が $\overline{D}$ の減少関数であることを意味する。したがって,h_2 の反応関数は以下のようになる。
$$h_2 = h^2(\overline{D}, w_2, T_2), \tag{A2-1}$$
ここで
$$h_D^2 \equiv \frac{\partial h_2}{\partial \overline{D}} = -\frac{1}{\Delta}(1+r)U_{GG}^2,$$
$$z_w^2 \equiv \frac{\partial z_2}{\partial w_2} = -\frac{1}{\Delta}U_{cc}^2(\alpha - \phi),$$
$$h_T^2 \equiv \frac{\partial h_2}{\partial T_2} = \frac{1}{\Delta}U_{GG}^2,$$

また $\Delta \equiv (1-\alpha)^2 U_{zz}^2 - (\alpha-\phi)^2 U_{cc}^2 + U_{GG}^2$,ここで $U_{cc}^2 \equiv \dfrac{\partial U_c^2}{\partial c_2}$,$U_{GG}^2 \equiv \dfrac{\partial U_c^2}{\partial G_2}$。

 最適化の2次条件から,$\Delta < 0$ となる。また,単純化のため,民間消費は2つの公共支出と分離可能とする。このとき,$\alpha < \phi$ であれば,$z_w^2 > 0$ となる。すなわち,可処分所得が減少すると,既得権を獲得するロビー活動は小さくなる。この活動はいわば正常財になる。

 第1期の現在世代の利益団体 Z_1 に関する最適条件は以下のようになる。
$$(\alpha - \phi)U_c^1 + (1-\alpha)U_z^1 = U_G^1, \tag{A3-1}$$

ここで $U_c^1 \equiv \dfrac{\partial U^1}{\partial c_1}$ また $U_G^1 \equiv \dfrac{\partial U^1}{\partial G_1}$ Z_1 の反応関数は以下のようになる。

$$z_1 = z_1(\overline{D}, w_1, T_1). \tag{A4-1}$$

ここで

$$z_D^1 \equiv \frac{\partial z_1}{\partial \overline{D}} = \frac{1}{\Lambda} U_{GG}^1$$

$$z_w^1 \equiv \frac{\partial z_1}{\partial w_1} = -\frac{1}{\Lambda} U_{cc}^1 (\alpha - \phi)$$

$$z_T^1 \equiv \frac{\partial z_1}{\partial T_1} = \frac{1}{\Lambda} U_{GG}^1$$

また $\Lambda \equiv (1-\alpha)^2 U_{zz}^1 + (\alpha-\phi)^2 U_{cc}^1 + U_{GG}^1$.

最適化の2次条件から，$\Lambda < 0$ となる。$\alpha < \phi$ とすると，$z_w^1 > 0$ である。また，z_D^1 の符号は z_w^2 の符号の逆になる。(A4-1) 式から，z_1 は $\overline{D}$ の増加関数になる。もし政府が第1期に公債の上限を高めに設定すれば，第1期の財政既得権は増加する。つまり，ゆるい財政規律はロビー活動を刺激する。

所得変動に関する効果を調べると，以下の式を得る。

$$\frac{d\overline{D}}{dw_1} = \frac{U_{GG}^1 z_w^1}{(1+r)^2 \rho U_{GG}^2 + U_{GG}^1}. \tag{A5-1}$$

$$\frac{d\overline{D}}{dw_2} = -\frac{(1+r) U_{GG}^2 z_w^2}{(1+r)^2 \rho U_{GG}^2 + U_{GG}^1}. \tag{A5-2}$$

ここで $U_{GG} \equiv \frac{\partial^2 U}{\partial^2 G}$ のように示している。これら2つの式は可処分所得の効果を表す。

(A5-1)（あるいは (A5-2)）式の符号は一般的には不確定である。もし $\alpha < \phi$ なら，可処分所得の上述の変化で $\overline{D}$ は低下する。つまり，これらの状況では，(A5-1)（あるいは (A5-2)）はプラス（あるいはマイナス）になる。もし補助金の比重が小さく，他方で，ロビー活動のコストが大きいとき，景気対抗的でない財政運営が正当化される。したがって，この場合，景気順応的な対応が望ましい。

第4章　財政出動と財政規律の政治経済学

1　公共投資の政治経済学

1.1　ケインズ政策の効果

　財政健全化あるいはアベノミクスの評価で問題になるのが，財政出動のメリットである。これが大きければ，景気対策を重視する財政運営が望ましい。逆に，財政出動に効果がないのであれば，財政規律をより重視する財政運営が望ましい。

　財政出動のメリットは，公共事業の経済効果をどう評価するかに関わる。公共投資政策の経済的意義を評価する場合，供給面での長期的な効果を重視するのか，需要面での短期的な効果を重視するのか，2つの考え方がある。公共投資はもちろん，公的インフラ整備のために使われる支出である。したがって，長期的に公的資本ストックとして有益なものが建設・供給されなければならない。と同時に，公共投資はGDPの一大需要項目であって，ケインズ政策では短期的な総需要を調整する景気対策としても使われている。こうした観点は，公共投資の需要面での効果に注目するものであり，公共投資が必ずしも公的インフラとして将来まで有益に使用される必要はない。当面の景気を刺激するのに有効であれば，その公共資本が将来無駄に浪費されてもかまわないという立場である。

　わが国の場合，ケインズ的な需要面での公共投資の刺激策により大きな関心が向けられてきた。つまり，社会資本としての便益評価よりは景気対策としての需要面が重視されてきた。事実，わが国ではこれまで景気対策として

もっとも重要視されてきたのが、補正予算での公共事業であって、これを財源面で正当化してきたのが、建設公債の原則である。本来この原則は、公共投資の将来便益を重視するものである。しかし、わが国では、むしろこの原則のもとで、1980年代以降の財政再建路線で赤字公債の発行抑制を至上命題とした一方で、建設公債の発行には歯止めがかからなかった。その結果、無駄な公共事業が増大し、建設公債原則のデメリットが顕著になった。

1．2　公共投資の将来便益

そもそも、公共投資は将来にその便益が発生し、また、公共投資の財源として公債が発行されると実際の税負担も将来に発生する。人々が将来の便益と負担を予想しているとすれば、公共投資は現時点でも標準的なケインズ・モデルが想定しているそれとは異なる形で、民間経済に何らかの影響をもたらすはずである。これまでの日本の財政政策に関する議論では、公共投資による将来の便益が現在の民間経済に与える効果については、あまり注目されてこなかった。

公共投資の拡大が民間消費に与える効果は、2つに分けられる。第1に、需要面からの可処分所得に対する効果である。これは、公共投資によって所得がどれだけ増加するか（乗数効果）に加えて、財源負担としての増税をどれだけ認識しているか（将来の税負担効果）にも依存する。第2に、公共投資の成果に伴う効果である。これは、公共資本の便益がどれだけ家計の実質所得を増加させるか（公共資本の利用価値）に加えて、維持費用がどれだけ将来に発生するか（将来の負担）にも依存する。そして、公共投資の便益が費用よりも大きいほど、民間消費を刺激する効果も大きくなる。

社会資本の水準がまだ不十分であれば、公共投資の拡大で将来に大きな便益の増加が期待できるので、将来の消費を減少して、現在の消費を増加させようという異時点間の代替効果が生まれる。生産関連の公共投資であれば、将来の生産増加により将来の所得も増加する。また、生活関連の公共投資であれば、将来便益の金銭価値だけ実質的な所得水準が増加するために、この面からも民間消費が刺激される。このように、便益の高い公共投資の増大は経済厚生を改善し、さらに、現在の民間消費支出も拡大させる。したがって、公共投資がどの程度民間消費を刺激しているのかを調べれば、公共投資の総合的な便益をある程度評価することができる。

なお，鴨井・橘木（2001）は構造 VAR モデルを用いて，財政政策の効果を時系列分析し，インパルス応答関数により，その政策効果を計測している。財政政策として，公共投資拡大のほかに税収を変数として減税政策の効果も分析した。また，公共投資拡大政策や減税政策がモデルのなかで内生変数か外生変数かで，つまり，モデルのなかでフィードバックによる経済変数からのインパクトの有無により，波及効果がどのように異なるのかについても分析した。その結果は，以下の通りである。

前期（1975から1990年）では，公共投資は弱いながらも民需へプラスの影響をもたらし，消費と投資が相互にプラスの作用を及ぼしあい，GDP は持続的に増加していった。後期（1985から1998年）では，消費は増加せず，投資に対しては直接的クラウディングアウトの可能性があり，GDP は低調となった。一方，減税政策は前期において消費・投資ともにほとんど変化せず，GDP への影響はなかった。後期では投資にプラスの影響をもたらし，消費は徐々にマイナスからプラスに上向き，GDP は累積ではマイナスであるが，前期と比較して弱いながらも効果が見られた。

1.3 公共投資と民間消費

公共投資が民間消費に及ぼす効果に関する理論モデル分析は，井堀・近藤（1998），近藤・井堀（1999）のように，多期間モデルあるいは無限期間モデルで展開することができる。以下ではより直観的に，2期間モデルと図を用いて説明しよう。代表的個人の効用関数を以下のように特定化する。

$$U = U(c_1, c_2^*) = U^1(c_1) + \frac{1}{1+\rho} U^2(c_2^*) \tag{1}$$

ここで c_1 は第1期の民間消費，c_2^* は第2期の「有効」消費である。また，ρ は割引率である。単純化のために割引率は利子率に等しいと考える。第2期の有効消費はその期の民間消費 c_2 と第1期に行われた公共投資 G_1 からの便益に依存する。ここで，1単位の公共投資が次の期に μ/G 単位の民間消費と同じ便益を生むと想定しよう。公共投資の便益 μ は公共投資への政府支出 G_1 の増加関数である。さらに，公共投資の量が大きくなるほど，1単位の公共投資からの便益は逓減すると考える。したがって，次式を得る。

$$c_2^* = c_2 + \mu(G_1), \qquad \mu' > 0, \mu'' < 0 \tag{2}$$

政府支出の最適水準は，以下の式で求められる。

$$1 + \rho = \mu'(G^*) \tag{3}$$

公共投資の便益が将来の生産増加となる産業関連公共投資の場合，(3) 式は民間投資と公共投資の限界生産が等しいことを意味する。また，公共投資の便益が経済厚生の増加である生活関連公共投資の場合，(3) 式は民間投資の限界生産と公共投資の限界便益の貨幣価値が等しいことを意味する。

政府支出の最適水準 G^* のもとでは，$\mu(G)$ と c の限界的な代替で c^* は変化しない。第 1 期の民間消費で評価して，政府支出の増加 ΔG の限界便益は μ' となり，また政府支出増加 ΔG の限界費用は，$-(1 + \rho)$ で与えられる。もし $G < G^*$ であれば，政府支出の限界便益が限界費用よりも大きく，公共投資 G は過小とみなされる。逆に，もし $G > G^*$ であれば，政府支出の限界便益よりも限界費用が大きく，公共投資 G は過大とみなされる。

ところで，家計の生涯予算制約式は以下のように定式化できる。

$$c_1 + \frac{1}{1+r}c_2^* = Y_1 + \frac{1}{1+r}Y_2 - G_1 + \frac{1}{1+r}\mu(G_1) \tag{4}$$

ここで Y_i は第 i 期の労働所得であり，r は利子率である。図 1 で AA 線はこの予算制約式を表している。また，E_0 は当初の主体的均衡点である。

ここで $\Delta G_1 > 0$ としよう。これは，第 1 期に政府支出が増加することを意味する。もし $G_1 < G^*$ であれば，G_1 の上昇で (4) 式の右辺は増加する。よって，AA 線は上方にシフトする。A'A' 線がこの新しい予算線を表している。I_1 はこの予算線 A'A' のもとで達成可能な効用水準を示しており，E_1^a 点が最適点となる。すなわち，E_1^a に対応する新しい消費計画 (c_1^a, c_2^a) が最適消費計画である。逆に，もし $G_1 > G^*$ であれば，AA 線は下方にシフトし，点 E_1^u が最適点となる。このとき (c_1^u, c_2^u) が最適消費計画である。したがって，E_1^a 点と E_1^u 点を比較すると，$c_1^a > c_1^u$ であり，$c_2^a < c_2^u$ となることがわかる。（また $c_2^{*a} > c_2^{*u}$ の関係もある。）言い換えると，もし第 1 期に公共資本が過小であれば，第 1 期の民間消費は刺激される。逆に，もし第 1 期の公共資本が過大であれば，第 1 期の民間消費は抑制される。

近藤・井堀(1998)および Ihori, Doi and Kondo (1999), Ihori and Kondo (2001) は，こうした観点から実証分析を試みている。それらの結果によると，公共投資は全体として民間消費をある程度刺激してきた。つまり，戦後全体を 1 つの期間（1958−93年）とみると，公共投資のパフォーマンスはまずまずであった。しかし，高度成長期（1958−75年）とその後の時期（1976−93年）

図1

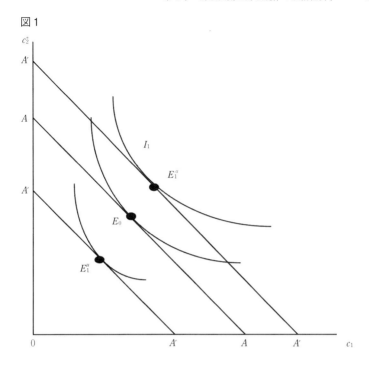

に分けて，民間消費に与える効果を調べると，後の時期になると公共投資はそれほど民間消費にプラスに効いていない。これは，高度成長期以降の公共投資が高度成長期よりも便益効果が悪くなっていることを示唆している。その理由として，社会資本水準がそれ以前に比べると，整備されてきたため，追加的な公共投資が民間消費支出に与える影響が小さくなったと考えられる。社会資本の配分に関して，あるいは，公共投資の配分に問題があり，生産性や便益の低い無駄な部門に公共投資が支出されてきたとも考えられる。たとえば，目的別の分類では，農林漁業関連の支出にそれほど便益が認められないという結果が示されている。

　このように民間消費に注目することでも，政府支出の便益を間接的に評価することができる。ただし，この分析は，公共投資の生産面での定量的な効果を直接推計したものではない。民間消費に与える効果を通じて，間接的に公共投資の評価を試みたものである。こうしたアプローチのメリットは，公共投資の生産性を特定の生産関数を想定しないで推計できる点にある。しか

し，間接的なアプローチであり，定量的な評価はできない限界もある。公共投資の評価は，生産関数を推計する試みと合わせて議論すべきであろう。

1.4 公共投資の生産効果

次に，公共投資の生産効果を直接推計する試みをみておこう。わが国でも，集計された社会資本ストックのデータが利用可能になるとともに，岩本（1990a, b）をはじめとして，公共資本の生産性についていくつかの実証研究が蓄積されている。

社会資本ストックの経済効果は，主として生産力効果とアメニティ効果に区分される。前者は，文字通り社会資本が生産性や経済成長に与える影響を計測するものである。具体的には，社会資本を生産要素とした生産関数の計測や，成長会計や Barro (1991) 回帰の枠組みで社会資本の経済成長への影響を探る。後者は，主にヘドニック関数を計測することで，社会資本が人々の厚生に与える影響を計測する。

宮崎（2014）は，分野別社会資本の生産性分析についての先行研究をまとめている。それによると，このアプローチは，(i) 生産関数の計測，(ii) 成長回帰，および (iii) 成長会計に大別される。

(i) の生産関数の計測については，日本の社会資本の生産性分析の嚆矢とされる Mera (1973) を代表として多くの研究がある。岩本（1990a, b）は，収穫一定のコブ・ダグラス型のマクロ生産関数における公共資本ストックの生産性を計測している。それによると，社会資本の投入が1％増加したとき，生産量は0.23％程度増加する。また，三井・井上・竹澤（1995）の計測でも，公共資本の限界生産の弾力性を0.25と推定している。また，これまでの多くの推計結果では，公共資本の限界生産が時間とともに次第に低下してきたことも示されている。なお，限界生産が低下しているのは，民間資本についても同様である。公共資本については，その配分が産業基盤整備から生活関連にシフトしてきたことも，その限界生産の低下の背景にある。

(ii) の成長回帰については，中里（2001），中里（2003）などが社会資本を分野別に区分し，その経済成長への影響を計測している。

(iii) の成長会計を用いた研究として，樋口・中島・中東・日野（2003）は，TFP（全要素生産性）の要因分解の要素として分野別の社会資本を考慮した分析を試みている。宮川・川崎・枝村（2013）は，新たに作成された地域別

・産業別生産性データベース（R-JIP データベース）と社会資本のデータを組み合わせて，社会資本の生産力効果を再検証した．彼らの推計では，バブル崩壊後に全産業にわたって生産力効果が見られる．これはバブル崩壊後財政が悪化し，社会資本投資が抑制的に運営される中で，効率的な投資配分が行われてきたことを示唆している．推計結果から計測される社会資本の収益率は，総じて民間資本より高いが，これは非製造業において顕著である．

1.5　公共投資の地域間配分

わが国の高度成長期の公共資本政策は，まず産業基盤整備に最重点に投資し，次いで，生活関連の公共資本の充実に重点をおき，そのあとで，両方の公共資本のバランスのとれた発展を図るというものだった．産業基盤整備の資本をまず優先して蓄積し，それが一定の水準に達したとき，両資本を均衡させて形成するという資本蓄積のパターンは，初期時点において生産資本の限界生産力が生活関連資本と消費の限界代替率よりも大きい場合に，最適な資本蓄積のパターンとなる．

社会資本の地域間配分を公平性と効率性の観点から評価することは，多くの研究によりなされている．浅子・坂本（1993），浅子他（1994）は都道府県別の社会資本の生産性を計測した．これらから得られた結論は，社会資本の生産性が都市部で高いことである．特に三井（2008）は都市部で第2次産業の生産性に寄与する社会資本の生産性が高く，その他の地域で非常に低くなっていることを指摘し，都市部が製造部門の投資に適していることを示した．また，第1次産業に対する社会資本の生産性は全国的に低く，第3次産業の生産性がおおむね均等であった．農業部門への社会資本配分には生産性の観点は考慮されておらず，生活関連の社会資本に顕著な地域間格差は見られない．地域間，部門別の公共投資の生産性を推計すると，過疎部や農業関連の公共投資の生産性が低いのに対して，都市部や通信，環境関連の公共投資の生産性が高いという結果が一般的である．わが国の公共投資の目的別配分が最適とは言い難く，特に農業関連の公共投資の生産性が低い．

中里（1999）は，日本の地域経済データをもとに，社会資本の整備が経済成長に与える影響について実証分析を行った．一般的には，公共投資は社会資本ストックの形成を通じて経済成長にプラスの影響を与えるものと考えられる．しかし，(1)公共投資の配分が硬直的で経済環境の変化に対応したもの

となっていないために，公共投資が有効な社会資本ストックの形成に結びついていない可能性がある。(2)地域経済の公共投資に対する依存が，地域の自立的な発展に向けた取り組みを減退させる要因として働いている可能性がある。

宮崎（2004）は，首都圏ないしは東京都とそれ以外の地域とに区分することで，道路に着目し交通関連社会資本の生産力効果を探った。その計量分析の結果によると，首都圏，とりわけ東京都については道路の整備が生産性の向上に寄与する一方，それ以外の地域については必ずしも道路の整備は生産性の上昇をもたらさない。

公共投資の政治的配分は，地域間の再分配政策としても解釈できる。国と地方政府間の財源移転と関連して，交付税や国庫補助金を中心に，地域間の移転も大きい。さらに，様々な補助金や優遇政策の結果として，業種間でも移転支出が行われている。地域間格差是正のための支出は国からの使途制限のない地方交付税と経済合理性の観点から国税によって徴収・配分される地方譲与税，そして国から使途を指定された国庫支出金がある。これらのうち，地域間の財源過不足を調整する役割をになう地方交付税は地方税に対する地方交付税の比率では5割弱程度を占めており，その再分配としての役割は大きなものになっている。

同時に，わが国では公共投資政策の地域間偏在も大きく，それが地域的な援助，補助金として機能している。公共投資は多くの場合，建前として国と地方政府の両方が1対1の負担割合で分担することになっている。しかし，現実には地方政府の負担に関して，交付税で面倒をみたり，地方債の発行で当面の財源を手当しながら，その地方債の償還に交付税が投入されるなどして，ほとんどの負担を国が肩代わりしているケースも多い。特に，過疎地の自治体ほど，公共事業の地元負担は実質的に国が面倒をみている。

土居（1996，2000）では「フライペーパー効果」という概念を用いて，中央政府の交付税政策と地方政府による歳出構造を分析している。「フライペーパー効果」とは中央政府が地方交付税を増加させる場合，地方税の減税を通じて地元住民の個人所得を同額だけ増加させることが本来最適な反応になるはずであるが，実際には地方歳出が拡大してしまう現象である。土居の実証結果によると，固定資産税収よりも高い地方公共団体では「フライペーパー効果」が認められ，その原因は地方による税制の裁量の低さが原因である

としている。この分析結果も，過疎地方への公共事業が事実上その地方への補助金として機能していることを示唆している。

また，長峯・片山編（2001）や斉藤（2010），近藤（2013）などでも指摘されるように，交通関連の公共投資には，かなり政治的な要因が介在する。吉野・吉田（1988）は，政治的影響の指標として（国会議員選挙における各地域の）1票の重みを用い，1票の重みが大きい都道府県ほど公共投資の配分が顕著に多くなっていることを回帰分析で示した。公共投資の配分が大都市圏に過小に，地方圏に過大になっていることは，かなりの程度政治的要因で説明できる。

田中（1999）は，公共投資が家計の効用に与えるインパクトに着目し，その観点から1970年代以降における日本の公共投資政策の有効性について評価を行った。その結果，複数の社会資本の中で，国民は市町村道，社会福祉施設・病院・学校といった生活基盤型の公共投資に対して高い評価を下している。生産基盤型の公共投資に分類される国県道に対する評価は，最も評価の高い市町村道の半分以下にとどまっている。地方への手厚い配分が予想される農林漁業施設や治山・治水施設に対して，多くの国民はほとんど評価していない，という3つの結果を得た。

以上，民間消費の反応からの間接的推計アプローチでも，生産関数を直接推計するアプローチでも，公共投資の将来便益は1980年代以降次第に低下してきた。また，地域別や目的別の配分でみると，地方の農業関連の公共投資の生産性が特に低下している。1980年代以降の公共投資のかなりの部分は，生産性の観点よりも別の「政治的な」バイアスをもって配分されてきたと言えるだろう。そうした公共投資が景気対策の中心として既得権化していったことが，財政規律を失わせて，この時期に財政赤字が累積していった原因でもある。

2　既得権の政治経済学

2.1　公共事業における便益評価

公共事業では明らかな無駄よりも，費用と比較して相対的に無駄と思われる事業の方が規模として大きい。たとえば，便益が10しかないのに，費用が20かかるような事業である。このケースでは20－10＝10の余計なコストが生

じている。しかし，便益は10というプラスの大きさであり，便益を受ける人々（社会資本の整備で受益を受ける住民）は，費用20の負担者でない場合が多いので，費用は気にしないで便益のみに関心を持つ。コスト意識がないと，プラスの便益がある以上，公共事業に対するニーズは政治的に大きい。

さらに，公共事業を受注する地元業者にとっては費用の20も，彼らの所得になるので，費用がかかるほど，潤う。したがって，便益がプラスであれば，それが費用よりも小さくても，地元では誰も反対しないし，むしろ，地元業者にとって費用は大きくなる方が望ましい。こうした無駄の多い事業ほど，地元では政治的にニーズが大きくなる。

これに対して，政策官庁は費用便益分析を事前に行っており，事前の評価で便益が費用を上回る事業しか採択しない建前になっている。しかし，事前の評価で便益や費用を正確に推計するのは困難である。どうしても，地元住民，自治体の陳情など政治的な圧力に配慮して，便益を過大に推計したり，費用を過小に推計しがちである。さらに，地方自治体が行う小規模の公共事業では，そもそも費用便益分析は必ずしも行われていない。住民からのニーズ，陳情が多ければ，客観的にみてその便益が費用以下であったとしても，実施される。

東日本大震災を契機として，防災関連の公共事業が見直されている。そこでも非常時への備えとして有益であるメリットが必要以上に強調される懸念がある。災害が起きれば有益となるが，平時では何の役にも立たない防災関連の施設や備品は，結果として無駄になることが多い。

たとえば，堤防の高さでこれを示すと，5メートルの高さであれば500年に一回程度の津波に対応できるとしよう。堤防の高さを10メートルにすると，5000年に一回程度の非常に大きな津波にも対応できるとする。この場合，堤防の高さを高くするほど，事業費は大きくなる。常識的には，5000年に1回程度の非常に低い確率であれば，無理に10メートルまで高くすることは選択しない方が望ましいだろう。ところが，こうした極端にありそうにない確率をより高めに予想するか，あるいは，こうした非常時での災害の損失額を極端に多めに予想することで，10メートルの高さまで堤防を高く建設するのが，政治的に選択されやすい。

別の数値例で説明すると，確率1％で非常時（災害）が生じ，確率99％で平時のままとしよう。ある公共事業を実施すると，非常時に100の便益があ

るが，平時にはなんら便益はないとする。この事業の費用は5とする。このとき，便益の期待値は$100 \times 0.01 = 1 < 5$であるから，こうした事業は実施しない方が望ましい。しかし，非常時の便益が100ではなくて，1000であれば，便益の期待値は$1000 \times 0.01 = 10 > 5$となり，今度はこの事業を実施する方が望ましくなる。非常時の便益を正確に推計するのは困難であり，政治的に過大な推計になりやすい。

その理由は，建設コストの負担が便益を受ける住民とは無関係に国家予算の中で決まるからである。住民からすれば堤防は高い方が望ましい。建設業者もより規模の大きな仕事がほしい。技術者も立派な堤防をつくりたい。これらすべての利害関係者は財源を負担する際に，責任がない。コスト計算を厳格にする誘因を，それぞれの利害関係者はもっていない。こうした利害関係者が政治的に過大な要求をすると，必要以上に立派な堤防が建設される。

しかし，堤防自体は災害対策として有効に機能している。できたものは有益なものである。たとえ，その高さが高すぎたとしても，それで文句を言う人はいない。全体としてみれば，納税者が損をしているが，無駄かどうか，多くの納税者は判断できないので，こうした事業が継続される。

往々にして，地震学者などその分野の専門家は，こうしたリスクを過大に推計しがちである。その方が安心・安全面からみて十分な準備を要請しやすいし，自分たちの存在意義や研究資金も調達しやすい。震災や津波のリスクを必要以上に過大評価すれば，防災関連の公共事業をいくらでも正当化することができる。確かに，安心感は増すだろうが，貴重な財源を他の歳出に投入した方が，より大きな便益が得られたはずである。大震災の経験が生々しい間は，政治的にもこうした感情に配慮せざるを得ないが，冷静な便益評価が重要である。

2．2　既得権益の政治経済学

財政規律が欠如した歳出が行われる政治的要因に，既得権がある。どんな支出でもそれが最初に行われるときには，それなりにもっともな説明がつく。最初から特定の利益団体を擁護するだけの支出で，しかもそれが社会全体からみて不公平・非効率なのが明らかな支出に予算がつくことは希である。

たとえば，ある業界が構造的な不況業種であり，そこに働いている人々の生活が苦しくなっているとしよう。緊急避難の対策として，そうした人々を

援助する公共事業が予算化される。これは，特定の人々のみを対象としていても，社会全体の公平感からみて，ある程度は正当化できるだろう。しかし，この予算編成が硬直化，長期化すると，話は別である。不況でなくなったときにも，事業が継続されると，自助努力で地域を振興させようとする意欲も削がれる。過去の政策が既得権化してしまう。

いったん公共事業予算がつくと，公共事業をすることでその地域経済を支えることが重視されて，今度はその予算をとるのがその地域の人々の最終目的になってしまう。これが既得権の弊害である。こうした弊害は，省庁間の権益を反映していることも多い。

公共事業関連省庁（国交省，農水省，総務省など）は土建業，農協，地方など公共事業の利益団体の意向を代弁しがちである。もちろん，圧力団体として業界団体の政治力は大きいし，官僚が天下り先として関連業界団体を抱えているという背景もある。しかし，過去において業界団体の意向を代弁する形で政策決定することが，日本経済全体を発展させることにある程度寄与してきたという理屈もある。経済発展の初期段階では，経済発展の方向，産業構造を転換させる道筋が明確であった。

予算編成においても，増分主義の原則でいったん決まった経費はそのまま次年度以降も認められ，新規の予算は税収の増加分を当てることで対応してきた。その方が査定自体は効率的に行われるし，全体の税収が増加する経済では新規需要にもある程度対応できていた。こうした予算編成に基づく公共事業の配分も，高度成長期の当時としては合理的であった。

しかし，経済環境は変化する。1970年代後半に入って高度成長が終焉し，その後，マクロ経済も激動，不安定の時代を迎えた。21世紀になって急速に進展している世界的なグローバル化，IT化の流れの中で，わが国が先進的地位を維持するには，伸ばせる産業，地域，人々をより活性化させることが重要となってくる。構造不況業種，停滞している地域を公共事業で支えるだけでは，日本経済全体が地盤沈下してしまう。公共事業の配分も，社会資本として効率的に社会に貢献できる地域，内容に改革していく必要がある。しかし，相変わらず「安心・安全」という理念のもとで，後ろ向きの内容が多い。21世紀に入ってわが国を取り巻く経済社会環境が大きく変化しているにもかかわらず，過去の成功経験に縛られていることで，既得権の見直しが遅れている。

斉藤（2010）は，自民党長期政権の理由を，利益誘導政治の自己矛盾という視点で分析した。新幹線誘致などの政治活動は利益誘導政治の典型であり，日本の公共事業に大きな影響を与えてきたことが実証されている。同時に，新幹線が整備された後では，その地域での利益誘導対象がなくなり，それが旧来型の自民党支持層を減少させるという自己矛盾を抱えている点を指摘しているのは興味深い。

また，Terai and Glazer (2014) は，予算編成をプリンシパルとエイジェントの問題として定式化している。モラルハザード，ソフト予算との関連で公共事業の肥大化を説明できるモデルである。それによると，たとえば，中央政府は地方政府のタイプを知らない。総務省などから官僚が地方政府の幹部に派遣されているし，過去に無駄な公共事業を多く行った地方政府の情報は，中央政府／財務省もわかっているが，それでも完全情報ではないだろう。したがって，プリンシパル（財務省）は予算を多めに編成することで，エイジェント（地方自治体）が政治的にバイアスのある行動をしても，それなりに有益な歳出も執行できるようにする。その結果，無駄な公共事業も増加する。

ところで，高齢化が進むと高齢者の政治的影響力が強くなる。高齢者は公共事業よりも社会保障給付の充実を望む。わが国の公共事業費も2000年代に入って減少傾向にあるが，これは高齢化と無関係ではないだろう。したがって，高齢化とともに公共事業費は過小になる可能性もある。今後の歳出の中身を見直す上で，高齢化要因の影響をどう評価するかも重要である。

2.3 道路特定財源

2.3.1 経緯

既得権化しやすく，財政規律上も問題となりうるのは，特定財源の存在である。道路特定財源制度は，ガソリン税（揮発油税，地方道路税），軽油取引税，石油ガス税などの税収で道路整備を賄うものであった。1953年に「道路整備費の財源等に関する臨時措置法」が制定され，立ち後れたわが国の道路を緊急かつ計画的に整備する観点から，道路整備の財源として揮発油税収相当額を国の道路整備に充てることとされた。

自動車関係諸税は，本則税率に対して暫定的に高い税率が設定されている。初めて暫定税率が登場したのは第7次（1973〜1977年度）道路整備五箇年計画の財源が求められたときであった。1974年4月，揮発油税が24.3円／1か

ら29.2／1へ4.9円，約20.2％に引き上げられ，同じく地方道路税は4.4円／1から5.3円／1, 20.5％に引き上げられ，1976年には軽油引取税も引き上げられて，自動車取得税も1974年4月3％から5％となり，5月には自動車重量税が2,500円／自重0.5t 毎（自家用乗用車）から5,000円へと2倍に引き上げられた。

それ以降暫定税率は全く見直されることなく，1976年，1979年，1993年と引き上げの連続と暫定期間の延長の繰り返しで，30年近くも暫定税率が続いた。

2.3.2 道路特定財源の評価

こうした特定財源は無駄な道路建設の温床だとして批判された。ある税の収入を特定の公的サービスに要する費用の財源に充てる特定財源制度は，財政の硬直化を招く傾向があることから，紆余曲折を経たが，2009年度に廃止された。

確かに，先進国でもわが国の公共事業費は高い水準を維持してきたし，その中でも道路建設が大きなウエートを占めてきた。全国的に見れば道路整備は進展している。特定財源制度によってさらに無駄な道路が建設される弊害は避けねばならない。一方で，一般財源化すれば，より効率的に歳出が執行されるという保証もない。公共事業の中でもっとも経済効果の乏しいものは，一般財源で賄われている農水省関連の公共事業である。また，北海道から九州まで整備新幹線を拡張する事業もあまり効果が大きいとは思われない。

一般的に，財源を拡充する手段としては，政府自身が税金などの資金調達能力を向上させるという方法と，民間資金など外部の資金を誘導する方法がある。運輸交通分野では，料金収入を伴わない一般道路インフラの整備など民間セクターの参入が期待できない部分も多く，公共セクターの運輸財源を充実させることを目的に，受益者負担の原則による様々な財源整備が進められてきた。具体例としては，ガソリン税をベースにする道路特定財源の設置，環境税の賦課などが挙げられる。

特定財源に合わせるように事業量を決めるのは，そもそも道路整備の絶対水準が明らかに不足していた時代には，もっともらしい対応であった。交通税制として，特定財源や目的税は必ずしも悪い制度／仕組みではない。しかし，道路整備がかなりの程度実現した今日，また，財政事情が厳しく，社会

保障など他の歳出のニーズも増大するなかでは，より説得力ある根拠が求められる．道路財源の一部で無駄な公共事業が執行されてきたことは事実だろう．

要は，道路整備などの公共事業の費用便益分析を，客観的なデータに基づいてしっかりと行うことで，効率的なインフラを整備することである．無駄な道路を建設すべきでないが，渋滞が日常化し，道路整備の遅れが経済活動のネックになっている箇所もある．予算編成が国民の民意をきちんと反映できるかどうかが，特定財源制度の是非を判断するポイントになる．

総じて，特定財源制度の評価は，一般財源化して使途をあらかじめ特定しないで，与党政治家の自由裁量にゆだねることで，より効率的な歳出が実現できているかどうかに依存する．自由裁量のもとで，かえって民意を無視した歳出が増えるリスクもある．特定財源化すると硬直化の弊害もあるが，受益と負担のリンクが明確になることで，納税者が税金の使い道に関心を持つメリットもある．

すなわち，支持率の高い政権であれば，一般財源化して，歳出の配分先を自由に変更できるようにすることのメリットは大きいが，そうでなく，民意と乖離した政権の場合には，一般財源化しても道路整備などの公共事業が効率的になされる保証はない．場合によっては，もっと無駄の大きな歳出に多くの財源が投入されるかもしれない．予算編成が国民の民意をきちんと反映できているかどうかが，特定財源制度の是非を判断するポイントになる．

3　増税と財政再建の理論分析

3．1　増税以上の歳出増加

特定財源のように明確なリンクではないが，増税とある特定の歳出が対応している状況を簡単に理論分析してみよう．Woo (2005) および Stähler (2007) の理論モデルを紹介する．これは，2つの選好の異なるグループを含む内生的成長モデルで，それぞれのグループ（利益団体）は，異なる公共財に関してのみ利害を持っており，お互いに自分に関心のある公共財を増やそうと戦略的に行動する．

モデルの構造は以下の通りである．政府の予算制約式は，

$$\dot{b} = rb + g_1 + g_2 - \tau \tag{5}$$

で表される.彼らのモデルでは利益団体のロビー活動の結果,政府支出の決定式が以下のように導出される.

$$g_1 + g_2 = (1 + \theta)(\tau - rb) \tag{6}$$

ここで,g_1,g_2は,それぞれの利益団体が関心を持つ公共財への支出の合計で,τ は税収,$\tau - rb$ は税収から利払い費を除いたものであり,税収で賄いきれる政策的歳出の上限を示す.このモデルでは,2つの異なる利益団体間での選好の相違の程度を示すθはプラスのある定数となる.政府支出の決定式の右辺は$1 + \theta > 1$となり,異なる公共財に対する評価が大きく相違するほど,税収の増加以上に政府支出が増える状況を想定している.それぞれの利益団体は,自分たちに関心のある政府支出だけを増やそうと戦略的に行動する.その結果,τが増えたとき,τの増加分以上に政府支出が増えてしまう.その意味では,特定財源の制約が100%以上に効いていて,税収以上の歳出が財政赤字によって可能になる.

これら2つの式から,次式を得る.

$$\dot{b} = \theta (\tau - rb) \tag{7}$$

このモデルでは,増税をすると,増税分以上に政府支出が拡大する.すなわち,τが増えてしまうと,政府の財政状況が良くなったと見なされて,利益団体の政治活動を刺激し,歳出がそれ以上に増加する.

こうしたソフト予算の状況では,政府が税収を増やすと財政規律が緩くなって,かえって財政赤字が増えてしまう.それを防ぐには,(7) 式 $\dot{b} = \theta (\tau - rb)$の傾きを小さくする必要がある.たとえば,財政赤字に課税すると

$$\dot{b} = \theta (\tau - rb) - \lambda \dot{b}$$

ここで $\lambda \dot{b}$ は財政赤字への課税収入,λはその税率を示す.この式を書き直すと次式を得る.

$$\dot{b} = D (\tau - rb) \tag{7'}$$

ここで$D \equiv \theta / (1 + \lambda)$.$(D < \theta < 1)$のように予算制約式が変化すれば,結果として財政状況は改善される.Dの値がθよりも小さいと,税収が増加しても,財政赤字が増加する効果は小さくなるから,税率λを引き上げることで,公債の新規発行も抑制できる.

以上の分析から得られる含意として,財政赤字が増加すれば税収も増加させるという課税ルールを事前に明示することが,財政規律の確立や財政赤字

の縮小に有効に働く。これはいわば「財政赤字への課税」であり，一種のペイゴー原則である。これと代替的なルールとして，ボーン条件（Bohn's criterion）がある。これは，公債残高・GDP が上昇する限り基礎的財政赤字を縮小させることに事前にコミットする，というものである。この場合も，上記の課税ルールと似たような結果が得られる。

3.2 分析の含意

　国債の発行残高が増えて，市場における国債の消化能力が下がると，国債の信認に不安が生じる。逆に，財政再建を進めて国債発行を減らし，日銀が国債の引き受けを増やして，なおかつ経済が成長していれば，国債の信認にはプラスに働く。しかし，同じことが，財政規律にとってはマイナスに働く可能性もある。経済成長も，国債の信認にとってプラスに働くとは限らない。経済が成長すれば税収が増えるが，それが無駄な政府支出を誘発する可能性がある。とくに，無駄な支出の抑制に政治的に甘い状況の場合には，政府支出が膨張して国債の信認に問題が生じる。そのため，政府支出の膨張をいかに防ぐかが重要になる。予算を決める政治家の時間に関する割引率が高いと，こういう問題が起きやすい。つまり，政治家や国民（有権者）が，将来への配慮をどの程度きちんとできるかが重要である。そこをきちんとしない限り，いくら経済が成長しても国債の信認は実現できない。これが，政治経済学的な状況を踏まえた上で国債の信認を考える際の大きな問題だろう。

　景気変動要因を除いても発生する財政赤字（構造的財政赤字）が増えれば，それに合わせて歳出削減や増税が自動的に実施される仕組みを予算編成に入れておくことは有益である。構造的財政赤字の拡大は，社会保障給付などの義務的経費の増加が大きな要因である。社会保障費が高齢者の既得権拡大として増える場合，自動的に消費税率引き上げや保険料負担増などが実施されて，かつ財政赤字も減少するのが，こうした対応である。

　これは新たな歳出増にはそれ以上の新たな財源（財政赤字の減少分も含めた財源）を充てるという強いペイゴー方式である。そうすることで，国民に歳出増には実質的負担が伴うことを意識させて，ただ乗りの誘因を小さくして無駄な歳出が増えるのを抑制する効果が期待できる。

　この方式は，財政の持続可能性を保証するボーンの条件（公債残高・GDP 比率が上昇する限り，基礎的財政収支・GDP 比率を改善すべきである）と整

合的でもある。公債残高・GDP比率が上昇するときに，基礎的財政収支・GDP比率を改善するには，歳出削減か裁量的な増税が必要になる。景気配慮のため多少の時間差はあってもよいが，財政が悪化すると自動的に増税や歳出削減により財政改善のメカニズムが働く仕組みが必要であろう。

4　財政規律と予算制度

4．1　予算制度

財政制度の見直しは，予算制度改革なしでは実現できない。本節では，財政規律を確保する望ましい制度設計に向けて，予算改革のあり方を考える。そもそも予算制度は，どのような原則で構築されるべきであろうか。大きく分けると，縛りのメリットを重視する行政的な観点と自由裁量のメリットも重視する経済的な観点の2つがある。まず，前者の行政的原則としては，以下の4つがある。

(1)　公開性：予算は国民に公開されなければならない。
(2)　統一性：歳出と歳入が統一的に記録される必要がある。
(3)　限定性：財政運営上の拘束力を持つものでなければならない。
(4)　年度性：会計年度を単位期間として，予算の収支をその年度内に完結させる必要がある。

これらの原則は，予算が法律に基づいて厳格に編成，支出，記帳，監査されるべきであるという考え方に基づいている。

また，後者の視点に立った予算の経済的原則としては，以下の7つがある。

(1)　公平性：予算の公正な支出ルールが必要である。
(2)　効率性：資源配分の効率性を確保する。
(3)　目的性：支出の経済的機能に応じた的確な分類を行う。
(4)　機能性：経済的機能について正確な推定を行う。
(5)　伸縮性：適切な支出が機動的に行えるような弾力性が必要である。
(6)　計画性：長期の目標達成に対応した継続性が必要である。
(7)　ノン・アフェクタシオン：特定の収入と特定の支出を関係づけないで，全ての収入を一括して，全ての支出計画を作成すべき

である。

　これらの原則は，予算本来の目的である公共福祉の増進のために，弾力的で機動的な編成，支出の裁量が重要であることを意味している。
　予算は政府の財政活動の根幹をなすものであり，その金額も巨額であるから，制度上は縛りを最優先するものになる。わが国でもその重要性に即して，憲法第7条に基本原則の定めがあり，財政法をはじめとして多くの法律も整備されている。そして，

(1) 事前議決の原則：執行前にあらかじめ国会の議決を受ける
(2) 総計予算の原則：支出と収入は全額予算に計上する
(3) 国会，国民に対する報告の原則：内閣が少なくとも年1回は国の財政状況を国会と国民に報告する

などの原則が定められている。これらは縛りを重視する行政的原則に対応している。ただし，こうした縛りは必ずしも財政規律を保証するものではない。
　予算改革の1つの論点は，縛り（予算規律）を重視するか自由裁量（予算の柔軟性）を重視するかである。この問題は，事前規制か事後規制かの問題でもある。法律上の縛りはどうしても事前の規制になりやすい。これもある程度は必要であるが，事前に自由裁量の余地を大きくしておいて，問題が実際に生ずれば，それに厳しく対抗するという事後のチェック体制も有効である。
　一般的に，細かな歳出の内容にまで事前に規制しようとすると，経済的な非効率，無駄が生じやすい。予算の執行面でも，事前には裁量の余地をより認めるとともに，事後には厳しくチェックする体制が望ましいことが多い。その場合，国会による政治のチェックがいい加減であれば，情報公開などを活用した国民，有権者，納税者のチェック機能が重要になってくる。

4．2　財政規律と予算制度改革

　田中（2011）は，日本で財政再建が成功しない原因を，財政規律の欠如とともに予算制度の欠陥に求めている。プレーヤーに財政ルールや目標の遵守を認識させる「事前のコミットメント」，中期財政フレームに基づく「事後のコミットメント」に関する予算制度が弱いために財政規律が確立できないこ

とが，日本の失敗の原因だという。OECD 主要国における財政再建過程と予算制度改革を比較検討して，財政再建において予算制度改革が重要であることを指摘している。日本で予算制度改革が進まない理由に，財政当局が「政治化」し，利害をもった政治的プレーヤーになったという指摘は重要である。

こうした現状を踏まえれば，井堀・土居（2007）が指摘するように，予算制度改革や公会計改革の移行過程を明確にして，以下で説明するように今後(1)～(6)と時系列的に順を追って進めていくのが望ましいだろう。

4.2.1 発生主義決算の法定化

予算制度改革を効果的に実施するには，決算段階で発生主義会計に法的拘束力を持たせる形で導入することが不可欠である。国の会計においては，省庁別財務諸表を作成するなど，発生主義会計の導入が完了しているが，法的拘束力がない。公会計改革を情報開示あるいは透明性の向上で終わらせてしまうだけでは，不十分である。予算制度改革に踏み込むことで財政健全化への制度設計を実現すべきだろう。そのために，省庁別財務諸表の作成を法的拘束力で義務付けて，説明責任の明確化を目的とすべきである。

また，事業別，セグメント別の財務報告だけでなく，連結会計も重要である。国の会計・関係する公的機関のみならず，地方自治体までも包含する形で統一した公会計基準にし，連結対象を拡大することが望ましい。地方自治体の財政状況がソフト予算化すると，国が地方交付税等の補助金などを安易に増やすことになり，国の財政状況は悪化する。国と地方の財政状況を連結して見ることは重要である。

4.2.2 行政評価手法の確定

発生主義会計で決算を公表したとしても，それが有効活用されなければ意味がない。決算情報から引き出される業績を的確に評価できることが重要である。そのためには，的確な行政評価手法の確定が必要となる。

たとえば，経済財政諮問会議において毎年度改訂・公表されている「改革と展望」など中期的な財政見通しでは，経済予測が活用されている。しかし，経済予測が的確に行われていたか否かの「業績評価」を伴っておらず，予測が過度に誤っていても責任は問われない。その結果，将来の経済成長を過大に見積もり，将来の税収を過大に算定して，歳出増加圧力が生じたり，将来

見積もった支出が既得権化することで歳出が削減しにくくなる。

　同時に，あらかじめ定めた将来の歳出を容易に上方修正できないように拘束したり，中期的な財政運営ルールや目標を別途独立して設けて財政規律を維持するべく拘束したり，将来の不確実性のために予備費を確保したりする工夫も，必要である。将来の財政運営に対して的確なコミットメントを行うことが重要である。

4.2.3　財政運営ルールの厳格適用

　財政規律の回復・維持のためには，予算制度改革の中で，財政運営の大原則となるコミットしたルールを設けることが必要である。第3章でも説明したように，EU の安定成長協定では，一定の柔軟性はあるにせよ，一般政府のフローの財政赤字対 GDP 比を3％以下にし，ストックの財政赤字対 GDP 比を60％以下にするルールを規定している。イギリスでは，ゴールデン・ルール（景気循環を通じて，政府の借り入れを投資目的に限定する）やサステナビリティ・ルール（景気循環を通じて，ネットの公的債務残高を対 GDP 比で40％以下にする）を厳格に適用している。

　もちろん，日本でも建設国債の原則や，1997年の財政構造改革法における国と地方の財政赤字対 GDP 比を3％以下にする規定など，類似するルールがある。しかし，これらは現実には適用されておらず，景気対策として裁量的財政政策が最優先されるのが現状である。

　3～5年程度の景気循環の1サイクル相当の期間という中期的な視野で財政運営にコミットできるように，拘束力のある複数年度予算システムの導入も有用である。ただし，予算は議会の議決を要するから，国会議員の任期（衆議院議員なら4年）を越えた拘束は実効性が乏しい。

　不要額を後年度に回すことができる多年度の予算管理では，単年度予算制度以上に，効率的な査定をすることが求められるし，その努力に値するだけの大きなメリットが得られる。たとえば，当初の査定が適切になされた上で不要額が多い場合は，所与の公共サービスをより少ない経費で賄えたことを意味するから，その部局の業績として評価できる。不要額の一部をその部局関係者の裁量に任せて柔軟に支出できるようにすれば，公務員にも無駄遣いをなくすインセンティブが与えられる。その際に，単に歳出が増加したから国民の便益も増加したと見なさずに，歳出額と公共サービスとの対応関係を

明確に数量化して予算査定と決算検査を行うことが重要である。

　数年先までの中長期的にわたって予算編成に何らかの縛りをかけることは,制度改革にも有効である。たとえば社会保障に関して, 5年, 10年という中長期的期間, 歳出を抑えることがあらかじめ決まっているなら, それと整合的になるように, 抜本的な社会保障制度改革を行わざるを得なくなる。また, 公共事業の中身を大幅に見直す場合でも, 中長期的に量的制約がある方が制度改革はしやすい。

　また, よりミクロレベルでのルールも必要である。方策の1つとして, 国からの出資等を有限責任化することが考えられる。現状では, 国が特殊法人等や地方自治体に対して後年度の財源保障を暗黙に行っているため, これらに対して国が事実上無限責任を負う状態に堕しており, 結果として将来の債務を過度に累増させている。そうした無限責任を国が不必要に負わないようにするのが, 国の出資等の有限責任化ルールである。このルールの具体的適用例としては, 地方交付税の財源保障機能の縮小や, 特殊法人の「国有株式会社化」が挙げられる。

4.3　補正予算の守備範囲

　厳しい経済環境のもと税収が低迷する中で, 税収不足の穴埋め, 雇用対策, 景気対策としての公共事業などを内容とする補正予算が編成されることが多い。本来, 補正予算の目的は, 景気刺激ではなく社会保障的な景気対策である。外生的に予想外のショックが起きたときに, それに伴う財政面の変動を和らげるために, 一時的に財政赤字あるいは公債発行を使うのが補正予算の役割である。累進的な所得税や失業保険など, 景気変動を相殺するビルト・イン・スタビライザー(自動安定化装置)を活用するとともに, 期間を限定して必要最小限の調整を図るのが, 社会保障としての景気対策である。

　これに対して, GDPのトレンド自体を回復させる政策は, 潜在成長率を上昇させる政策であり, 構造改革の守備範囲である。供給側の投資, 貯蓄, 労働意欲を刺激する政策では, 民間経済のやる気を引き出すようなミクロ的な誘因効果が重要となる。こうした中長期的に効果のある政策を財源面から後押しするのは, 中長期的視点で編成する本予算の役割である。当初予算を財政構造改革, 社会保障の構造改革, 地方分権の進展, マクロ経済全体の活性化に寄与する内容に仕上げていくことが大切である。

4.4 財政規律と特別会計

わが国では概して一般会計中心に予算の議論が行われ，特別会計について議論されることが少なく，歳出の効率化の圧力が特別会計に向けられにくくなっている。その結果，特別会計であるが故に，所管する各省庁に既得権が生じ，固有の財源等をもって不要不急の事業が自己増殖的に行われ，無駄が生じている。複雑な会計処理で無駄が助長される可能性はある。

しかし，特別会計上の資金のやりとりが300兆円を超える膨大な金額の規模だからといって，それに付随して膨大な無駄が生じているわけではない。むしろ，複数の会計間を資金が往復しても，現実に金が歳出に使われていないので，それ自体で無駄が生じることにならない。たとえば，特別会計に余剰金が蓄積されているとしても，それ自体は無駄ではない。むしろ，余剰金があることは，無駄に資金が浪費されなかった結果でもある。

独法がらみで人件費などに無駄や浪費があることは否定できない。独立行政法人の役職員の給与等の水準は割高である。職務の専門性等から国家公務員と比較し高い学歴の職員が多く，それに応じて給与が高くなっている面は確かにある。民間でも高度な専門職の人材として十分通用する人を処遇するには，給与面でもそれなりに対応せざるを得ない。この点は冷静に受け止める必要がある。

要は給与など待遇面と比較して，職務の専門性などが客観的にもっともらしい裏付けがあるかどうかを峻別することである。また，民間からの競争圧力を有効に活用するため，独立行政法人の民営化をより積極的に進めるとともに，民間との人事交流を大胆に行って，人材の相互比較を日常的に可能にすべきだろう。

5 財政規律と政治的独立性

5.1 財政当局と政治の圧力

財政は予算編成で具体化される。予算を編成するのは財政当局であるが，国会での議決が前提になる。国会で多数を占める与党が予算編成の責任を負う。与党の背後にはそれを支持する多くの有権者がある。したがって，財政当局に独立した機関として独自性を求めるのは，そもそも無理がある。

専門性が高く，かつ，日常的に金融市場において臨機応援な対応が求められる金融政策と異なり，財政政策は1年間という比較的長い期間での予算編成や遂行にかかわる。この点でも，有権者の意向をより反映すべく，その代理人である政治家，与党の意向は無視できない。最善解の世界では，独立した財政機関を設計すべきという議論は説得的でない。しかし，より現実的な世界では，独立した財政機関を設計するのにも，それなりの意義がある。

　ここで重要な点は，政治家，あるいは，与党が本当に民意を反映できているのかという点である。民主主義を前提とする以上，過半数の有権者の意向が投票結果に反映されているはずである。しかし，投票のコストが特定の有権者層に偏った形で生じていれば，そこで生まれる棄権によって，有権者の選好が偏った形で投票結果に反映されることになり，弊害が生じる。

　投票の機会費用はそれぞれの有権者の時間の機会費用に対応しているから，農村部よりは都市部で，また老人よりは若者の方が投票の機会費用は高い。そのため同じ選挙区内では，機会費用の低い有権者が多く投票するために，彼らの意向が必要以上に反映される可能性が高くなる。

　さらに，定数不均衡も民意を政治に反映させる際のバイアスを助長している。なぜなら，選挙区の定数が優遇されている過疎の地方ほど，高齢化率も高く，逆に，選挙区の定数が冷遇されている都市部ほど，若い世代の比率が高いからである。その結果，高齢者は投票率が高い上に，自分たちの世代の利害を反映させる政治家をより多く選出できるため，ますます政治的な交渉力が大きくなる。

　また，有権者の平均年齢も上昇している。昔は若い世代が日本の人口の中心だったから，勤労世代を念頭に置いた政策が実行されてきた。最近は，有権者の中でも高齢者の比重が増加している。最近の世論調査では，政治に望む政策項目の上位は常に，社会保障の充実である。財政再建を望む有権者は相対的に少ない。高齢者に配慮した政策は実現しやすいが，若い世代や将来世代に配慮した政策はなかなか実施されない。こうした高齢者重視の民主主義は，シルバー民主主義と呼ばれているが，そのもとでの民意は必ずしも適切な形で予算編成に現れるわけでもない。

　こうしたシルバー民主主義で財政政策や予算編成が決定されると，財政赤字や社会保障制度に弊害をもたらす。シルバー民主主義では，現在の受給者や負担者が負担増を嫌い改革は先送りされがちである。その分だけ将来の受

給者の負担増に回されている。高齢化，少子化が極めて急速に進み，地域差以上に年齢による選好の相違が大きくなっており，財政上の利害対立が拡大している。

　高齢化や少子化が進展するわが国では，年金制度や公債発行などによる世代間の再配分政策を是正することが大きな課題である。年金制度は賦課方式的な色彩が強まり，年金給付額，負担額も増加している。青年世代の選好がきちんと政治の場に反映される制度的な保障を確立すべきである。財政機関を政治家や与党とある程度独立させることで，こうした弊害を是正できるのであれば，望ましい。

5．2　過大推計の誘因

　政治家のバイアスは，官僚の予算編成作業や財政健全化に関する目標設定にも影響を与える。わが国の財政状況は最悪である。政治家も実際には，現状が厳しいことを認識しているかもしれない。それにもかかわらず，痛みを伴う改革や政策を実行するのを避けるために，あえて，甘めの将来推計を官僚に求める誘因がある。たとえば，今後の経済成長率やそれに伴う自然増収を過大に推計することなどである。

　2015年2月に内閣府が発表した中期財政展望の試算では，消費税率を2017年4月から10％に引き上げても，2020年に基礎的収支を均衡化させるという政府目標の達成は相当困難であり，それを実現するにはさらなる増税か歳出削減が求められるというものだった。この推計結果も相当楽観的な前提をおいていたが，2015年7月の再計算ではさらに楽観的な試算が示された。

　2月の試算と比較すると，財政健全化へより楽観的なシナリオが描かれた。消費税率を2017年4月から10％にあげるとともに，経済再生シナリオが実現すれば，2020年度に基礎的財政収支は均衡しないものの，大幅に改善し，また，2023年にかけて公債残高GDP比率は安定的に低下していくという。この通りであれば，消費税率を2020年代に10％からさらに引き上げなくても，中長期的に財政健全化は達成できそうに思える。

　そもそも経済再生ケースで想定している高めの成長率（実質2％以上，名目3％以上）の根拠になっているのは，成長戦略が成功して1980年代後半のバブル期並みの高い生産性の向上が見込めるというものである。しかし，実際の生産性は1990年代以降徐々に低下している。常識的に見て，近い将来こ

うした高めのイノベーションが期待できるとは思えない。

政府与党が政治的な力を最大限発揮するのが予算編成であるから，その前提となる財政再計算も当然そうした政治的な環境を無視できない。こうした政治的バイアスを回避するには，マクロ経済見通しや税収見積もりについて，政治的に独立した機関が責任を持つのが，望ましい。

過大推計を認識しながら，あえて，それを隠して，楽観的な予想を公表するのは，過去の旧日本軍が意図的に楽観的な情報のみを公表して，国民に甘い期待を抱かせた大本営発表と同じ構図である。さらに，楽観的な経済成長と自然増収の想定は，歳出の効率化には障害になる。税収が大きくなると予想されると，それに応じて，財政再建よりも，歳出の増加への政治的な圧力も高くなる。無駄な歳出を削減しようとするには，マイナスになる。

実際，過去の財政再建の試算をみても，経済成長や自然増収については，常に過大推計をしてきた。その結果，歳出削減はなかなか進まず，財政赤字

図2　見通し・計画と実績（名目GDP）

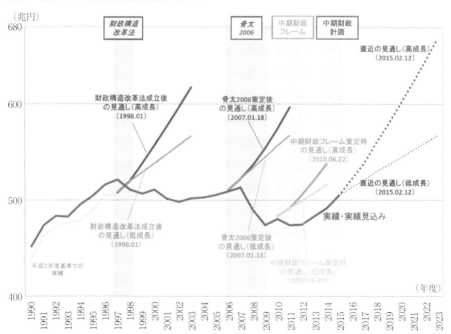

出所　財務省：財政制度審議会資料

の累増につながった。その理由はいくつか考えられる。まずは，財政再建を開始する時期である。景気が良くなり始めて，財政再建の議論が始まることが多い。これは，マクロ経済環境の改善が増税や歳出削減の前提条件だという理解に基づいている。景気が良くなって，税収も増加し，人々の懐も温かくなって，ようやく痛みを伴う増税や歳出削減の議論ができる。

ところが，景気はいつまでも好調であるとは限らない。しばしば，景気が良くなると政府が認識する時期には，既に景気の山を越えている場合が多い。そうすると，増税などの財政引き締め策を実施しようとすると，景気が不況に入るときにぶつかってしまう。そうなると，当初の見込み通りの自然増収も期待できないばかりか，景気対策として，積極的な財政出動を求める政治的圧力が高くなる。財政再建を始めようとすると，すぐに，そのような緊縮政策は頓挫してしまう。こうした挫折を繰り返すうちに，積極的な財政出動ばかりが実際には大きくなって，財政赤字の累増につながっていく。

5.3 政治的に独立した財政当局

官僚が政治家から独立した機関でその能力を発揮することは，望ましい。しかし，官僚にも利己的な動機がある。一般的に財政情報については，官僚の方が政治家よりも，より多くの情報を入手できる。政治家が官僚から正確な情報が得られない状況では，別の意味での非効率が生じる。なお，ここで想定する「官僚」には所管省庁と族議員が含まれる。彼らは，たとえば，公共事業の便益を過大評価したり，費用を過小評価したりして，自分たちの既得権やレントを確保しようとするかもしれない。こうした誘因を，族議員に属さない一般の政治家や有権者がチェックするのは難しい。この状況のもとでは，たとえ予算編成権を独立した財政機関が握っても，情報が「官僚」に握られていれば，予算編成は非効率になる。

予算編成権を財務省から首相官邸（諮問会議）や国会に移そうという提案もある。しかし，公共支出の費用と便益に関する正しい情報が得られないまま，予算編成権だけ移管しても望ましい結果は期待できそうにない。予算編成権の独立性を重視するよりも，公共支出の費用と便益に関する情報の公開を重視する方が効果的であろう。その意味では，費用便益分析に特化した独立機関を設置するのも一案である。

中央政府が産業界，地方自治体などを指導，規制してきた時代には，官僚

に多くの裁量権を与えることが，やる気を起こさせる重要な要因であった。しかし，経済社会行動が変化し，中央政府による規制・指導が弱くなってくると，そうした形で官僚を処遇することも，困難になってきた。金銭的な面でもやる気を引き出す給与体系に改革することが必要である。

また，予算編成はプリンシパルとエイジェントの問題として定式化することもできる。モラルハザード（相手の行動をよく観察できないために，無駄な予算編成になる）やソフト予算（コスト意識が乏しいために，無駄な予算編成になる）という概念を用いると，公共事業の無駄，過大をよく説明できる。

たとえば，中央政府は地方政府のタイプをあまり知らないだろう。総務省などから官僚が地方政府の幹部に派遣されているし，過去に無駄な公共事業を多く行った地方政府の情報は，中央政府・財務省もわかっているが，それでも完全情報ではないだろう。したがって，プリンシパル（財務省）は予算を多めに編成することで，エイジェント（地方自治体）が政治的にバイアスのある行動をしても，それなりに有益な歳出も執行できるようにする誘因が生じる。その結果，無駄な公共事業も増加する。

独立した財政機関がそのメリットを発揮するには，予算制約がハード化されることが重要である。他の財源や財政赤字などに頼らず，所与の財政制約の中で財政運営が行われる枠組みが確立されて，初めて，政治的なバイアスからも独立した財政機関の優位性が生まれる。

5.4 財政規律の確立

財政赤字を直接の政策目標とするのは，目標としてはもっともらしいが，実際には財政収支尻をコントロールするのが困難という問題がある。むしろ，歳出総額のシーリングの方が財政赤字の削減に有効である。個別のペイゴー原則（目的税のリンク）では，財源の確保なしに個別歳出の増加を認めないというものであり，新たな歳出が安易に膨張することを抑止する効果がある。補正予算も含めて，歳出総額を抑制する仕組みを考える必要がある。財政再建目標はストック・ベースでも重要である。公債以外の政府債務の取り扱いも重要になる。巨額の公的年金債務を将来約束している場合，こうした隠れた将来債務も考慮すべきだろう。

総じて，中央銀行と異なり，財政当局に政治的な独立性をもたせることを

正当化するのは相対的に難しい。しかし、民意を適切に反映できない現実の予算編成を前提とすると、財政規律を確保するには、少なくとも、マクロ経済見通しや税収見積もりについて、政治的に独立した機関が責任を持つのが望ましいし、また、各歳出あるいは租税項目について、客観的な手法で費用便益分析が遂行できる独立した財政機関を設置することも有益だろう。その場合、推計手法やその結果について、広く情報公開するとともに、予算編成や財政運営がソフト化しないような財政規律の歯止めが必要になる。財政運営は、最終的な選択を国民の民意に委ねている以上、それにかかわる財政規律も有権者・国民の厳しい監視のもとでより有効に機能するだろう。

　拘束力ある枠組みがどれだけ効力を持つかは、決定された縛りにどこまで政治家や有権者が従う誘因があるのかに依存する。マクロ経済環境が悪くなると、短期的な損得に敏感になり、そうした拘束が実効性を持ちにくい。長期的視点を重視する財政再建政策が実施できるかどうかは、信頼性のある政策がより多くの信頼性を生み出すような、自己実現メカニズムが働くことも必要である。これは国民の意識や有権者と政治家の距離、政治の指導力にもかかわっている。現実の政治の意思決定に問題があり、短期の視点でしか政策決定できないとすれば、短期の裁量政策に節度がなくなってしまう。市場の圧力で一定の拘束力が高まる可能性にも留保すべきだろう。

参考文献

浅子和美・坂本和典（1993）,「政府資本の生産力効果」『フィナンシャル・レビュー』第26号、97-102頁。

浅子和美・常木淳・福田慎一・照山博司・塚本隆・杉浦正典（1994）,「社会資本の生産力効果と公共投資の厚生損失」『経済分析』第135号。

井堀利宏・土居丈朗（2007）,「財政政策の評価と制度設計」「経済制度の実証分析と設計」第3巻　林文夫編　勁草書房。

井堀利宏・近藤広紀（1998）,「公共投資と民間消費：財政赤字と乗数の分析」『フィナンシャル・レビュー』第47号、10月、106-133頁。

岩本康志（1990a）,「日本の公共投資政策の評価について」『経済研究』第41巻第3号、7月、250-261頁。

岩本康志（1990b）,「公共投資の最適水準」『大阪大学経済学』第40巻第1・2号、9月、242-250頁。

鴨井慶太・橘木俊詔（2001）,「財政政策が民間需要へ与えた影響について—Structural VARによる検証—」『フィナンシャル・レビュー』55　1-21頁。

近藤広紀・井堀利宏（1999），「最適社会資本・公共投資規模と民間消費の動向」『日本経済研究』第39号，8月，55‒75頁．
近藤春生（2013），「道路投資における政治的要因の実証分析」日本応用経済学会2013年度春季大会報告論文．
斉藤淳（2010），『自民党長期政権の政治経済学―利益誘導政治の自己矛盾―』勁草書房．
田中宏樹（1999），「日本の公共投資の経済評価―ヘドニック・アプローチによる事業分野別投資便益の計測―」『フィナンシャル・レビュー』第52号，42‒66頁．
田中秀明（2011），『財政規律と予算制度改革』日本評論社．
土居丈朗（1996），「日本の都市財政におけるフライペーパー効果」『フィナンシャル・レビュー』No.40，95‒119頁．
土居丈朗（2000），「日本の都市財政におけるフライペーパー効果とスピルオーバー効果」『三田学会雑誌』vol.93，No.2，75‒90頁．
中里透（1999），「公共投資と地域経済成長」『日本経済研究』第39号，97‒115頁．
中里透（2001），「交通関連社会資本と経済成長」『日本経済研究』第43号，101‒117頁．
中里透（2003），「社会資本整備と経済成長―道路投資を対象とした実証分析―」ESRI Discussion Paper Series No.51．
長峯純一・片山泰輔編（2001），『公共投資と道路政策』勁草書房．
樋口美雄・中島隆信・中東雅樹・日野健（2003），「財政支出の推移と地域雇用」『フィナンシャル・レビュー』第67号，120‒149頁．
三井清（2008），「分野別社会資本の限界便益に関する地域間比較」大瀧雅之編，213‒239頁．
三井清・井上徹・竹澤康子（1995），「社会資本の分野別生産力効果」三井清・太田清編『社会資本の生産性と公的金融』日本評論社，155‒171頁．
宮川努・川崎一泰・枝村一磨（2013），「社会資本の生産力効果の再検討」『経済研究』Vol.64，No.3，240‒255頁．
宮崎智視（2004），「道路資本の生産力効果―地域間格差に着目した分析―」『応用地域学研究』第9号1巻，39‒48頁．
宮崎智視（2014），「交通関連社会資本の生産性分析」日本交通政策研究会シリーズA‒543．
吉野直行・吉田祐幸（1988），「公共投資の地方への配分の実証分析」，『ESP』，6月，42‒47頁．
Barro, R. (1991), "Economic growth in a cross section of countries," *Quarterly Journal of Economics* 106 (2), pp.407-443.
Ihori, T., and H. Kondo (2001), "Efficiency of disaggregate public capital provision in Japan," *Public Finance and Management* 1 (2), pp.161-182.
Ihori, T., T. Doi, and H. Kondo (2001), "Japanese fiscal reform: fiscal reconstruction and

fiscal policy," *Japan and the World Economy*, 13, 4, 351-370.

Mera, K. (1973), "Regional production functions and social overhead capital: an analysis of the japanese case," *Regional and Urban Economics* 3 (2), pp.157-186.

Stähler, N. (2007), "Taxing deficits to restrain government spending and foster capital accumulation," Deutsche Bundesbank, Research Centre in its series Discussion Paper Series.

Terai, K., and A. Glazer (2014), "Budgets under Delegation," Keio-IES Discussion Paper Series DP2014-00.

Woo, J. (2005), "Social polarization, fiscal instability, and growth," *European Economic Review*, 49, 1451-1477.

第5章　社会保障の政治経済学

1　3党合意の一体改革

　2012年6月に当時の民主党野田政権で税と社会保障の一体改革で自民党，公明党と3党合意が実現した。その後，政権交代を経て，自民党の安倍政権下で2014年4月に消費税の5％から8％への増税が実施された。この一体改革では社会保障の機能強化を想定し，そのための安定的な財源確保として消費税収を位置づけている。こうした流れを受けて，社会保障の充実はアベノミクスの第2段階でも政策目標として明示されている。高齢化社会の日本では，今後とも経済政策・財政運営において重要な論点であり続けるだろう。以下，3党合意の内容を簡単にまとめておこう。

1.1　消費税収を主たる財源とする社会保障安定財源の確保

　国民が広く受益する社会保障の費用をあらゆる世代が広く公平に分かち合う観点などから，社会保障給付に要する公費負担の費用は，消費税収（国・地方）を主要な財源として確保する。

　消費税収（国・地方）については，国分が予算総則上，高齢者三経費に充当されてきた。今後は，高齢者三経費を基本としつつ，「制度として確立された年金，医療及び介護の社会保障給付並びに少子化に対処するための施策に要する費用」（社会保障四経費）に充当する分野を拡充する。少子化対策という目的が明記され，高齢者だけでなく，若い世代向けの給付も充実させるという機能強化が明示された。

1.2 消費税収の使途の明確化

　消費税を増収する際に，国民の理解を得やすくするため，その使途の明確化を主張している。すなわち，消費税収（国・地方，現行分の地方消費税を除く）については，全て国民に還元し，官の肥大化には使わないこととし，消費税を原則として社会保障の目的税とすることを法律上，会計上も明確にすることを含め，区分経理を徹底する等，その使途を明確化する。さらに，将来的には，社会保障給付にかかる公費全体について，消費税収（国・地方）を主たる財源として安定財源を確保することによって，社会保障制度の一層の安定・強化につなげていく。

1.3 国・地方を通じた社会保障給付の安定財源の確保

　消費税収は，国税であるとともに地方での重要な財源にもなっている。消費税収の国と地方の配分をどうするかも，重要な論点である。今改革では，上記1.1及び1.2の改革を進めるに当たり，国民一人一人に包括的な支援を行うという社会保障の考え方から，地方への配慮を明記している。すなわち，地域住民に身近なところでサービスを設計し，実行する地方自治体の役割は極めて重要であり，地方による分権的な社会保障は，社会保障の信頼を大きく高める。現行分の消費税収（国・地方）についてはこれまでの経緯を踏まえ国・地方の配分（地方分については現行分の地方消費税及び消費税の現行の交付税法定率分）と地方分の基本的枠組みを変更しないことを前提として，引上げ分の消費税収（国・地方）について1.1の分野に則った範囲の社会保障給付における国と地方の役割分担に応じた配分を実現することとし，国とともに社会保障制度を支える地方自治体の社会保障給付に対する安定財源の確保を図る，としている。

　また，今般の社会保障改革における安定財源確保の考え方を踏まえつつ，地方単独事業に関して，必要な安定財源が確保できるよう，地方税制の改革などを行うという点も書き加えられた。

1.4 消費税率の段階的引上げ

　3党合意の一体改革の大きな特徴は，消費税率の引き上げ幅とその時期について，明確にした点である。すなわち，上記1.1～1.3を踏まえ，社会保障給付の規模に見合った安定財源の確保に向け，まずは，2015年度までに段

階的に消費税率（国・地方）を10％まで引き上げ，当面の社会保障改革にかかる安定財源を確保する，とした。これは従来の政府与党での税制改革案に大きく踏み込んだものであり，今回の3党合意の最大の特徴である。

しかし，マクロ経済の好転が担保条件とされた。この「経済状況の好転」とは，経済成長率が名目でも実質でも良くなるという解釈である。時期については，2014年4月から8％に，2015年10月から10％に段階的に引き上げられることが決まった。ただし，実際には10％への再引き上げは2017年4月に延期され，さらに2019年10月に再延期された。こうした紆余曲折に象徴されるように，消費税率の引き上げには政治的ハードルが高い。これを克服するには，政治のリーダーシップ，中でも総理の指導力が不可欠である。

2　将来世代への先送り

3党合意の一体改革では，未来への投資である社会保障のコストを将来世代に先送りすることは許されない，という点を強調している。現在の社会保障給付財源の多くが赤字公債，すなわち将来世代の負担で賄われている。この状況は，社会保障のあり方としても，危機的とも言える国・地方の財政状況からもこれ以上放置することはできず，「現在の世代が受ける社会保障は現在の世代で負担する」との原則に一刻も早く立ち戻る必要がある，という理解である。

この背景には，社会保障需要が増大する一方で，それを支える財源が圧倒的に不足している厳しい財政事情がある。形式的には，消費税は福祉目的税化されており，国の消費税収は社会保障費（基礎年金・老人医療・介護）に充当されることになっている。しかし，2012年当時の一般会計予算では，社会保障費が27兆円なのに対して，消費税収は12兆円ほどであり，15兆円ほど財源不足（隙間）になっていた。この「隙間」金額が財政赤字による先送りで，将来世代に社会保障財源の負担が転嫁されている。政府は，社会保障財源を消費税で賄い，将来世代に負担が転嫁しないことを，世代間公平の基準としている。この方針はもっともらしい原則に思える。しかし，かりに，この「隙間」が消費税増税で埋められるとしても，2つの問題が残る。

第1に，目的税は一般財源と比較して既得権化しやすい。高齢世代の社会保障給付を支える財源として消費税が安易に用いられると，必要以上に税率が引き上げられ，非効率，不公平な社会保障歳出が既得権化する懸念がある。

民主主義の政策決定を想定すると，当面の選挙対策を最優先するなど，政府は短期的な視点で行動しやすい。現在でも高齢者の政治力は大きい。少子高齢化が進展するにつれて，有権者の平均年齢は上昇しているし，若い世代と比較して，高齢者の投票率は高い。高齢化に伴い，今後は高齢者の政治的発言力がますます大きくなる。

たとえば，2008年の高齢者医療制度導入時に，高齢者の負担増になるという反発を受けて，その負担緩和策が模索された。また，民主党政権は社会保障給付を聖域化して，無駄な給付を削減しなかった。その後の自公政権でも，抜本的な制度改革は先送りされ，社会保障費の効率化はほとんど進展していない。高齢世代の社会保障給付を支える財源として消費税が安易に用いられると，必要以上に税率が引き上げられ，非効率，不公平な歳出が既得権化する。社会保障制度の中身を抜本的に見直して，福祉目的税という名の下に安易に税負担や給付を拡大しないように，何らかの工夫をすべきである。

第2に，「隙間」を埋めて，社会保障給付をすべて消費税で賄うことができたとしても，世代間不公平は依然として解消されない。賦課方式の公的年金，医療制度を前提とする限り，少子高齢化が進むときに，財政赤字を出さないとしても，老年世代の給付切り下げか勤労世代の負担引き上げは避けられない。どちらで調整しても，団塊世代後の若い世代，将来世代は，生涯に受け取るネットの給付（＝給付マイナス負担）は悪くなる。たとえば，今後とも一人あたり給付を一定水準に維持すれば，若い世代ほど一人あたりの負担額は重くなる。また，今後は一人あたりの負担を一定水準に維持すれば，若い人ほど老後の給付水準を引き下げざるを得ない。こうした世代間不公平は，毎年の社会保障財源をその年の税金や保険料ですべて賄って，財政赤字を出さない場合でも生じる。

世代間公平と両立する税と社会保障改革の一体改革は，「隙間」の解消だけでは不十分であり，賦課方式で公的に関与する範囲をセーフティー・ネットに限定し，自助努力に基づく個人勘定方式を拡充して，各個人が老後のリスクに備える必要がある。

3 公的年金の改革

3．1 2004年の年金改正

2004年に政府は相当大幅な年金改正を行った．すなわち，厚生年金の保険料は毎年9月時点で0.354ポイントずつ引き上げ，17年9月以降18.30％で固定するというものである．また，国民年金保険料も2005年4月以降，毎年280円（月額）ずつ引き上げ，17年4月以降，1万6900円（04年価格）で長期固定する．毎年の引き上げ額280円は賃金の伸びに連動させて改定する．これを保険料水準固定方式と呼んでいる．

これは，年金保険料を今後，毎年小刻みに引き上げていき，将来どこまで引き上げるのかをあらかじめ法律で決めておくことである．固定されるのは毎年の引き上げ幅とピーク時2017年の保険料となる．

また，マクロ経済スライドを導入した．これは，給付水準を調整するための新しい考え方であり，マクロ経済には直接関係しない．むしろ人口要因スライドの性格をもつ．すなわち2004年以降の20年間に予想される人口要因の変化（公的年金加入者数の減少と65歳時平均余命の伸び）を考慮する．人口要因の変化率は年平均0.9％と見込まれており，その分だけ給付額が毎年，実質的に目減りしていく．ただ，物価が下がらない限り，給付の名目額は引き下げない．

給付水準固定方式への切りかえが2017年から実施される．厚生年金におけるモデル年金の水準（2009年時点で62％強）を将来50％で固定し，それ以下には引き下げない．ただ，この水準固定は65歳時点に限る．66歳以降モデル年金水準は徐々に低下し，85歳超になると40％強になる．65歳時点におけるモデル年金の水準が50％まで下がった時点（政府の基本シナリオによると2038年度）でマクロ経済スライドは廃止する．基礎年金の国庫負担割合は従来3分の1であった．その引き上げに2004年度から着手し，2009年度中に2分の1まで引き上げる．

3．2 改革の先送り

2012年の3党合意を受けて，社会保障の効率化を議論する「社会保障国民会議」が発足した．1年後の2013年の最終報告では，年給支給開始年齢の段

階的引き上げや共済年金の厚生年金の統合など微調整の効率化議論にとどまった。年金制度の改革は2004年の改正で十分であり，今後は微調整にとどめて抜本的な改革はしないというのが，政府の立場である。したがって，社会保障制度の抜本的改革は，3党合意の一体改革でもその後の自公政権での社会保障国民会議でも議論の対象にならなかった。そうした事態が社会保障制度改革の困難さを象徴している。

急速な少子高齢化社会では，賦課方式の公的年金制度を維持する限り，若年世代，将来世代から老年世代，現役世代へ再分配が行われる。問題は老年世代への給付水準が適切かどうか，また，その対象者が高齢者の中で本当に給付すべき人に適切に限定されているのかどうかである。

こうした観点で見ると，2004年の改正を前提とした現行の公的年金制度でも弊害が大きい。なぜなら，総じて若い世代よりも老年世代の方が裕福な個人が多いからである。貧しい現役世代，将来世代から裕福な老年世代に所得を移転することは，公平性の基準から見て正当化しがたい。世代間の格差が年金制度を通じてこれ以上拡大しないような抜本的改革が望ましい。

3.3 公的年金の抜本改革

厚生年金の報酬比例部分をできるだけ早く賦課方式から脱却し，個人勘定の積立方式に移行するとともに，公的年金の過大な給付を縮小することで，老後の備えについて民間との役割分担を再検討する必要がある。セーフティー・ネットの役割を最低限の水準に抑制し，それを超える保障は私的市場に委ねる。自助努力を促すために，個人勘定の積立方式に一定の税制上の優遇措置があっても良い。それには，公的年金の守備範囲を見直すことが重要である。

公的年金の基本的役割が「長生きすることで生活費が余計にかかる」リスクをカバーすることにあると考えると，平均寿命よりも長生きするリスクのみをカバーすればよい。保険の基本的考え方は，悪いこと（極端に長く生きることで予想外の生活費がかさむ）が生じるリスクを全員でカバーすることである。わが国では男性は80歳，女性は85歳まで平均寿命が伸びている。国民全体が平均的により長生きすれば，賦課方式の給付開始時期を調整することで，賦課方式に伴う人口変動のリスクは軽減できる。

したがって，80歳を公的年金の支給開始年齢とする。そして，それまでの

時期について，企業年金，私的年金などの自助努力を伴う私的年金や貯蓄，老年期雇用の拡大・整備で対応する。中でも，公的年金の報酬比例部分を廃止して，個人勘定の積立方式を導入することが有益である。そうすれば，賦課方式の年金給付総額はマクロ的に大幅に削減できるから，将来の勤労世代の負担も大幅に軽減される。

裕福な高齢者にもう少し負担を求める（あるいは給付を削減する）ことで，将来の若い世代の負担が大きく軽減する。これは「資産のテスト」を行うことでも可能であるが，より簡便な方法は，平均よりも長生きしている高齢者に給付対象を限定することである。年齢を基準とすることでより客観的な手段で対象を特定できるし，平均寿命以上の高齢者に限定することで，過度の給付を抑制することもできる。そのような高齢者は高水準の消費意欲がないから，高水準の給付を必要としない。また，そうした高齢者の資産は遺産となるから，相続税で対応すればよい。

個人勘定方式のメリットは，家族形態，就業形態が多様化する社会で，年金制度が個人の意思決定と中立的になることで，女性の社会進出を妨げず，経済の活性化に適応しやすい点にある。個人勘定であるから，家族形態が結婚や離婚で変化しても，また，就業形態が転職や離職で変化しても，年金給付は一切影響を受けず，個人の意思決定に中立である。ところで，年金支給開始年齢と高齢者の雇用保障（定年制）との連動は好ましくない。いつまで働くかは，本人の選択に委ねるべきであって，政府が年金支給開始年齢の設定に介入すべきではない。むしろ，生産性の低い高齢者の雇用を企業に強制すると，若い世代の雇用機会を奪ってしまう。高齢者の雇用機会を確保しながら，支給開始年齢を引き上げようとしても，容易ではない。その結果，いつまでたっても改革が進展しない。

個人勘定の積立方式への移行は，即座に行う必要はない。たとえば，50年かけて徐々に行えばよい。重要な点は，50年後に完全に移行が完了するというコミットメント（約束）を直ちに示すことである。すなわち，来年以降に20歳になる世代（新世代）から順次新しい年金制度（基礎年金のみが公的年金として存続し，個人勘定の積立方式年金がそれを補完する制度）に加入する。こうすれば，新世代の人は基礎年金を除いて前の世代の年金給付を支える必要はなく，人口構成の変化とは無関係に，自分の将来設計が可能となる。改革後の将来像が明確になれば，若年世代あるいは将来世代の過度の不安感，

不透明感は相当程度解消されるだろう。また、50年後にはすべての世代が新世代になるので、新しい年金制度への移行も徐々にではあるが完全に完了する。

4 高齢化・少子化社会の年金改革モデル

4.1 簡単な世代モデル

第3節でも指摘したように、年金改革のポイントは、現在の勤労世代とこれから勤労世代として新しく登場する世代の間の世代間公平をどう考えるかである。この節では、賦課方式年金における世代間利害対立と積立方式への移行などの年金改革の問題点を、簡単な世代モデルを用いて考察してみよう。各世代が第1期（青年期）と第2期（老年期）の2期間生存し、1期ずつ遅れて新しい世代が誕生するという簡単な2期間世代重複モデルで考えよう。

年金の拠出と給付の決め方には、確定拠出か確定給付かの選択がある。確定拠出の場合、拠出額は確定しているが、運用収益は不確実であるから、給付額は事前には確定しない。これに対して、確定給付の場合、ある一定の給付水準を維持するように、事後的な調整が行われる。言い換えると、確定拠出か確定給付かの相違は、事後的な給付水準を政策的に調整するかどうかである。

賦課方式の財政上の予算制約式は以下のようになる。

$$L_t b_t = L_{t-1} \theta_t \tag{1}$$

ここで、L_t は t 世代の人口、b_t は t 世代が勤労期に支払う保険料（一人あたり）、θ_t は $t-1$ 世代が t 期に（老年期に）受け取る給付水準（一人あたり）である。確定給付方式では、

$$\theta_t = \overline{\theta} \tag{2}$$

となるから、政府の財政制約式は、以下のように書き直される。

$$L_t b_t = L_{t-1} \overline{\theta} \tag{3}$$

また、確定拠出方式では

$$b_t = \overline{b} \tag{4}$$

となるから、政府の財政制約式は以下のようになる。

$$L_t \overline{b} = L_{t-1} \theta_t \tag{5}$$

さて、各世代のネットの収益を次のように定義しよう。

$$\pi_t \equiv \theta_{t+1} - b_t \tag{6}$$

なお，簡単化のため利子率はゼロとして，異時点間の価値を単純に比較できると仮定している。

4．2　確定給付と確定拠出の比較

確定給付方式では，世代 t のネットの収益は以下のようになる。

$$\pi_t = \overline{\theta} - \frac{L_{t-1}}{L_t}\overline{\theta} \tag{7}$$

確定拠出方式では，世代 t のネットの収益は以下のようになる。

$$\pi_t = \frac{L_{t+1}}{L_t}\overline{b} - \overline{b} \tag{8}$$

これら2式からわかるように，確定給付方式では自分の世代が前の世代よりも人口が増加していれば，プラスの収益率（人口成長率）を得る。また，確定拠出方式では自分の世代が後の世代よりも人口が増加していれば，プラスの収益率を得る。

すなわち，確定給付方式よりも確定拠出方式の方が，人口変動の効果はより早く現れる。したがって，人口が前後の世代と比較して大きな団塊の世代にとっては，確定給付方式の方が得になる。その分だけ団塊後の世代の負担も大きくなる。確定給付方式から確定拠出方式に変更すると，団塊世代は損をするが，団塊後の世代は（相対的に）得をする。子どもの世代や孫の世代である団塊後の世代の利益を重視するのであれば，早めに確定給付から確定拠出へ変更することが望ましい。2004年改正は，この点からは一定の評価はできる。

人口減少下での確定拠出方式では，年金拠出総額＝年金給付総額が小さくなる。その分だけ公的年金による強制的な世代間再分配の程度も小さくなる。これは，ネットの利得がマイナスになる世代にとっては相対的に得な変化である。よって，団塊後の世代の負担感を緩和するためには，確定拠出方式への移行は望ましい。

しかし，いずれの方式も賦課方式の枠内での変更である。人口の減少が続く以上，2004年改正のように確定拠出方式に変更するとしても，ネットの収益がマイナスであることに変わりはない。少子化が避けられないのであれば，賦課方式自体を変更しないと世代間の不公平性は解消されない。

4.3 賦課方式から積立方式への移行

　積立方式への移行は，移行した後の世代からみれば望ましい．人口が減少している社会でも，利子率だけの収益率を確保できるからである．しかし，移行期の勤労世代（たとえば，団塊世代）からみれば，望ましくない．すなわち，移行してからは世代間での不公平（再分配効果）はなくなるが，移行の過程で大きく損をする世代が存在する．団塊世代が損をするのは，その前の世代の年金給付を負担するというコスト（二重の負担）があるためである．この点が，積立方式への移行の大きな問題点である．もしこれがなければ，積立方式への移行によって，団塊世代のネットの便益はゼロになる．賦課方式ではプラスであったので，ゼロになるというのも，団塊世代にとっては望ましくないが，マイナスになるよりは損の大きさは小さい．

　さらに，移行期の高齢世代の面倒をみるという負担を，団塊世代だけに負わせないで少しは先送りすることも検討に値する．すなわち，移行期に公債を発行してその財源で移行期の高齢世代の年金給付に充て，その公債を長期間で徐々で償還してやればよい．そうすれば，団塊世代以降の世代があまり負担を感じることなく，移行期の高齢世代の面倒をみることが可能になる．これは，段階的に積立方式に移行するのと同じである．

4.4 賦課方式年金の民営化

4.4.1 簡単なモデル

　賦課方式の年金を積み立て方式に変更するのは，賦課方式の年金を廃止して，公的年金を民営化するのと同じである．Feldstein (1995) は，こうした観点から年金改革の長期的な効果を分析している．彼のモデルは部分均衡モデルであるが，経済成長の効果を明示的に分析している．そのかわりに，人口の成長率を一定と置いているため，高齢化などの人口構成の変化の分析は捨象されている．以下では，簡単に彼の議論をまとめてみよう．

　まず最初に，賦課方式の年金を導入する場合の経済厚生上の損失を考える．2期間モデルを想定し，t 世代は青年期に w_t の労働賃金を得て，s_t だけ貯蓄をする．資本の限界生産を r とすると，老年期に $s_t(1+r)$ の所得を得る．

　ここで，$t=0$ 期に θ の率で労働所得に年金負担率が適用され，老年世代に年金給付として移転される賦課方式が導入されたとしよう．人口成長率を n，

賃金上昇率を g とすると，次の期 ($t = 1$) の青年世代からの年金負担は，$\theta w_0 (1 + n)(1 + g) = \theta w_0 (1 + \gamma)$ となる。したがって，$t = 0$ 世代の年金からの収益率は $1 + \gamma = (1 + n)(1 + g)$ で与えられる。

ここで，年金制度の導入により，年金負担額と同額だけ私的な貯蓄が減少すると仮定しよう。このとき，$t = 0$ 世代の老年期の所得は，賦課方式の年金の導入により $(r - \gamma) \theta w_0$ だけ減少する。これを $t = 0$ 世代の青年期に置き換えて評価すると，

$$(1 + r)^{-1}(r - \gamma) \theta w_0$$

の大きさになる。

当初の人口を1とすると，世代 t の損失は

$$(1 + r)^{-1}(r - \gamma) \theta w_0 (1 + g)^t (1 + n)^t = (1 + r)^{-1}(r - \gamma) \theta w_0 (1 + \gamma)^t$$
$$= (1 + r)^{-1}(r - \gamma) T_0 (1 + \gamma)^t \tag{9}$$

となる。ここで，$T_0 = w_0 \theta$ は当初の老年世代への年金給付の大きさである。世代間の経済厚生の割引率を δ で表すと，$t = 0$ 世代以降のすべての世代の損失の割引現在価値は，次のように定式化できる。

$$PVL = (1 + r)^{-1}(r - \gamma) T_0 \sum_0 [(1 + \gamma)^t / (1 + \delta)^t]$$
$$= [(1 + \delta)/(1 + r)][(r - \gamma)/(\delta - \gamma)] T_0 \tag{10}$$

もし，黄金率（$r = \gamma$）上に経済があれば，上の大きさはゼロになる。しかし，現実の経済では $r > \gamma$ と考えられる。また，$\delta = r$ であれば，$PVL = T_0$ となり，将来世代の損失は当初の老年世代の利益と同じになる。しかし，もし $\delta < r$ であれば，$PVL > T_0$ となり，賦課方式の年金の導入により当初の老年世代が得をする以上に将来世代は損をすることになる。

4.4.2　民営化による経済厚生上の利益

賦課方式から私的年金へ移行することは，上で考察した積立方式への移行とマクロ的に同じ意味を持っている。公債を発行することで移行過程での財源調整が行われる。その結果，将来世代は公債の負担を抱え込む。将来世代にとっては，私的年金への移行それ自体によってメリットを受けても，公債の負担がそれ以上の大きさであれば，年金の民営化はメリットがない。そこ

表1 各世代の負担と給付

賦課方式	$t=0$	$t=1$	$t=2$	民営化	$t=0$	$t=1$	$t=2$
老年世代（給付）	$+T_0$	$+T_0(1+\gamma)$	$+T_0(1+\gamma)^2$	老年世代	$+T_0$	$+T_0(1+\rho)$	$+T_0(1+\gamma)(1+\rho)$
青年世代（負担）	$-T_0$	$-T_0(1+\gamma)$	$-T_0(1+\gamma)^2$	青年世代	$-T_0$	$-T_0(1+\gamma)$	$-T_0(1+\gamma)^2$
				公債の利払い		$-\rho T_0$	$-\rho T_0$
純便益	0	0	0	純便益	0	$-\gamma T_0$	$[(1+\gamma)(\rho-\gamma)-\rho]T_0$

で，両者の大きさを比較してみよう。

民営化は，T_0 の大きさの公債を発行することであるが，その負担は将来世代に均等に分担されるものとし，各世代が公債の利払い分だけの負担 rT_0 をするものと想定する。これは，公債残高を T_0 で維持する政策を採ることを意味している。このときの各世代の受け取りと支払いは，表1のようにまとめられる。

賦課方式の場合，γ の率で世代間移転の大きさは拡大していくが，各期ごとの収支はゼロであり，年金基金の積立は生じない。民営化のケースでは $t=1$ 期以降で貯蓄の収益率 r で老年期の所得が生じる。仮定により，私的年金の大きさ（＝私的貯蓄の大きさ）は，賦課方式の場合の年金負担の大きさに等しい。さらに，この場合には毎期 $-rT_0$ の公債の利払いを考慮する必要がある。この大きさを差し引いた額が，各期の収支尻となる。これの割引現在価値がプラスであれば，民営化は将来世代にとってメリットがあると言える。

民営化のネットの利益の割引現在価値は，

$$PVG = \sum_t (r-\gamma)T_0(1+\gamma)^{t-1}(1+\delta)^{-t} - \sum_t rT_0(1+\delta)^{-t}$$
$$= [(r-\gamma)/(\delta-\gamma) - r/\delta]T_0 \qquad (11)$$

となる。

したがって，PVG は $r>\gamma$（民間資本の収益率が賦課方式の年金の収益率よりも大きい），$r>\delta$（民間資本の収益率が世代間の割引率よりも大きい），$\gamma>0$（経済が成長している）という3つの条件が満たされているときに，プラスになる。年金の民営化は，経済が成長している場合のみ将来世代に便益をもたらす。Feldstein は，現実の経済では，これら3つの条件は十分に満たされる可能性が高く，年金を民営化することで，将来世代全体として巨額の利益になることを強調している。ただし，表1でも明らかなように，移行過程の $t=1$ においてはネットの収支尻はマイナスになっている。年金の民

営化を公債発行で行う場合には，$t=0$，1世代によってはマイナスに働く。すべての将来世代がプラスになるパレート改善の年金改革は，労働供給が外生的な世界では存在しない。

4.4.3 労働供給が内生の場合の経済厚生分析

労働供給が内生の場合の年金制度の効果を，理論的に分析してみよう。2世代の世代重複モデルを採用する。各世代の効用関数は，次のように与えられる。

$$u_t = u(c_t^1, c_{t+1}^2, H-L) \tag{12}$$

ここで，H は青年期における労働供給可能時間であり，L は青年期の労働供給時間である。

賦課方式の場合，次のような関係が成立する。

$$\tau_t = \theta w_t L_t \tag{13}$$
$$b_t = \theta w_t L_t(1+n) \tag{14}$$

ここで，θ は年金負担率であり，w は賃金率，n は人口の成長率である。したがって，家計の青年期，老年期の予算制約式は，次のようになる。

$$c_t^1 = (1-\theta)w_t L_t - s_t \tag{15-1}$$
$$c_{t+1}^2 = (1+r_{t+1})s_t + \theta(1+n)w_{t+1}L_{t+1} \tag{15-2}$$

ここで，s は貯蓄であり，r は利子率である。

賦課方式の長期的な経済厚生に与える効果を分析しよう。定常状態では，家計の予算制約式は次のようにまとめられる。

$$q_1 c^1 + q_2 c^2 + q_3 x = -\theta w x(1+n)/(1+r) \tag{16}$$

ここで

$$q_1 = 1 \tag{17-1}$$
$$q_2 = 1/(1-\theta) \tag{17-2}$$
$$q_3 = (1-\theta)w(r) \tag{17-3}$$

ここで，$x = -L$ はネットのレジャーである。$w(r)$ は生産要素フロンティアを表している。

(16)式より家計の効用最大化行動は，次のような支出関数でまとめられる。

$$E(q,u) + (1+n)\theta w(r)E_3(q,u)/(1+r) = 0 \qquad (18)$$

また，(15-2) 式より資本蓄積式を補償需要関数で表現することができる。

$$q_2[E(q,u) + \theta(1+n)w(r)E_3(q,u)] - (1+n)w'(r)E_3(q,u) = 0 \qquad (19)$$

モデルは，(18)(19) の2つの式にまとめられる。年金政策の効果はこれらの2つの式を用いて理論的に分析することができる。年金負担の拡大の効果を分析してみよう。θ について (18)(19) の2つの式を全微分して，次式を得る。

$$\begin{aligned} dr/d\theta = &\{[E_u + (1+n)\theta wE_{3u}/(1+r)][q_2E_{23} - q_2(1+n)E_3 + (1+n)(q_2\theta w - w')E_{33}]\\ &w - [q_2E_{2u} + (1+n)(q_2\theta w - w')E_{3u}][(r-n)wE_3/(1+r)\\ &+ (1+n)\theta w^2 E_{33}/(1+r)]\}/\Delta \end{aligned} \qquad (20)$$

$$\begin{aligned} du/d\theta = &\{Dw[q_2E_{23} - q_2(1+n)E_3 + (1+n)(q_2\theta w - w')E_{33}]\\ &+ J[(r-n)wE_3/(1+r) + (1+n)\theta w^2 E_{33}/(1+r)]\}/\Delta \end{aligned} \qquad (21)$$

ここで

$$\begin{aligned} D = &-E_{22}(1+r)^2 + \{(1-\theta)w' + \theta(1+n)[w'/(1+r) - w/(1+r)^2]\}E_3\\ &+ (1+n)\theta w\{-E_{32}/(1+r)^2 + (1-\theta)w'E_{33}\}/(1+r)\end{aligned}$$

$$\begin{aligned} J = &-[E_2 + \theta(1+n)wE_3]/(1+r)^2 + q_2\{-E_{22}/(1+r)^2\\ &+ (1-\theta)w'E_{32} - \theta(1+n)wE_{32}/(1+r)^2 + \theta(1+n)w'[E_3 + (1-\theta)wE_{33}]\}\\ &- (1+n)\{w''E_3 - w'E_{32}/(1+r)^2 + w'E_{33}(1-\theta)w'\}\end{aligned}$$

$$\Delta = [E_u + (1+n)\theta wE_{3u}/(1+r)]J - [q_2E_{2u} + (1+n)(q_2\theta w - w')E_{3u}]D$$

である。

D の符号は不確定である。J の符号は安定条件に対応しており，プラスと考えられる。資本と労働の代替の弾力性が大きければ，J はプラスになりやすい。Δ の符号はプラスと考えられる。このとき，(20) 式の符号は一般的には確定しないが，$r > n$ であれば，プラスになる可能性が高い。

賦課方式の年金負担率の上昇は，もし利子率が人口成長率よりも大きければ，長期的な利子率を増大させ，資本蓄積を抑制する。そのような場合，(21) 式は負になる。賦課方式の年金負担率の増大は，利子率が人口成長率よりも大きいとき，長期的な経済厚生を低下させる。

もし労働供給が外生的に所与であれば，利子率と人口成長率との大小関係

の如何を問わず，年金負担率の上昇で資本蓄積は抑制される。(20) 式は常にプラスとなる。労働供給が内生の場合と同様，(24) 式は利子率が人口成長率よりも大きい場合に負になる。

4.4.4 パレート最適性

ある消費，貯蓄，労働供給の組み合わせ $S = (c^2_{t+1}, s_t, L_t)_{t=0,..}$ は，もし

(a) $u(c^1_t{'}, c^2_{t+1}{'}, L_t{'}) \geqq u(c^1_t, c^2_{t+1}, L_t)$ for $t = T, ...V$
(b) $u(c^1_t{'}, c^2_{t+1}{'}, L_t{'}) > u(c^1_t, c^2_{t+1}, L_t)$ for 少なくともある t
(c) $(s_{T-1}, c^2_T) = (s_{T-1}{'}, c^2_T{'})$
(d) $(s_V, c^2_{V+1}) = (s_V{'}, c^2_{V+1}{'})$

を満たす他の組み合わせ $S' = (c^2_{t+1}{'}, s_t{'}, L_t{'})\ t = 0,..$ が存在しないとき，区間 $[T, V]$ において短期的パレート効率であると言う。もしすべての有限の区間において短期的パレート効率であれば，S はパレート効率であると言う。

$(s_0, c^1_2)(s_2, c^3_2)$ という組み合わせをもつ区間 $[1, 2]$ における短期的なパレート効率の経路を S としよう。この経路では，次式のラグランジュ関数を L_1, L_2, s_1, c^2_2 について最大化している。

$$W = u[F(N_1s_1, N_2L_2)/N_2 - s_2 - c^2_3/(1+n) + s_1/(1+n), c^2_3, H - L_2] - \lambda\{u[F(n_0s_0, N_1L_1)/N_1 - s_1 - c^2_1/(1+n) + s_0/(1+n), c^2_2, H - L_1] - u^*\} \quad (22)$$

ここで，$F(K, L)$ は集計された生産関数である。最適化の一次の条件は，次のように与えられる。

$$\partial W/\partial L_1 = -\lambda\{(\partial u/\partial c^1_1)(\partial F/\partial L_1) - \partial u/\partial L_1\} = 0 \quad (23-1)$$
$$\partial W/\partial L_2 = (\partial u/\partial c^1_2)(\partial F/\partial L_2) - \partial u/\partial L_2 = 0 \quad (23-2)$$
$$\partial W/\partial s_1 = \partial u/\partial c^1_2\{\partial F/\partial K_1/(1+n) + 1/(1+n)\} - \lambda\partial u/\partial c^1_1 = 0 \quad (23-3)$$
$$\partial W/\partial c^2_2 = -\partial u/\partial c^1_2/(1+n) + \lambda\partial u/\partial c^2_2 = 0 \quad (23-4)$$

(23-1, 2) 式は，次の式を意味する。

$$(\partial u/\partial L_t)/(\partial u/\partial c^1_t) = \partial F/\partial L_t \quad (24)$$

レジャーと現在消費との限界代替率が労働の限界生産に等しくなければならない。また，(23-3, 4) 式から，次式を得る。

$$(\partial u/\partial c^1_t)/(\partial u/\partial c^2_{t+1}) = 1 + \partial F/\partial K_t \tag{25}$$

現在消費と将来消費の限界代替率は，資本の限界生産プラス1に等しい。これら2つの条件（24）（25）が，短期的なパレート効率の条件である。

　賦課方式での年金負担は労働と余暇の選択に撹乱的な影響をもたらすから，賦課方式は短期的にパレート効率ではない。Breyer and Straub (1993) は，資本蓄積と労働供給が内生的に決まるモデルを用いて，賦課方式の経済厚生に与える効果を分析している。賦課方式による年金負担が労働供給に対して大きな悪影響をもたらしているとすれば，賦課方式は経済厚生上の損失が大きくなる。彼らの分析によると，ある条件のもとで一括固定税による適切な調整が行われれば，賦課方式を段階的に縮小，廃止することは，世代間でもパレート改善をもたらす。もし長期的な経済厚生が年金負担率の減少関数であれば，賦課方式から積み立て方式への移行がパレート改善となる経路が存在する。

　もし労働供給が外生的に所与であれば，賦課方式における年金負担は労働と余暇の選択に悪影響をもたらしていない。したがって，賦課方式から積み立て方式への移行でパレート改善となる可能性は生じない。移行期の世代にマイナスの悪影響を与えるのは避けられない。この結果は，労働供給が内生的なモデルでも，年金負担が一括固定税で徴収されているケースでもあてはまる。

　これに対して，労働供給が内生的であり，かつ年金負担が労働所得税として課せられているケースでは，労働市場における撹乱的な影響のために，それをなくするような積立方式への移行はすべての世代にとってプラスとなるパレート改善の方法が存在する。もし利子率の方が人口成長率よりも大きければ，年金負担を廃止して公債を発行することで，すべての世代の経済厚生を悪化させることなく現存世代の経済厚生を増大させることが可能となる。労働供給が内生的に決定される場合，適切な一括固定税の調整あるいは公債発行によって，積立方式への移行によりすべての世代がパレート改善になりうる。

5　財政健全化

　政府の社会保障・税一体改革の目指すところは，「社会保障の機能強化」と

「機能維持－制度の持続可能性の確保」である。社会保障改革の財源確保と財政健全化は相反する課題ではなく，両者を同時達成するしか，それぞれの目標を実現する道はない。社会保障給付にかかる安定財源を確保していくことを通じて，財政健全化を同時に実現するという方針である。

前述したように，当初は，2015年度までに段階的に消費税率（国・地方）を10％まで引き上げ，国・地方合わせて，「機能強化」にかかる費用，高齢化の進行等により増大する費用及び基礎年金国庫負担2分の1を実現するために必要な財源を確保するという方針だった。消費税率の10％への引き上げは2019年まで先送りされたが，社会保障強化だけが追求され財政健全化が後回しにされるならば，社会保障制度もまた遠からず機能停止する。しかし，財政健全化のみを目的とする改革で社会保障の質が犠牲になれば，社会の活力を引き出すことはできず，財政健全化が目指す持続可能な日本そのものが実現しない，というのが政府与党の立場である。

財政再建と機能強化を両立させようという考え方はもっともらしい。しかし，機能強化という目標を掲げたままでは，財政健全化の道のりは甘くない。社会保障の機能強化という大義名分で歳出がさらに拡大するなら，財政再建は不可能になる。民主党政権では社会保障の機能強化という名目で，社会保障関係費の自然増を聖域化した結果，その歳出抑制が不十分であった。その後の安倍政権でも社会保障関係費の抑制は進んでいない。常識的にみれば，たとえ消費税率が10％に引き上げられたとしても，社会保障の機能強化に充当できる余裕財源はほとんど見あたらない。2020年代以降少子高齢化がさらに進展すると，財政健全化のハードルもますます厳しくなる。

日本の財政・社会保障制度を持続可能にするには，増税とともに補助金，社会保障給付の削減など歳出の削減に取り組むことが不可避である。社会保障費に内在する無駄な歳出を徹底して削減して，恒久的財源として毎年5～10兆円程度を捻出すべきだろう。世代間公平と両立する社会保障改革は，消費税の増税だけでは不十分であり，公的に関与する範囲をセーフティー・ネットに限定し，自助努力に基づく個人勘定方式を拡充するなどして，各個人が自ら老後のリスクに備える必要がある。

6　社会保障目的税の政治経済学

6.1 基本モデル

　消費税を福祉目的税として位置づけることで，その増税を国民にアピールしたように，目的税を受益者負担の観点から正当化することは，現実の政治ではよくある。しかし，第4章でも議論したように，同時に，政府の政策の自由度を縛るものとして，道路特定財源などの目的税が批判されることも多い。理論的には，時間に関する不整合性を考慮すると，あえて，政府の政策の自由度を縛ることで，長期的に国民の経済厚生が向上する可能性もある。本節では，Brett and Keen (2000) を参考にしながら，目的税の機能のうちで，シグナルとしての機能に注目して，社会保障目的税の新しいメリットを理論的に説明したい。

　2期間の簡単な理論モデルを想定する。政治家には2つのタイプがある。良い政治家と悪い政治家である。悪い政治家が政権をとって彼らに財政や税制上の運営を完全に任せることは，国民＝有権者にとって最適とは言えない。有権者は多数存在するが，本節のモデル分析ではすべて同質であり，代表的有権者の行動のみを考える。すなわち，政治家の質の問題に分析の焦点をあてるために，有権者内部での利害対立はないものと想定する。

　期間1に有権者はある社会保障給付水準 x に対して評価を行う。たとえば，社会保障給付が大きくなると，そこから得られる便益は増加する。しかし，あまり社会保障給付が大きくなると，将来の持続可能性や増税を気にするようになるから，便益も減少に転じるだろう。その結果，社会保障給付の規模に対する私的な評価，すなわち，私的な便益 $B(x)$ は最初は増加し，やがて減少に転じる山形をしていると想定できる。

　ところで，消費者は複雑な社会保障制度の真の情報がわからないので，社会保障給付の正確な評価はできない。多少甘めに社会保障給付拡大の便益を評価すると想定しよう。実際には，社会保障給付には追加の負担が θx だけ発生すると仮定する。完全に全能でない家計を想定すると，こうした追加の負担は考慮されないので，$B'(x) = 0$ を有権者が選択すれば，それは最適な社会保障給付水準と一致しない。以上まとめると，真の便益は

$$B(x) - \theta x \tag{26}$$

となる。これは，$B'(x) = 0$ の水準では最大化されない。真の便益は，

$$B'(x) - \theta$$

の社会保障給付水準で最大化される。

ここで，追加の負担は，2つのパラメータのいずれかをとるものとする。

$$\theta_H > \theta_L \geq 0 \tag{27}$$

これら2つのパラメータは社会保障給付に伴う費用が大きくなるケースとあまり大きくならないケースの2つに対応している。政策当局はθを観察できると想定しよう。これは有権者みんなが知りたい情報である。有権者はこのθを知っているかもしれないし，知らないかもしれない。以下では，有権者がθを知っているケースと知らないケースの2つに分けて，それぞれの場合の均衡を分析する。また，社会保障給付は第1期のみならず，第2期にも行われると想定する。

さて，第1期に，政策当局はtの税率で社会保障給付xに課税する（あるいは，給付に応じて一定の自己負担率を課す）とアナウンスする。これは社会保障給付が大きいほど，増税（あるいは自己負担額）も大きくなることを意味し，社会保障の財源確保への試みを定式化したものである。この税収は社会保障目的税として将来の社会保障財源にコミットされるか，社会保障目的税化されずに，一般的な財源（無駄な公共事業もあり得る）に充当されるか，いずれかである。つまり，将来まで含めた意味での社会保障目的税がある場合とない場合を比較検討する。

6.2 最適な課税

ここで，1つの基準的な課税として，最適な課税（あるいは自己負担率）を定義しておこう。最適課税は，追加の負担を適切に内部化する（予算編成に反映させる）課税である。社会保障給付xに対して，どれだけの課税をすべきだろうか。本節の簡単なモデルでは，xに課税すると，私的な便益が$B(x) - tx$に減少する。したがって，tを所与として，有権者の選好をそのまま反映する政治過程で実現する社会保障給付水準は

$$B'(x) = t \tag{28}$$

で与えられる。これは，xの減少関数である。あるいは，逆にxがtの減少関数として定式化することもできる。

$$x = x(t)$$

ところで，最適な社会保障給付をもたらす課税は，社会的純便益を最大にする課税である。その最適税率は，

$$t_p(\theta) = \theta \tag{29}$$

で与えられる。すなわち，最適税率は追加負担の限界費用に等しい。なお，この税からの税収が実際に社会保障の将来財源に使用されるかは，不確定である。目的税であれば，それは実際に社会保障の将来財源に特定（コミット）される。一般税の場合は，社会保障の将来財源という名目で導入されても，実際の使途は必ずしもそうなるとは限らない。

6．3　政治家の行動

　ここで，政治家の行動目的を定式化しよう。2つのタイプの政治家のうち，良い政治家は社会保障の将来財源への適切な選好をもっている。彼らは，有権者の期待効用を最大にするように行動する。したがって，政治家が良い政治家であれば，有権者が政治家にすべてを任せれば，社会厚生は最大化される。あえて，社会保障目的税を導入する必要はない。

　問題は，悪い政治家が実際に政権について政策を行うケースである。悪い政治家は，社会保障給付の追加負担に関心をもたず，社会保障の将来財源にも熱心でなく，私腹を肥やすことに関心をもっている。彼らの効用は，既得権益に税金を投入することで増加する。あるいは，自分の懐（＝私腹）を肥やすことのみに関心がある。ただし，どちらの政治家も政権につくこと自体では何ら効用を生じないと考える。

　第1期のおわりに選挙が行われる。第2期に政権にある政治家は税収をどう使うかを決定する。良い政治家であれば，社会保障の将来財源に充てるので s の便益がある。しかし，悪い政治家であれば，自分の好む支出にだけ投入する。

　したがって，社会的な厚生は以下のように定式化される。
$$U(t, \theta, s) = B(x(t)) - tx(t) - \theta x(t) + s \tag{30}$$
上の式で，右辺第2項までが社会保障給付による私的便益であり，第3項が社会保障給付による真の追加負担である。この項までは，第1，2期両方の財政活動に等しく発生する。ただし，第2期の目的税化が望ましいかどうかが分析の対象なので，第1期の経済行為に関わる項は，単純化のため無視する。第1期の税収は何らかの形で使われているが，それも以下の分析では所与と考える。

　さて，(30)式の第4項は第2期の税収からの便益を示す。第2期に政治家がどのように税収を s と σ に配分するかは，政治家のタイプと第2期の税収

が目的税化されているかどうかに依存する。

6．4　目的税と政策決定

6.4.1　目的税化されているケース

もし第2期の税収が社会保障の将来財源へ目的税化されていれば，第2期に何ら政策決定は行われない。税収は

$$s = \lambda t x(t) \tag{31}$$

だけ社会保障の将来財源に充てられる。悪い政治家が当選しても，無駄な支出（あるいは私的な利得）に税収が費やされることはない。したがって，$\sigma = 0$になる。ここでパラメータλは目的税化による効率性面での指標である。$\lambda < 1$と想定する。目的税化することで，単なる社会保障の将来財源（第2期に政治家が自由裁量の結果として同じ金額を社会保障の将来財源に充てる場合）よりも，有権者にとってコストが発生すると考える。ある特定の支出にあらかじめコミットする目的税化には，効率上のコストがある程度かかる。

たとえば，将来の不確実性（不況のショックなど）を考慮すると，第1期に将来の税収の使い道を社会保障の将来財源にあらかじめ特定することは，余計な制約を課すことになる。そうした制約がなく第2期に不確実性が解消されたあとで，税収の適切な使い道を決める場合よりも，一般的には実現可能な効用水準は低下する。たとえば，不況期であれば，税収の一部を社会保障の将来財源ではなくて，公共事業に回す方が望ましいかもしれない。その程度を，単純化のためにパラメータの大きさで表す。λが1より小さければ小さいほど，目的税化するデメリットは大きくなる。

6.4.2　目的税化されていないケース

もし第1期に目的税化を決めない場合は，第2期に当選した与党政治家がどちらのタイプ（良い政治家か悪い政治家か）になるかが重要になってくる。良い政治家が第2期に政権につく場合には，すべての税収は社会保障の将来財源に回される。したがって，

$$s = tx(t), \; \sigma = 0 \tag{32}$$

である。この場合は，有権者にとって望ましい状態が実現する。しかし，もし悪い政治家が政権につけば，すべての財源は無駄に使われる。すなわち，

$$s = 0, \; \sigma = tx(t) \tag{33}$$

になる。

　上で定式化した目的税の概念は，コミットメントの原則である。目的税化したケースで，社会保障の将来財源に充てられると想定している。重要な点は，第2期当初に得られる税収の使途を，あらかじめ第1期に社会保障の将来財源にコミットしている点である。

　有権者にとって，第1期のおわりに行われる選挙の際に，政治家のタイプは不確実である。有権者は良い政治家に投票したいと考えているが，どの政治家が良い政治家かわからない。政治家の公約は，税率の設定と目的税化するかどうかの選択という2つの政策に集約される。

　当該政治家が良いタイプだと有権者が当初（政治家が公約を設定する以前）推測する確率を q とする。有権者は政治家の公約 (t, z) を観察して，当初の推測を改訂する。ここで z は目的税化するかどうかの変数であり，$z = e$ のとき目的税化すること，また，$z = n$ のとき目的税化しないことを意味するとしよう。$p(t, \theta, z)$ を，第1期に政権にある政治家の公約を観察したあとで，当該政治家が良いと有権者が判断する事後的な確率としよう。また，有権者は，第1期に政権にない対立政党の政治家について，その政治家が良い政治家である確率を p_c と認識する。その政治家のタイプに関する確率分布 $F(p) \equiv Pr(p_c \leq p)$ を有権者は知っている。

　このとき，有権者は $p_c \leq p(t, \theta, z)$ である場合のみ，第1期に政権政党である政治家を信頼する。つまり，第1期の政治家は再選されて，第2期にも政権につく。第1期に政権にない野党政治家は，どんな公約を掲げても，有権者はそれを気にしない。第2期の行動は政治家のタイプにのみ依存するからである。第1期に政権についている政治家が信頼に値するかどうかのみが，有権者の関心事であり，対立候補と比較して，信頼に値しない（悪い政治家である）と判断すれば，対立候補を当選させる。

6.4.3　シグナリング

　このような課税と投票のモデルは，シグナリング・モデルとみなすことができる。良い政治家は，もし目的税を選択しない場合，次のような期待効用を得る。

$$V_G(t, n) = B(x(t)) - \theta x(t) - A(p(t, \theta, n))tx(t) \tag{34}$$

ここで

$$A(p) = [1 - F(p)][1 - E[p_c | p_c > F(p)]] \tag{35}$$

は，悪い政治家に負ける確率である．(35) 式で，第1項は選挙に負ける確率であり，第2項は（自分が負けて）対立候補が当選するケースで，その当選した政治家が悪いタイプである確率である．したがって，(34) 式より，目的税を選択しない良い政治家のペイオフは，社会的便益から悪い政治家が第2期に政権について税収を無駄使いする期待値（コスト）を差し引いたもので与えられる．

もし目的税を選択すれば，良い政治家のペイオフは次のようになる．

$$V_G(t, e) = B(x(t)) - \theta x(t) - (1 - \lambda)tx(t) \tag{36}$$

これは社会的純便益から目的税の効率上のコストを差し引いたものに等しい．

悪い政治家については，次のようなペイオフが定式化できる．

$$V_B(t, e) = 0 \tag{37}$$

$$V_B(t, n) = 1 - F(p(t, \theta, n)tx(t) \tag{38}$$

6.5 モデルの均衡

均衡概念は完全ベイズ均衡である．現在世代の有権者にとって社会保障給付の真の追加負担が観察できる場合とできない場合に分けて，均衡の経済的意味を説明しよう．まず，社会保障の将来財源を充実すべく，その負担コストがよくわかっている場合を想定する．

6.5.1 有権者にとって増税の必要性がよくわかっている場合
（A－1）　目的税が排除されているケース

最初に，何らかの外生的理由で目的税が実施できないとしよう．したがって，選挙の際に，有権者は政治家の評価を税率のみで行うことになる．このとき，悪い政治家は良い政治家と同じ税率を選択する．すなわち，もし有権者が真の負担 θ がよくわかっている場合，プーリング均衡が成立して，両方のタイプの政治家は同じ税率 $t = \hat{t}$ を設定する．また良い政治家である事前確率 q が十分に小さければ，$t < t_p(\theta)$ が成立する．

この場合，悪い政治家は良い政治家のまねをするので，両方の政治家を事前に区別できないプーリング均衡がモデルの均衡として実現する。税率だけが政治家の公約対象であるとき，悪い政治家も良い政治家と同じ公約を設定することで，運が良ければ（有権者にとっては運が悪ければ），悪い政治家でも当選する。この均衡での税率は最善解での最適税率よりも小さくなる。その理由は，選挙結果に不確実性がある（どちらのタイプの政治家もあるプラスの確率で当選できる）からである。つまり，第２期に悪い政治家が選ばれる可能性がゼロでない以上，事前の効率性条件から，有権者は税率が小さい政治家をより評価する。税率の小さい値を公約する政治家を当選させることで，かりに悪い政治家が当選した場合でも，税収が悪用される場合の損失を小さくすることができる。

　社会保障の将来財源の議論で説明すると，将来世代に社会保障の負担を転嫁させないように，早めに消費税率を引き上げるのが争点だとする。また，消費税の増税目的は，社会保障財源の充実であるが，消費税収は無駄な歳出に回される懸念もある。もし悪い政治家が政権に就けば，せっかくの消費税増収は無駄な歳出に浪費される。事前に誰が良い政治家か，悪い政治家か区別がつかない場合，有権者は消費税率の大幅な引き上げには消極的になる。たとえ社会保障財政を健全化するために消費増税が役立つことを理解していたとしても，増税が無駄に浪費される可能性がある以上，有権者は消費税率の大幅な引き上げを選択しない方が望ましくなる。

　わが国で財政再建の必要性を理解する有権者が増えているにもかかわらず，消費税の増税に反対する有権者が多いのは，こうした理由があるからとも解釈できる。消費税は福祉目的税と位置づけられているが，消費税の増税と社会保障支出とのリンクは弱い。実際の予算編成では，福祉目的税化は機能していない。

（Ａ－２）　目的税が可能なケース

　目的税化するという公約ができる場合，悪い政治家は（税収を社会保障の将来財源にのみ回すという）目的税を公約しない。なぜなら，目的税化してしまえば，当選したあとで税収を勝手に使うことができなくなり，悪い政治家が私腹を肥やすことが不可能になるからである。しかし，良い政治家は目的税を設定できる。この場合，目的税化することが，良い政治家である

うシグナルを有権者に与える。しかし，目的税にも自由度を縛る分だけ $(1-\lambda)$ のコストがかかる。したがって，良い政治家は常に目的税を公約するわけでもない。このとき，以下の結果が成立する。

もし有権者が追加の負担 θ を認識できる場合，良い政治家は，以下の条件の下で，目的税を設定する。

$$1 - \lambda < A(q)$$

また，この分離均衡で良い政治家が目的税を設定する場合，その税率はプーリング均衡の税率よりは高く，最適税率よりは低い。

上の条件は，目的税化した場合の効率性の損失 $(1-\lambda)$ が，目的税化しない場合の損失（$A(q) =$ 悪い政治家が政権について無駄遣いをする損失）よりも小さいことを意味する。また，最適な課税よりも税率が低くなるのは，目的税化することで効率性上のコスト $(1-\lambda)$ が発生するためである。このケースでは，有権者は良い政治家と悪い政治家を区別することができる。目的税化を公約する政治家は必ず良い政治家である。目的税化することであまり損失がなければ（λ が十分に1に近ければ），有権者は目的税化を公約する政治家を選択する方が得になる。

6.5.2 負担コストがどちらのケースかよくわからない場合

次に，有権者は社会保障の将来財源の負担コスト（追加増税の必要性）がどの程度（運が良いのか悪いのかどちらになるのか）よくわからないとしよう。このとき，悪い政治家は財政危機問題を誇張してアナウンスする誘因をもつ。それによって税率を高く設定して，第2期の収入を多く確保できるからである。まず，目的税化という選択肢が排除されている場合を想定する。

有権者が $\theta = \theta_H$ と予想する事前確率を π，また政治家を良いと予想する事前確率を q（前と同じ想定）としよう。財政危機の程度が悪くない場合での将来世代への負担 θ_L に関して，以下の2つのケースを区別する。

(B-1) $\theta_L = 0$

もし財政赤字による真の負担コストが運が悪ければある程度危険（$\theta_H > 0$）であっても，運がよい場合には全然危険でない（$\theta_L = 0$）としよう。$\theta_L = 0$ のケースでは，モデルの均衡は簡単に求められる。

良い政治家は $t_L = 0$ と設定する（運が良ければ，全く税金を徴収しないと

公約する）ことで，最適な課税を実現できるし，第2期の無駄な支出（悪い政治家が選出される場合の支出）も回避できる。悪い政治家は，どちらの状態が実現しても，$t_H > 0$ を設定する。したがって，良い政治家だけが当選する分離均衡となる。

（B-2） $\theta_L > 0$

B-2-1：目的税が排除されているケース

このとき，運が良いケースでの真の負担コスト θ_L が少なければ，良い政治家は低い税率を公約し，また，運が良いケースでの社会保障の将来財源の負担コストが多い場合に，良い政治家は高い税率を公約する均衡が存在する。悪い政治家は常に後者の税率を設定する。後者のケースでは，プーリング均衡が存在しうる。プーリング均衡での税率は，有権者が θ を観察できる場合よりも，小さくなる。公約の税率が高いときには，それは悪い政治家が設定していると有権者に判断される可能性が高くなる。その分だけ税率を低くしないと，有権者から支持されないからである。

B-2-2：目的税が可能なケース

目的税が可能な場合の分析結果は，有権者が θ を観察できる場合とほぼ同じである。

このとき，将来世代への負担コストが多い場合，良い政治家が目的税を設定する分離均衡が存在することもある。しかし，社会保障の将来必要となる金額が少なければ，そうした均衡は存在しないこともある。後者の場合，良い政治家は目的税を公約しないので，悪い政治家も同じ税率を設定して，悪い政治家が当選する可能性は排除できない。

6.6 シグナルの政策的含意

この節のモデル分析では，目的税を将来の与党政治家の行動を縛る道具として位置づけた。これは，目的税化された財源が，選挙が行われた後で使われるという想定による。こうしたコミットメントに拘束力がなければ，目的税化することに意味はない。すなわち，選挙のあとで政権を担当する政治家が，目的税化するかしないか自体も変更可能であるとすれば，選挙の際の目的税化に関する公約は実質的に意味を失う。この節のモデルでは，そうした

変更は不可能であり，選挙の際に目的税化を決定すると，選挙のあとで政治家がそれを変更することはできないと想定している。選挙の公約をあとで破ることはできない。そうした状況では，選挙の際に目的税化を公約することは，良い政治家であるというシグナルの機能を持っている。

これまで伝統的な厚生経済学では，政府の予算を収入面と支出面で明確に分離することは望ましいと考えてきた。実際，目的税は余計な制約を課す分だけ望ましくない。これは，課税や支出を資源配分の手段として捉える標準的な考え方である。これに対して，有権者と政治家との間で情報が交換される政治的プロセスの一部として課税や支出を考えると，目的税の新しい役割が重要になる。将来の政権担当者が望ましくない行為をすることを，目的税によって制約することができるからである。

本節の分析結果は，もし社会保障財政が危機になる可能性が大きいけれども，しかし，破局はありそうにないと予想できるなら，政治家のタイプと社会保障の将来財源の負担をシグナルするものとして，目的税は有効に機能することを示唆している。

なお，わが国での消費税の福祉目的税化は，前述したように，「隙間」がある分だけ，実質的な縛りになっていない。そのため，福祉目的税化が望ましいとしても，それが機能していないから，増税が無駄な歳出へ浪費される懸念も払拭されない。その分だけ，消費税の増税に対する否定的な対応が生じる。

7　おわりに

社会保障の維持可能性を確保するには，社会保障給付の削減と増税という歳出・歳入両面での抜本的改革が不可避である。その場合，事後的な対応ではなく，社会保障給付の拡大に応じて，自己負担率の設定も含めて，何らかの財源調達ルールを事前に設定するという政策対応が，コスト意識を働かせて，社会保障財政の健全化と社会保障の抜本的改革により有効である。

すなわち，わが国の政治状況を考えると，単なる社会保障給付の削減や増税では，社会保障の財政健全化にあまり効果がない。なぜなら，給付削減や増税で財政事情が一時的に改善すると，それで確保できた財源を社会保障の将来財源のために充てるよりは，（無駄な）給付を増加する方向に政治的圧力が働く可能性がある。事後的に増税できたとすると，その税収増で財政規律

が緩くなり，むしろ無駄な給付の増加をもたらす結果もありうる。国民が社会保障制度に甘い期待を持ち続ける限り，痛みを伴わない改革を政権も志向する。それでは，必要性の低いばらまき給付は削減されず，痛みを伴う増税も先延ばしされ，将来世代に重い負担を押しつけてしまう。

したがって，社会保障制度の改革を有効に進めるには，あらかじめ増税を含む改革のルールを設定することが重要である。こうしたルールでは，増税と社会保障の将来財源にリンクをつけることが有効だろう。事後的な税収の増加は所得効果のみをもたらすので，利益団体が制度改革に協力する誘因（代替効果）をもたらさない。これに対して，社会保障の財政危機が深刻化すれば，それに応じて，たとえば，消費税率が自動的に上昇するなどの仕組みがあると，既得権を擁護・拡大しても，それによる財政悪化で増税も実施されることが予想できるため，既得権獲得行動の実質的コストが増加するという代替効果ももつ。将来に負担を先送りすると社会保障財政も悪化するので，増税圧力も大きくなる。こうしたリンクがあると，国民，利益団体も自発的に社会保障制度改革に協力する誘因が大きくなる。

2012年に3党合意された一体改革は，社会保障制度の持続可能性を回復させる上でも，効率的で公平な社会保障制度を実現する上でも，きわめて不十分な内容である。高齢化，経済活力の弱体化，財政赤字の累増という厳しい現実に直面しているわが国で，改革に残された時間はあまりない。社会保障制度の抜本改革を先送りすることなく実施すべきである。高齢者の既得権に踏み込んで，制度改革に取り組む政府の能力が問われている。

参考文献

Auerbach, A.J., and L.J. Kotlikoff (1987), *Dynamic Fiscal Policy*, Cambridge University Press.

Brett, C. and M. Keen (2000), "Political uncertainty and the earmarking of environmental taxes," *Journal of Public Economics*, 75, 315-340.

Breyer, F. and M. Straub (1993), "Welfare effects of unfunded pension systems when labor supply is endogenous," *Journal of Public Economics*, 50, 77-91.

Feldstein, M. (1995), "Would privatizing social security raise economic welfare?" *NBER working paper* 5281.

Kotlikoff, L.J. (1995), "Privatization of social security: how it works and why it matters," *NBER working paper* 5330.

第6章　消費税の政治経済学

1　消費税増税

1.1　3党合意

　第5章でも説明したように，2012年6月に，消費税の増税を柱とする「一体改革」で民主，自民，公明3党合意ができ，消費税率が2014年4月に8％に引き上げられた。その後は紆余曲折があったが，一応，17年4月に10％に再度引き上げることになっている。3党協議の結果では，消費増税の際に「名目3％，実質2％」の経済成長率を目標とする景気条項を法案の付則に残した。消費増税時の低所得者対策では，税率を8％に引き上げる条件に現金給付の実施を明記したほか，軽減税率を導入することも検討することとなった。

　まず，消費税増税の出発点である税制に関する3党合意の内容をまとめておこう。

　▽第4条（所得税）について

　最高税率の引き上げなど累進性の強化に係る具体的な措置について検討し，その結果に基づき平成25年度改正において必要な法制上の措置を講ずる。具体化に当たっては，今回の政府案（課税所得5000万円超について45％）および協議の過程における公明党の提案（課税所得3000万円超について45％，課税所得5000万円超について50％）を踏まえつつ検討を進める。

　▽第5条，第6条（資産課税）について

　相続税の課税ベース，税率構造等，および贈与税の見直しについて検討し，

その結果に基づき平成25年度改正において必要な法制上の措置を講ずる。具体化に当たっては，バブル後の地価の大幅下落等に対応して基礎控除の水準を引き下げる等としている政府案を踏まえつつ検討を進める。

▽第7条（消費税率引き上げに当たっての検討課題等）について

消費税率の引き上げに当たっては，低所得者に配慮した施策を講ずることとし，以下を確認する。

(1) 低所得者に配慮する観点から，給付付き税額控除等の施策の導入について，所得の把握，資産の把握の問題，執行面での対応の可能性等を含めさまざまな角度から総合的に検討する。また，低所得者に配慮する観点から，複数税率の導入について，財源の問題，対象範囲の限定，中小事業者の事務負担等を含めさまざまな角度から総合的に検討する。

(2) 簡素な給付措置については，消費税率（国・地方）が8％となる時期から，低所得者に配慮する給付付き税額控除等および複数税率の検討の結果に基づき導入する施策の実現までの間の暫定的および臨時的な措置として実施する。その内容については，真に配慮が必要な低所得者を対象にしっかりとした措置が行われるよう，今後，予算編成過程において，立法措置を含めた具体化を検討する。簡素な給付措置の実施が消費税率（国・地方）の8％への引き上げ条件であることを確認する。転嫁対策については，消費税の円滑かつ適正な転嫁を確保する観点から，独占禁止法・下請法の特例に係る必要な法制上の措置を講ずる旨の規定を追加する。

医療については，消費税率（国・地方）の8％への引き上げ時までに，高額の投資に係る消費税負担について，医療保険制度において他の診療行為と区分して適切な手当を行う具体的な手法について検討し結論を得る。また，医療に関する税制上の配慮等についても幅広く検討を行う。

住宅の取得については，平成25年度以降の税制改正および予算編成の過程で総合的に検討を行い，消費税率（国・地方）の8％への引き上げ時および10％への引き上げ時にそれぞれ十分な対策を実施する。自動車取得税および自動車重量税については，抜本的見直しを行うこととし，消費税率（国・地方）の8％への引き上げ時までに結論を得る。成年扶養控除を含む扶養控除および配偶者控除の在り方については，引き続き各党で検討を進めるものと

する。年金保険料の徴収体制強化等について，歳入庁その他の方策の有効性，課題等を幅広い観点から検討し，実施する。

▽付則第18条について
(1) 第1項の数値は，政策努力の目標を示すものである。
(2) 消費税率（国・地方）の引き上げの実施は，その時の政権が判断する。

消費税率の引き上げに当たっては，社会保障と税の一体改革を行うため，社会保障制度改革国民会議の議を経た社会保障制度改革を総合的かつ集中的に推進する。税制の抜本的な改革の実施等により，財政による機動的対応が可能となる中で，わが国経済の需要と供給の状況，消費税率の引き上げによる経済への影響等を踏まえ，成長戦略や事前防災および減災等に資する分野に資金を重点的に配分することなど，わが国経済の成長等に向けた施策を検討する。

▽その他
社会保障制度については，民主党マニフェスト（政権公約）の主要政策である「最低保障年金の創設」「後期高齢者医療制度の廃止」両政策の撤回方針を明示せず，新設する「社会保障制度改革国民会議」に検討を事実上棚上げした。「総合こども園」の創設は見送り，自公政権時に導入した認定こども園を存続させる。

1.2 消費税率の段階的引き上げ

一体改革で合意した工程表でもっとも大きな特徴は，2段階で税率を引き上げる時期を明示したことである。なお，実際には2015年10月に予定されていた10％への引き上げは延期され，2017年4月からの実施予定となった。

1回で5％引き上げるのではなくて，2段階で引き上げる意味を考えてみよう。経済学の基本ロジックでいえば，消費税の段階的引き上げは，一部の人たちが懸念しているのとは逆に，むしろ消費を刺激する。不況期に消費意欲があまり活発でない大きな原因はデフレ期待である。現在よりも将来の方がものの値段が安くなるデフレ状況では，無理に現在消費をする必要はない。もっと安くなるのを待って，購入した方が得になる。

消費税率を段階的に引き上げると，将来になるほど，消費税率が高くなるので，現在よりは将来の方が消費者価格は高くなる。つまり，政策的にイン

フレ要因を導入することになる。インフレ期待が形成されれば，消費を先延ばしすることが損になるから，今から購入意欲が刺激される。これは自動車や住宅などの耐久消費財で，駆け込み需要という形で顕著に表れる。

頻繁に税率を変更するのは，徴税コストの観点から重荷との懸念が指摘されているが，電車やバスなどの交通運賃など端数での処理が実務上困難なサービスも，suicaなど電子決済が普及しているから，それほど実務的なコストは大きくないだろう。

逆に，不況期に消費税率を引き下げる政策では，それを見越して，引き下げ前に消費の買い控えを誘発する。不況期だと政府が判定してから実際に消費税率が引き下がるまでに，ある程度の時間がかかる。その過程で消費が抑制されると，ますます景気は悪化してしまう。

ところで，耐久消費財に対する消費税の扱いは抜本的に見直す必要がある。特に，住宅の場合は，購入金額も大きいし，それを消費する期間も長い。こうした耐久財に対して，現在の消費税は購入時点ですべて課税している。2段階であれ消費税率の引き上げは大きな攪乱効果をもたらす。すなわち，消費税を引き上げる前に駆け込み需要を刺激し，消費税が引き上げられた直後はその反動で購入が大きく減少する。1997年の消費税率引き上げ時も2014年の引き上げの際も，こうした駆け込み需要とその反動が大きく見られた。

駆け込み需要に対応すべく，供給を増やそうとすると，その時点で人的，物的資源が無理に動員されて，質の悪い住宅が供給されかねない。さらに，一時的な駆け込み需要にまともに対応すると，その後の反動期の需要減で，失業や遊休設備が生じてしまう。これは，民間の経済活動になるべく中立的に税負担を求めるという課税原則から見て，大きなデメリットである。課税負担を長期的に平準化するには，購入時に全額課税するのではなくて，耐久消費財の消費行為＝保有期間に合わせて課税すべきである。しかし，その場合，固定資産税など既存の保有税との調整が問題となる。

保有税の難点は，手元に現金のない保有者からも税負担を求める点である。耐久消費財への消費税を前倒しして，購入時に全額徴収するのは，徴税実務上は望ましいかもしれない。そうであれば，金利分は税負担を軽減すべきだろうし，中古住宅への消費税は免除すべきだろう。実際に，諸外国では住宅への消費税は軽減税率あるいは非課税扱いである。今後消費税率を2桁を超えてさらに引き上げる可能性も考慮すれば，住宅など耐久消費財に対する課

税のあり方を抜本的に見直すべきある。

2017年4月から消費税率を10％に引き上げるときに，生鮮食料品などで軽減税率の導入が決まった。その主要な目的は低所得者対策である。ところが，すでに軽減税率を導入しているEU諸国では，この制度はあまり評判が良くない。軽減税率は富裕層にも恩恵が及ぶから，その再分配効果は限定的になるとともに，対象品目を合理的に決定することが困難だからである。逆進性の緩和策としては，累進的な所得課税や給付による再分配政策の方がより効果的だろう。

むしろ，軽減税率を適用するのであれば，耐久消費財の駆け込み需要とその反動減対策として，住宅に適用する方が効率性の面からメリットが大きい。つまり，住宅への消費税率を2015年現在の8％水準で固定すると，2017年に10％に引き上げる際に駆け込み需要やその反動減を懸念する必要がなくなる。

1.3 所得税と消費税

理論的には，課税最低限のない比例的な（勤労）所得税と一般消費税とは，マクロの貯蓄に与える効果を除けば，実質的にほぼ同じ税である。所得と消費は生涯を通じてみれば，ほぼ同じ大きさであり，稼ぐ段階で課税するか（所得税），使う段階で課税するか（消費税）というタイミングの相違しかない。したがって，消費税を引き上げる代わりに所得税を減税すれば，マクロ的効果はほとんど無い。つまり，税収中立で消費税を増税する場合，景気に対しては中立的になる。

1997年に消費税を3％から5％に引き上げた際には，所得税を先行して減税しており，税収中立の引き上げであった。そのため，消費税が景気を悪化させる効果は認められなかった。97年の景気後退は消費税増税ではなく，アジア通貨危機や金融不安から発生した。

しかし，今回の一体改革では税収を確保して，財政規律を維持するのが最大の目的である。消費税の増税分を所得税の減税に回す余裕はない。その限りでは，消費税の引き上げは民間の家計や企業にとってネットで負担増になる。マクロ経済環境の改善を消費税引き上げの判断材料にするのは，政治的にはもっともらしいかもしれない。ただし，財政健全化への道筋が明確になるほうが，金融市場を含めて経済活動全体にプラスに寄与する。

ところで，所得税の課税最低限を引き下げれば，課税ベースが拡大するの

で，相当規模の税収が期待できる。それによる税収増でも一定程度の財政健全化は可能になる。所得税で広く薄く増税できれば，あえて，消費税率を引き上げる必要性もほとんどなくなる。しかし，現状では，課税最低限の引き下げは，消費税率の引き上げ以上に，政治的に困難である。とすれば，所得税の課税最低限の引き下げと同様な効果を間接的に持っている消費税率の引き上げが相対的に望ましい。

1.4 消費税増税の必要性と環境整備

　財政再建には，歳出削減を徹底的に行うのが最優先課題である。同時に，必要最小限の増税も不可避である。ところで，増税の対象として，消費税以外の選択肢は考えにくい。国際的に多くの企業が移動可能な環境で，諸外国が税率を引き下げている法人税をわが国が増税するのは，日本経済の活性化を大きく阻害する。東日本大震災の復興財源目当てで，法人税減税を伴う抜本的税制改革を先送りしてしまうと，日本経済の活力が減退する。

　他方で，これからの少子高齢化社会では勤労世代の所得総額が増加しないから，勤労所得税に多くは期待できない。団塊世代の退職で高齢者の総人口が一時的に増えることも予想される中，高齢者は旺盛な消費意欲を持っている。消費税は高齢者も負担するから，財政赤字で負担を将来世代に先送りしたり，勤労世代が負担する所得税を増税したりするより，世代間での負担がより公平になる。また，高齢化社会でマクロ貯蓄が減少するから，消費税の貯蓄刺激効果はマクロ経済の活性化という観点からも，メリットが大きい。それゆえ，所得税，法人税と比較して，消費税は，財政赤字を削減し，また，高齢化社会で急増する社会保障需要を支える財源として有力な税である。さらに，消費税率を小刻みに引き上げることで，インフレ期待を高めるのは，デフレ期には消費刺激効果もある。

　消費税は間接税であり，弱者をいじめる冷たい税だと批判する人もいる。しかし，再分配政策を財源調達面だけから評価することには無理がある。消費税で確保する財源の一部を弱者への集中的な給付に振り向ければ，再分配効果は高まる。広く薄く課税して初めて，再分配のために多くの財源を確保できる。消費税は一律税率とし，弱者への再分配政策を給付面でしっかりと行うのが望ましい。

　けれども，国民や納税者に消費税率引き上げに根強い抵抗があることも否

めない。まず，税率を引き上げても過去の巨額の財政赤字の後始末に使わざるを得ず，現在世代の国民（中でも高齢者世代）にその税収増を歳出の増加という形でして還元する余力は乏しい。この点は過去の放漫財政の付けであり，消費税増税のマイナス材料になっている。

さらに，国民が政府，政治家，官僚に対して持つ不信感も，消費税増税の障害である。国際的に見て租税負担が少ないわが国で，各種の世論調査で増税よりもまず歳出削減を優先すべきだという回答が多いのも，景気が低迷している現状で増税に応じきれないのではなく，歳出に巨額の無駄があると信じている人が多いからである。この点の理論的背景は，第5章で考察した。

また，1980年代以降の消費税導入過程での政治的混乱が多くの国民，納税者に政治家への不信感を持たせる結果となった。他方で，多くの政治家が97年の景気後退の責任を当時の消費税率引き上げに転嫁させてしまったため，消費税増税は悪政の象徴になった。

消費税増税の環境整備として重要なのは，納税者番号制度の導入である。消費税収の一部を社会的弱者への給付に回すと，消費税の持つ逆進性は緩和され，再分配効果も期待できる。それには，誰が弱者であるのかを政府が適切に把握する必要がある。国民の金融資産に関する情報を税務当局が完全に捕捉できれば，弱者特定化の信頼性が増す。税金の使い道に理解が得られれば，北欧諸国のように高い消費税率でも国民から支持されるのではないか。個人情報保護を十分に担保する中で，納税者番号制度など徴税面でのインフラを整備し，公平で効率的な徴税体制を構築して，消費税の増税に国民の理解を得るべきだろう。

2016年から社会保障・税番号制度（マイナンバー）が導入されることになった。現在，行政機関・自治体等には基礎年金番号，介護保険の被保険者番号，自治体内での事務に利用する宛名番号のように，分野や組織ごとに個人を特定するための番号が存在している。しかし，異なる分野や組織間で横断的に個人を特定するための番号は無く，異なる分野や組織で管理している個人を同一人として特定することは困難である。そこで複数の機関に存在する個人情報を，同一人の情報であることを確認できるように，国民1人1人に「個人番号」を付番し，各分野，各機関で横断的に利用することができる「番号制度」が導入されることとなった。

番号制度では，例えば，各機関が保有する税の申告書の情報を個人番号に

より同一人として紐付け可能となることで，各個人の所得を正確に把握できるようになり，公平な税負担や社会保障のより的確な提供といった効果が期待されている。2015年10月に国民への個人番号の通知が始まった。2016年1月から個人番号も利用されはじめている。今後は，2017年1月に国機関での情報連携の開始，2017年7月に自治体を含めた情報連携の開始に向けて，システム改修，業務運用の見直しなどが予定されている。

　この番号制度は，北欧で標準的な納税者番号と異なり，所得，資産の捕捉面では限界がある。プライバシーに関する国民の懸念を払拭しながら，より強制力ある納税者番号制度の導入を進めるべきだろう。

2　格差是正と所得税

2．1　格差是正と税制の役割

　フリーターや非正規，派遣の雇用者が増大して，労働者の身分が不安定になり，その賃金水準が低いままで停滞しているというワーキングプア，格差が問題となっている。2000年代初めの小泉構造改革で労働市場の規制を緩和した結果，非正規労働者が増大して，個人間での所得格差，資産格差が拡大したという批判もある。民主党など当時の野党はおしなべて，こうした構造改革を冷たい政策だと批判し，格差是正を主要な政策目標に掲げた。

　さらに，2008年夏以降アメリカでの金融不安をきっかけに，世界的な景気後退，不況の局面を迎えて，市場経済への懐疑，不信が増す一方で，弱者への手厚い配慮を求める政治的圧力が強くなった。社会保障を中心に給付を充実させ，相続税の強化や所得税の最高税率の引き上げなどの累進的な税制で，再分配政策をより強化すべきという理念・考え方には依然として根強い支持がある。

　貧富の差が極端に拡大すれば，それを是正することが重要な政策目標になるのは，当然である。また，経済が低迷して，雇用不安，生活不安が拡大し，弱者の経済状態が悪化すれば，それに手厚い配慮が必要になる。それでも無制限に税制で再分配政策を強化したり，累進度を強化したりするのが望ましいとも言えない。

　そもそも格差とは自分の経済状態を他人のそれと比較するという相対的な概念である。みんなが同じ経済状態であれば，再分配する意味も効果もない。

この場合，問題点は2つある。第1に，絶対的水準をどう考えるかである。たとえば，平均的な所得水準と比較して極端に低い所得の人が多ければ，相対的格差は問題となる。それでも平均的所得水準や低所得者の所得水準自体が高ければ，相対的に低い所得の人でも，それほど生活に困窮していないかもしれない。

一般的に言えば，多くの人にとって最大の経済的関心事は，相対的格差よりも絶対的経済水準である。自分が経済的により豊かになることが最優先だろう。実際にも，わが国の高度成長期では格差の是正よりも，国民所得の倍増が最優先され，自分の所得が2倍になる夢に政治的支持が集まり，国民の多くはそれを実感した。近年の東アジアのめざましい経済成長でも，相対的格差は拡大しているが，多くの国民の生活水準は格段に向上した。最近，格差是正政策が注目されるようになった1つの背景は，経済水準の全体的な向上があまり期待できなくなったからと思われる。

第2は，どの範囲で相対的格差を考えるかである。たとえば，諸外国と比較して平均的な所得水準が高い国では，その国の中での格差が大きいとしても，他国と比較すれば，所得の低い人でも相当の所得を稼いでいるかもしれない。この基準からすれば，日本のほとんどの人は（世界全体で見て）平均所得以上の所得を稼いでいるので，格差是正の拡充は日本国内での再分配政策ではなく，日本から途上国への再分配政策を拡充することを意味する。国内での所得格差是正ばかりを問題視すると，国際的視点を欠いてしまう。

また，他人の経済状態が改善すれば，自分にとってもプラスの波及効果をもたらす。たとえば，近隣に住む人々の経済状態がより豊かになれば，その街はよりきれいになって，自分も居心地が良い。その地域全体が活気づけば，間接的なプラスの波及効果も期待できる。また，他人の経済状態が良くなることで相対的な格差が拡大しても，共助の社会では自分もその恩恵を間接的に感じることもあるだろう。

貧困対策を慈善事業のように考えるのは，限界がある。貧困を減らすことで，社会保障費を抑制できるし，治安も良くなり，良質の労働力も確保できる。老後破産など，高齢者の貧困問題ばかりが注目されているが，親の介護，教育費用の膨張，非正規雇用，精神疾患，女性と子育て，家出少女など，若い世代を対象とした貧困問題にもっと留意すべきだろう。若い世代が貧困の連鎖から抜け出せれば，貧困対策も「投資」としての効果が大きくなる。

貧困については，相対的貧困率のデータから議論することが多い。が，実際の事例の多くは，当事者の経済状態が悪いケースが多く，他人との格差（相対的経済格差）があるから，貧困だというわけではない。むしろ，他人との人的な関わり方の弱さが絶対的な経済的な貧困と重なると，厳しい現実に直面する。貧困対策には経済的支援と同時に，地域社会における社会的つながりの再構築が有効だろう。

2．2　累進的な所得税と公平性

効率性の基準だけで税制を構築するなら，最適な税制やその税率を導出するのは理論的のみならず実際にもある程度可能である。それには様々な財相互間の価格弾力性に関するデータが必要であるが，こうしたデータはかなり推定できる。

もちろん，公平性を無視した税制はあり得ない。公平性の価値判断はいろいろあるが，あるもっともらしい公平の価値判断に国民全体が合意できる場合に，どのような税制が望ましいだろうか。所得の異なる人々が税負担の上でいかに異なるべきかという垂直的公平に関する議論は，所得税の累進性の問題として議論される。

理論的には，公平性に関する価値判断と所得格差のデータがあれば，公平性を考慮した最適税制を導出できる。この問題を理論的に分析するためには，何らかのかたちで所得格差を説明とする必要がある。以下では，労働所得に問題を限定し，能力の差を導入することで，所得格差を説明する。すなわち，同じ時間働いたとしても，能力の格差を反映して，得る所得（＝時間給）が異なる。もちろん，所得格差を説明する要因としては，他にも，努力，運・不運，遺産などいろいろと考えられる。簡単化のために，能力格差の原因は問題とせず，これを前提として議論したい。

2．2．1　労働供給が外生のケース

最初に，労働供給が外生的，制度的に固定されているケース，つまり，所得税制によって影響されないケースを想定する。所得税の負担がいくらであっても，所得税の勤労意欲抑制効果が全然ない状況である。

このとき，最適な所得税体系は，全ての人々に平均所得を実現させるべく，平均所得以上に稼ぐ人へ課税し，平均所得以下しか稼がない人へ補助金を与

えるものとなる。労働供給が所得税制によって影響されないときには、極端な累進税制で完全平等（平均所得）を実現するのが公平性の観点から望ましい。

わが国では勤労意欲は課税によってほとんど影響を受けないという議論が有力である。しかし、いくら働くのが好きだとしても、限界税率100％で課税されて、一生懸命努力してもしなくても、同じ所得しか手取りが残らないという状況で、精一杯働く人がいるだろうか。

こうした完全平等は、旧ソ連や中国などの社会主義国で一時期採用されたことがある。中国の「文化大革命」が破綻したように、みんながやる気を失って、完全平等が悪平等で実現した。かりに今日の日本でそうした弊害が顕著でないとすれば、それは税率がそこまで極端に高くないためであって、かりに完全平等を実現しようと、平均所得を超えた人に対して限界税率を100％にまで上昇させれば、日本でも勤労意欲阻害効果は深刻になる。

2.2.2 負の誘因効果と最適な累進度

では、課税により勤労意欲が阻害されるという負の誘因効果が存在するとき、累進的な税構造はどの程度まで正当化されるだろうか。ここで、どの程度の選択肢の中で最適な税制を考えるのかが問題となる。2つの場合分けが有益である。それは、フラット化された税制を前提とするのか、しないのかの区別である。フラット化された税制では限界税率が一定になり、すべての人が同じ限界税率に直面する。これに対して、フラット化されていない場合は、限界税率が自由に変化するので、より複雑な累進構造も適用可能になる。

まず、所得税制の範囲をフラット化された線型に限定して、その最適な税構造を分析しよう。ここでは、税構造は、一定の限界税率と課税最低限という2つのパラメータで説明できる。

　　税負担額＝税率×（所得－課税最低限）

したがって、最適課税問題は、この所得税制のもとで、ある一定の税収を確保しつつ、社会的な満足度を最大にするような限界税率と課税最低限の値を求める問題になる。

ここで、注意したい点は税率と課税最低限の関係である。政府はある必要な税収を確保しなければならない。課税最低限を大きくすると、財源確保という観点から税率は引き上げざるを得ない。逆に言えば、税率が高くなるほ

ど，課税最低限も大きくすることができる。最適な税率が高くなるケースでは，最適な課税最低限も大きくなっている。

日本の現状では，国際的にみて税率が低い上に課税最低限も小さくなっている。これは，所得税収を減税してきたこれまでの景気対策上の配慮の結果である。しかし，巨額の財政赤字を考慮すると，減税を目的とする税制改革には限界がある。課税最低限を今の水準で維持するなら，税率を高くすべきだろうし，税率をもっと引き下げるのが望ましいとすれば，課税最低限の引き下げは不可避である。

課税前の所得格差がそれほど大きくなく，また，課税による勤労意欲阻害効果も大きいときは，最適な限界税率はあまり高くならない。そうであれば，課税最低限を引き下げることで対応して，所得税の限界税率を高く設定しない方が望ましい。逆のケースでは，限界税率を高くすることが正当化される。

2.2.3 公平性を考慮した理想的な税

次に，所得税を線型に限定しない一般的なケースを検討しよう。もし，政府が自由に課税構造を決定できるとすれば，能力の異なる各個人に対して異なる（能力に応じた）一括固定税の体系が最善となる。

毎年のように，高額納税者の脱税が摘発される。これは，納税額が所得に累進的に連動しているから，稼げば稼ぐほど納税額も多くなり，逆に言うと，脱税の誘惑（インセンティブ）も大きくなるからである。脱税に精力を使うようでは，本来の仕事がおろそかになって，その人の経済活動が萎縮し，他の人にもマイナスになる。能力に応じて，一括で納税額が決まっていれば，そもそも脱税するメリットもインセンティブもなくなる。このように，能力別の一括固定税は脱税の防止という意味でも，望ましい。

ただし，所得よりも能力の方が政府にとって捕捉しにくいから，能力に応じた課税は，現実には適用できない。さらに，能力が先天的に決まってくるのではなく，教育投資によって後天的に決まってくるとすれば，能力に対する課税も一括固定税ではなくなる。それでも毎年の所得のデータを蓄積していけば，その人の能力をある程度は判断できる。今後納税者番号制度（マイナンバー制度）が導入され，また，ITを利用して過去の所得のデータが容易に利用可能になれば，能力（あるいは所得の履歴）に応じた課税の導入も夢物語ではなくなる。

2.2.4 最適な所得税

フラットな税制にこだわらないより一般的なケースでは，ある所得階層の税率引き上げに2つの影響がある。第1は，労働意欲が抑制されることで，その階層の所得が減少する。第2は，それ以上の所得階層では，所得が減少しても，引き上げられた税率が適用される所得からの税額は増える。その結果，各個人の効用（満足度）が変化して，社会的厚生も変化する。

1971年にMirrleesは，「最適な税率はほぼ一定で20％台」と結論づけた。当時は高所得者の税率が非常に高い累進課税が現実の税制だったので，この逆説的な主張は大いに注目された。その後，1998年にDiamond，また，2002年にGruber and Saezは，所得分布の形状，税率に対する所得の反応（弾性値），価値判断という3つの要素を明示した数値計算を用いて最適税率を導出し，米国のデータと整合的な試算では，望ましい最高税率が50％を超えるという結果を得た。これは，Mirrleesの結果と対照的である。2つの結果が相違したのは，数値計算における所得分布の想定が異なるからである。後者の推計では最高税率が適用される高所得者ブラケットの人口が多いため，高所得層からの税収が大きく，望ましい税率も高くなる。

3　資産課税と消費税

3.1　相続税と消費税

近年，所得・相続税については増税の方向で改正されている。2013年度税制改正大綱では，格差是正の観点から富裕層への所得税と相続税の課税を強化することとなり，富裕層への増税が2015年1月から実施された。所得税の最高税率は40％から45％に引き上げられ，課税所得4000万円超の部分に適用された。相続税は課税対象となる相続遺産のうち6億円超の部分に最高税率55％が新たに設定された。課税対象を広げるために，非課税となる基礎控除はそれまでの4割縮小の「3000万円＋600万円×法定相続人数」となった。

相続税の課税ベースを拡大するのは評価できるが，所得税と相続税の最高税率の引き上げは税収への効果が不透明であるし，攪乱効果も予想される。格差是正に取り組んでいるという政治的姿勢をアピールする意味はあるが，経済的効果は不透明である。総じて，格差是正には累進的税制だけで対処す

るのではなくて，社会の連帯感を高めて，自助，共助の精神で経済の活性化に取り組むことが必要だろう。

相続税の大きな目的は，資産格差の是正である。土地や株を中心とした資産の保有の格差は，大都市圏では大きい。資産所得の格差を是正するためには，相続税の強化がもっとも手っ取り早い。ストック面でできるだけ平等化をめざす方が，フローの面での競争が激しくなり，社会全体が活性化される。世代内での格差を是正して，より個人主義的な活性化のメリットを活かすには，相続税の強化が望ましい。しかし，あまりに重い相続税は資本蓄積を抑制し，結果として経済成長にもマイナスに働く。経済全体の効率性を問題とするなら，相続税の強化はマイナスの効果も持っている。

最近のデータでは死亡した者のうち，相続税の課税対象となったのは，わずか数％である。まともに相続税を払う大資産家の相続人にとって，相続税は大きな負担である。しかし，普通の人がそれなりの資産を相続しても，相続税の対象にならない。その結果，大資産家は節税・脱税の誘因が強く，一般の庶民は相続税を無縁の税と考える。

わが国の1人あたり資産保有額が世界でもトップ水準である以上，相続税の役割も一部の大資産家の資産を没収するという当初の目的から，広く薄く課税するという目的に変えるべきだろう。すなわち，税率構造をより累進化するのではなくて，むしろフラット化して，最高税率を引き下げて，累進構造を緩和するとともに，課税ベースを拡大し，子供が相続する場合は，平均的な庶民でも10％程度の相続税を支払うのが望ましい。限界税率が引き下げられると，節税・脱税するメリットも小さくなるので，あえていろいろな法律知識を駆使して，相続税を逃れる行為も少なくなる。

相続税を増税する代わりに，遺産税を新設して，遺産額に広く薄く課税することも一案である。控除額をゼロにして，一律に10％の税率で遺産に課税する。その代わりに，相続税は再分配の観点から，課税最低限をこれまで同様に維持する。こうすれば，遺産税で広く薄く負担を求めるとともに，相続税による格差是正の再分配効果も期待できる。あるいは，遺産税を創設する代わりに，遺産行為を消費と同等と見なして，遺産額を消費税の課税ベースに取り込むことも一案である。その場合，住宅など実物資産の取得には既に消費税が課税されているから，新たな課税対象は金融資産に限定する方が適当だろう。そうすれば，実需にカネが回るようになり，デフレの脱却にも寄

与する。

3.2 給付付き税額控除

わが国では，税制で累進的所得税を採用しているが，課税最低限以下の所得者に税額控除の形で補助金を還付していない。財務省・国税庁＝税金の徴収，厚生労働省＝社会保障の給付という役割分担で，税制と社会保障を別の政策として扱っている。最近，給付付き税額控除所得税（EITC）が検討されている。これは一種の「負の所得税」である。この方式のメリットは，統一した枠組みで税負担と社会保障給付が行える点である。社会保障給付と税負担とが連動しているから，勤労意欲抑制効果の観点からメリットがある。森信（2008）を参照。

現状では，社会保障が「措置」として，あるべき給付額を実現するように支給されるために，自前の所得が増加すると，それに対して実質的に100％という高率で課税される。その結果，貧困世帯は自前で勤労する努力をしなくなり，いつまでも政府からの公的扶助に依存する。「負の所得税」として，両者を統一的に取り扱うことで，こうした「貧困の罠」を回避できる。さらに，低所得者への給付を厚くすることで，勤労意欲をより刺激することも可能である。また，保険料の徴収，税金の徴収と補助金の給付は政府と国民との間での現金のやりとりという意味で同じ業務であり，両者を同じ組織で行う方がより効率的に実施できる。

しかし，この方式にもデメリットはある。所得の発生形態が個人間で異なる場合，通常定義される所得は必ずしも公平性の指標として適していない。また，所得，資産を完全に捕捉することは困難である。当該個人（家計）の資産状態や消費活動などを具体的に（あるいは過去にさかのぼって）個別に検討することで，はじめて当該個人（家計）が弱者であり，公的補助が必要かどうかを判断できる。

現実には，所得以外の経済的格差の指標としてもっとも透明度の高いのは子供の数である。子供のいる世帯に限定してEITCを導入するのが，現実的な対応である。その際，子供を複数生み育てる誘因を生じさせるという視点から，子供が2人以上ある世帯に絞る案が有力だろう。

4　財政再建と消費税の理論分析

4．1　モデル設定

　財政再建の理論的分析はいくつかある。なかでも，Alesina and Drazen (1990) は Weingast et.al. (1981) のモデルを拡張して，財政再建の動学プロセスを消耗戦ゲームを使って分析した。彼らのモデルは，財政再建の遅れによって各利益団体が被るコストが不確実であるような状況下で，財政再建に関する交渉が行われていると想定した。そして，このような不確実な要因が存在するとき，どちらか一方の利益団体が大幅に財政再建に対して譲歩することによって，財政再建が実現されることを示した。

　しかし，財政再建のための交渉は一般的に長期間におよぶので，交渉プロセスあるいはその他の手段等によって，各利益団体とも最終的には交渉相手に関する多くの情報は獲得することになる。このように考えると，いずれかの利益団体が，遅延コストの不確実性のために，財政再建に対して大幅な譲歩を遅かれ早かれ行わざるを得ないとする主張はあまり説得的ではない。

　財政再建が大幅に遅れる大きな理由は，政府が強い政治力を持っていないことである。そのような状況下では，各利益団体の財政再建への自発的な協力を待つほかない。彼らの行動は，自らの利益団体が財政再建から得られる便益の大きさに加えて，他の利益団体が異時点間にわたり財政再建に対してどのような行動をとるか（あるいはその予想）に大きく影響されることになる。言い換えると，各利益団体にとって，どれだけ財政再建に協力するか，すなわち，どれだけの税負担に自発的に応じるかという量的な決定に加えて，いつ税負担を受け入れるかというタイミングの決定も重要になる。その結果，各利益団体は，他のすべての利益団体をライバル・プレーヤーとして異時点間にわたる非協力ゲームに直面する。こうした事情を理論モデルに構築し，そこで消費税が果たす役割を分析してみよう。

　本節では，Ihori and Itaya (2001; 2004) にもとづき，多くの利益団体（$n \geq 2$）が小国で存在するモデルで財政再建を分析する。ここでの問題は，経済全体のGDPを民間消費，公共財，利益団体の既得権にどう配分するかということである。利益団体はそれぞれの既得権益 L_i を享受する。利益団体 i（あるいは中位投票者 i）は民間消費 c_i，既得権益 L_i，公共財 G から効用を得る。

$$U = U(c_i,\ \varepsilon L_i,\ G) \tag{1}$$

ここで ε （<1）は既得権益の評価水準を示し，ε は各利益団体にとって歳出の便益の程度を意味する。

異時点間の効用の和は以下になる。

$$\int_0^\infty U(c_i(t), L_i(t), G(t))e^{-\rho t}dt \tag{2}$$

ここで ρ （>0）は一定の割引率である。

財政健全化を政府が模索しているときには，何らかのシーリング設定を考慮することが有益である。以下では，公共財 G は (3) 式のように決定されると考える。

$$G(t) = G^* - rB(t) \tag{3}$$

ここで G^* は外生的に所与のシーリング水準である。r が外生的に所与の利子率，B は外債である。(3) 式は財政再建の制約であり，公共財と利払い費の合計が一定水準 G^* でシーリングされている。そのため，公共財の増加は公債の減額によってのみ可能になる。政府はマクロ財政運営では政治的に強く，歳出総額に関して一定のシーリングを実施できるとする。実際に，日本でもこうしたシーリング方式が採用されてきた。

中位投票者は以下のような予算制約式に直面している。

$$Y = c_i + \omega Y \tag{4}$$

ここで，Y は外生的に所与の所得，ω は所得税率である。我が国での GDP は最近増加していないので，所得が将来も一定値をとるという仮定もそれなりにもっともらしい。単純化のため，家計の貯蓄行動を捨象して，民間消費は可処分所得に等しいと仮定する。

中央政府と地方政府を統合した政府の予算制約式は，以下のようになる。

$$\dot{B} = G + rB - \sum_{j=1}^n g_j \tag{5}$$

ここで，以下のように定義する。

$$g_i \equiv \omega Y_i - L_i \tag{6}$$

は利益団体 i による税金の「ネット」の支払いである。つまり，g_i はすべての個人に対する課税は ωY マイナス個別の既得権益 L_i である。ωY_i は外生的に

所与なので利益団体 i は g_i を間接的に動かすことで L_i を操作できる。

政府はミクロ財政運営では政治的に弱く，既得権を直接削減できない。利益団体の同意が必要になる。日本の財政再建でもネットの税負担 $\sum_{j=1}^{n} g_j$ を各利益団体にどう配分させるかが問題である。各利益団体は政治力を持っているが，ある程度は財政再建に協力する。

(3) (5) 式より，次式を得る。

$$\dot{G} = r \sum_{j=1}^{n} g_j - rG^* \tag{5'}$$

(4) と (6) 式から民間消費と L_i と g_i の合計は所与であり，すべての利益団体で同じである。

$$c_i + g_i + L_i = Y \tag{7}$$

これは資源制約式でもある。この財政再建プロセスは，各利益団体のただ乗りの誘因を内部化していない。ある利益団体が財政再建に協力すると，それは他の利益団体にもメリットをもたらす。

4.2 非協力ゲームとしての財政再建

そのような異時点間にわたる非協力ゲームを分析するために，微分ゲームの手法を用いる。微分ゲームにおいてナッシュ均衡を求める場合，戦略を決定するときに用いられる情報の制約に応じて，開ループ戦略とフィードバック戦略の2つに分けて分析できる。開ループ戦略では，各プレーヤーは最適戦略を決めるときに初期状態の情報のみを利用する。したがって，初期値以外の過去の各時点での決定および現在時点での状態が現在時点の決定に影響を与えることはない。他方，フィードバック戦略では，各時点での状態についての情報が利用される。常に，各時点で得られる新しい情報が利用されるため，各時点で新しい最適戦略が選ばれる。

また，開ループ戦略とフィードバック戦略との違いを，ある時点で選ばれた戦略に対して拘束性（コミットメント）があるか否かによって区別することもできる。すなわち，開ループ戦略の場合，計画の初期時点で決められた最適戦略が，その後の状況が変わっても，あるいはどのような新しい情報が得られても，何らかの理由により計画期間全体にわたって変更ができない（コミットできる）ケースである。

逆に，フィードバック戦略では，各時点での状態に関する新しい情報を入手しながら，最適戦略をより最適なものに更新することができるので，このような拘束性（コミットメント）はない。フィードバック戦略は，過去の時点での決定に関する情報は開ループ戦略と同様に利用できないが，現時点での状態についての情報を利用できる点で開ループ戦略よりも現実的な戦略である。

このモデルにおいては，財政再建の進捗状況を示す公債の残高あるいは公共サービスの支出水準が各時点での財政状態についての情報になる。各利益団体がどのような戦略を採用するかに応じて，2つの異なるナッシュ均衡が得られる。開ループ戦略のもとで得られるナッシュ均衡は開ループ・ナッシュ均衡と呼ばれる。開ループ・ナッシュ均衡では，各利益団体が選択する自発的なネットの税負担に関する最適戦略は，公共サービス支出の初期水準（あるいは，公債の初期残高）および時間のみに依存する。他方，各利益団体がフィードバック戦略を採用する場合，任意の時点から始まるすべての部分ゲームにおいてナッシュ均衡であるような均衡解が選ばれる。これはフィードバック・ナッシュ均衡（あるいは部分ゲーム完全均衡）と呼ばれ，均衡戦略は各時点で実現する公共サービスの支出水準に依存することになる。

財政再建の文脈においてこれらのナッシュ均衡を解釈すると，合意内容をその後のいかなる時点でも変更できない場合（開ループ・ナッシュ均衡解に対応）と，いかなる時点おいても，状況の変化に応じて，各利益団体にとって最も望ましいものに変更することができる場合（フィードバック・ナッシュ均衡解に対応）の2つのケースがある。特に，フィードバック・ナッシュ均衡解は，初期時点での話し合いの結果得られた合意内容が，自己強制的であるようなものとして解釈できる。

4.3 財政再建の特徴

4.3.1 最善解

まず，ベンチマークとして，政府が強い政治力をもって財政再建を進めることができる場合から考える。このとき，パレート最適な財政再建経路を実現できる。この財政再建経路を実現するためには，すべての利益団体に及ぼす公共サービスの正の外部性を考慮する必要があるので，すべての利益団体の限界利益の合計と財政再建の限界費用を一致させなければならない。

したがって，公共サービスの外部性を享受できる利益団体の数が大きくなるほど，望ましい公共サービス支出の水準は増加する。また，将来消費に対する時間選好率が増加すると，各利益団体は公共サービスがもたらす将来効用をより低く評価することになるので，各利益団体のネットの税負担を減少させて，現在の私的消費を増やした方が経済全体の厚生は増加する。その結果，公共サービスの支出水準は低下するため，政府の歳出水準を一定に維持する限り，公債残高は増加する。他方，公債の利子率の増加は，公債発行のための費用の増加を意味するので，公債残高を削減して，公共サービスへの支出を増加させた方が経済全体の厚生は増加する。

4.3.2 開ループ・ナッシュ均衡

次に，開ループ・ナッシュ均衡のもとでは，各利益団体がネットの税負担を決定するとき，自らの効用のみを最大化する。公共サービスの増加がもたらす他の利益団体の便益に対する正の外部効果が無視されるので，公共サービス支出の増加がもたらす便益の増加が過小に評価される。その結果，開ループ・ナッシュ均衡解で実現する公共サービスの支出水準および公債残高をパレート最適解のそれらに比べると，前者は小さくなり，後者は大きくなる。時間選好率および利子率の公共サービス支出に対する効果は，パレート最適解の場合と同じである。他方，利益団体の数が増加すると，利益団体一つあたりの税負担は減少するが，公共サービスの定常水準は増加する。

4.3.3 フィードバック戦略の均衡

フィードバック戦略が利用可能な時，利益団体は時々刻々と利用可能となる新しい情報をもとに最適戦略を変えていく。フィードバック戦略を線形のフィードバック戦略および非線形のフィードバック戦略の2種類に分けて分析する。

各利益団体が線形のフィードバック戦略を採用していると，公共サービス支出の定常水準は開ループ・ナッシュ均衡のそれより小さくなる。線形のフィードバック戦略が使われる場合，ただ乗りしようとするインセンティブが各利益団体に強く働くのは，各利益団体は公共サービスの便益の外部性を無視していることに加えて，戦略的外部性［Fershtman and Nitzan (1991)］が存在することによる。

戦略的外部性は次のように説明できる。仮に，ある時点で利益団体の1つが突然，自らのネットの税負担分を増加させたとしよう。実現される公共サービスの支出水準は，他の利益団体が事前に予想した以上の水準になる。フィードバック戦略のもとでは，他の利益団体は観察された公共サービスの支出水準をあらたな初期値として，最適化問題をもう一度解きなおして，新しい最適戦略を選択する。この結果，増加した公共サービス支出を観察した利益団体は，現時点での自発的な税負担を減らそうとするインセンティブが働く。あるプレーヤーの積極的な行動を他のプレーヤーが打ち消すように行動する関係は，戦略的代替性と呼ばれる。

このような戦略的代替性が存在するため，フィードバック・ナッシュ均衡解で実現される公共サービス支出の定常水準は，開ループ・ナッシュ均衡解で実現されるそれよりもさらに低水準なものになる。その結果，政府の歳出が一定に維持される限り，公債残高はより高水準になる。したがって，各利益団体が線形フィードバック戦略を採用するとき，開ループ・ナッシュ均衡解に比べて，各利益団体のただ乗り傾向は強まり，財政再建はいっそう困難なものになる。

他方，非線形フィードバック戦略が用いられるとき，無限個のフィードバック・ナッシュ均衡が存在する（井堀・板谷（1998）などを参照）。総じて，拘束性あるコミットメントを実効力あるものにするためには，将来時点での財政再建プランの変更の余地を一切認めないか，あるいは変更する際にはきわめて厳しい条件を付けるような法律（たとえば憲法）や数値目標の設定などが有力な政策手段である。

このモデルから，さらに次のような政策的な含意も得られる。各利益団体がいずれの戦略を採用しても，公債の利子率が高いとき，あるいは将来の効用の割引率が低いとき（すなわち，利益団体が将来の効用を重視するとき），長期での低水準の公債残高と高水準の公共サービス支出が実現する。これは，高い利子率は公債を発行するためのコストの増加をもたらし，利益団体が将来の効用を重視することは公共サービスから得られる将来効用を高く評価するからである。

4.4 消費税と財政再建

ここで，消費税が財政再建に与える影響について考察する。消費税をモデ

ルに導入すると，各利益団体のただ乗りの誘因がどのように内部化されるかを分析できる。直感的に言うと，消費税を導入するか，あるいは，消費税率をさらに引き上げることによって，私的消費の相対価格をより高くすることで，自発的なネットの税負担の機会費用を相対的に安くして，利益団体の自発的な税負担をさらに促すことが，望ましい財政再建には必要となる。この代替効果は財政再建努力を促進させる効果を持っている。数学付録を参照。

　線形フィードバック戦略が採用されたときは，戦略的外部性が存在するため，各利益団体がただ乗りしようとする傾向が開ループ・ナッシュ均衡のそれよりさらに強くなる。したがって，パレート最適な公共サービス水準を実現するためには，開ループ・ナッシュ均衡解で得られた最適消費税率よりも税率をさらに高く引き上げる必要がある。

　消費税率の上昇は，調整速度（絶対値）を増加させる。したがって，消費税率の引き上げは，いずれの非協力ゲーム均衡解の調整速度も速めて，パレート最適解のそれへと近づける効果を持つ。非線形フィードバック戦略の調整速度は，選ばれた戦略に応じて，線形フィードバック戦略のもとで実現する均衡経路は遅い経路も速い経路も存在する。しかし，いずれの経路が選ばれても消費税率の上昇は任意のフィードバック・ナッシュ均衡である財政再建経路の速度を増加させることを示すことができる。

　標準的な議論では，消費税の導入およびその引き上げは，一般に財政再建のための有力な財源確保の手段とみなされている。実際の政策論議においても，こうした税収の確保にもっぱら関心がある。しかし，本モデル分析で分析されたような消費税率の変更による価格代替効果について議論されることはあまりない。

　すなわち，消費税率の変更あるいは導入によって生じる私的消費と自発的な税負担の相対価格の変化（価格代替効果と呼ぶ）は，各利益団体の既得権益の放棄を促すという意味で財政再建プロセスにおいて重要な役割を果たす。言い換えると，消費税の導入あるいは消費税率の引き上げは，私的消費の相対価格を増加させる一方，自発的な税負担の機会費用を減少させるので，利益団体がより自発的に税負担を行えるようにする。その結果，既得権益から得られるメリットが小さくなるため，利益団体が既得権益を放棄しやすくする効果を持つ。したがって，長期的にはより大きな公共サービス支出水準と低水準の公債残高を実現できる。

さらに，消費税の導入とその引き上げは，利益団体に対して既得権益の放棄の速度を大きくする効果がある。すなわち，財政再建プロセスのペースを早める効果がある。いずれにしても，消費税は税収増を確保する有力な課税手段であると同時に，それ自体が財政再建を促進させる代替効果も持っている。この各利益団体の既得権益の放棄を促す消費税の価格代替効果については，実際の政策論議の場でも留意されるべき論点だろう。

参考文献

Alesina, A. and A. Drazen (1991), "Why are stabilization delayed?," *American Economic Review* 81, 1170-1188.

Diamond, P. (1998), "Optimal income taxation: An example with a U-shaped pattern of optimal marginal tax rates," *American Economic Review*, 88, 1. 83-95.

Fershtman, C. and S. Nitzan (1991), "Dynamic voluntary provision of public goods," *European Economic Review* 35, 1057-1067.

Gruber, J. and E. Saez (2002), "The elasticity of taxable income: evidence and implications," *Journal of Public Economics*, 84, 1-32.

Ihori, T. and J. Itaya (2001), "A dynamic model of fiscal reconstruction," *European Journal of Political Economy* 17, 779-797.

Ihori, T. and J. Itaya (2004), "Fiscal reconstruction and local government financing," *International Tax and Public Finance* 70, 1-20.

Mirrlees, J. (1971), "An exploration in the theory of optimum income taxation," *Review of Economic Studies*, 38,. 175-208.

Weingast, Barry R., Kenneth A. Shepsle, and Christopher J. (1981), "The political economy of benefits and costs: a neoclassical approach to politics," *Journal of Political Economy* 89, 642-664.

井堀利宏・板谷淳一（1998），「財政再建の理論的分析」『フィナンシャルレビュー』第47号。

森信茂樹（2008），『給付つき税額控除―日本型児童税額控除の提言』中央経済社。

数学付録：財政再建の動学モデル分析

1 最適消費税率の決定

本数学付録では，消費税政策の効果を考察する。消費税をわれわれのモデルに導入することによって，各利益団体のただ乗りの傾向がどのように内部化されるかを調べる。まず，各利益団体の予算制約式（4）は次のように変わる。

$$(1+\tau)c_i + g_i = Y_i + T_i \tag{A1}$$

ただし T_i は利益団体 i が受け取る一括移転収入である。このとき，政府の予算制約式は次のようになる。

$$\dot{B} = G + rB - \sum_{j=1}^{n} g_j - (1-\varepsilon) \sum_{j=1}^{n} \tau c_j \tag{A2}$$

ただし，$R = \sum_{j=1}^{n} \tau c_j$ は消費税収入，$\varepsilon \equiv \sum_{j=1}^{n} T_j / \sum_{j=1}^{n} \tau c_j$ は消費税収入から移転支出に向けられる比率をそれぞれ表す。T_i は各利益団体にとって外生的に与件であると仮定しているので，R も各利益団体の選択変数（すなわち，c_i あるいは g_i）の決定から独立になる。

各利益団体が開ループ戦略を採用するとき，最適化行動より

$$-U_c \frac{1}{1+\tau} + \mu r = 0 \tag{A3}$$

となり，定常状態では次式を得る。

$$\frac{U_G}{U_c} = \frac{1}{[1+\tau]} \frac{\rho}{r} \tag{A4}$$

定常均衡において，開ループ・ナッシュ均衡で実現する公共サービスの支出水準をパレート最適解のそれに一致させるためには，（A3）と（A4）の限界代替率を等しくおかなければならない。すなわち，

$$\frac{\rho+\delta}{(1+\tau)r} = \frac{\rho}{rn}$$

したがって，次のような最適消費税率を得る。

$$\tau^O = n-1 \tag{A5}$$

(A5) から，開ループ・ナッシュ均衡において過小供給される公共サービスの支出水準を増加させるためには，消費税率を引き上げる必要があることがわかる。また，利益団体の数が増加すると，消費税の最適税率も増加しなければならないこともわかる。

他方，各利益団体が線形あるいは非線形フィードバック戦略のいずれを採用しても，

$$U_c = V_G[(1+\tau)r] \tag{A6}$$

が得られる。(A6) の両辺を nU_G でわり，その左辺にパレート最適条件を代入すると，

$$\frac{r}{\rho} = r(1+\tau)\frac{V_G}{nU_G} \tag{A7}$$

を得る。さらに，(A7) を消費税について解くと，次のような最適消費税率が得られる。ただし，$\pi \equiv \rho V(G)/U_G$ であり，π は定常均衡で評価されている。線形フィードバック戦略のもとでの最適税率は以下のようになる。

$$\tau^S = \frac{n-\pi}{\pi} \tag{A8}$$

線形フィードバック戦略が採用されたとき，$\pi < 1$ であることは確かめることができるので，(A8) で与えられる最適消費税は，開ループ・ナッシュ均衡解で得られる最適消費税率 τ^O より大きくなる。パレート最適な公共サービス水準を実現するためには，開ループ・ナッシュ均衡解で得られた最適消費税率よりも税率をさらに高く引き上げる必要がある。

2　財政再建のスピードと消費税

消費税が導入される以前の定常均衡への調整速度は，それぞれの均衡経路に対応して，次のような値で与えられる

$$D^O = \frac{\rho - \sqrt{\rho^2 + 4\frac{\gamma_2}{\gamma_1}r^2 n}}{2} \tag{A9}$$

$$D^S = n\frac{\frac{\rho}{2} - \sqrt{(\frac{\rho}{2})^2 + \frac{\gamma_2}{\gamma_1}r^2(2n-1)}}{2n-1} \tag{A10}$$

ただし、D^OとD^Sはそれぞれ開ループ・ナッシュ均衡経路およびフィードバック・ナッシュ均衡経路（線形フィードバック戦略を採用した時）の調整速度を表している。(A9)(A10)を直接微分することにより、利子率あるいは利益団体数を増加させるか、あるいは現在効用に対する将来効用の割引率を小さくすると（すなわち、ρの値を1に近づける）、すべての解の調整速度が増加することがわかる。さらに、これらの絶対値を比較すると、次のような大小関係があることもわかる。

$$|D^p| > |D^O| > |D^S|$$

すなわち、パレート最適解の経路D^pに比べると、非協力ゲーム的状況で実現する開ループ・ナッシュ均衡経路およびフィードバック・ナッシュ均衡経路の調整速度は遅い。さらに、フィードバック・ナッシュ均衡経路の調整速度は開ループ・ナッシュ均衡経路のそれよりも遅い。なお、パレート最適解の経路D^pについては、井堀＝板谷（1998）を参照。

以上のことから、より望ましい財政再建経路を実現するか、あるいは、現在ある財政再建経路をパレート最適経路に近づけるためには、財政再建経路の調整速度を速める必要がある。

次に、消費税率の変更が、それを実現するための有効な手段であるかどうかを調べてみよう。各利益団体が予算制約式のもとで、開ループ戦略および線形フィードバック戦略を用いたときの均衡経路の調整速度はそれぞれ次の式で与えられる。

$$D^O = \frac{\rho - \sqrt{\rho^2 + 4\frac{\gamma_2}{\gamma_1}r^2(1+\tau)^2 n}}{2} \tag{A11}$$

$$D^S = \frac{\frac{\rho}{2} - \sqrt{(\frac{\rho}{2})^2 + \frac{\gamma_2}{\gamma_1}r^2(1+\tau^2)(2n-1)}}{2n-1} \tag{A12}$$

(A11)(A12)の形から、消費税率の増加は開ループ・ナッシュ均衡経路および線形フィードバック戦略のもとで実現するナッシュ均衡経路の両方の調整速度（絶対値）を増加させる。したがって、消費税率の増加は、いずれの非協力ゲーム均衡解の調整速度も速めて、パレート最適解のそれへと近づける効果を持つ。

第7章　地方分権の政治経済学

1　日本の地方分権

1.1　国と地方の財政関係

　国と地方の関係は国際的にもさまざまである。わが国は，イギリスやフランスと同様に，中央政府の権限が強い中央集権国家である。これに対して，アメリカやドイツは地方政府の権限が強い連邦国家である。ところが，政府の公共サービスの供給主体という観点からは，わが国は，イギリスやフランスと異なり，地方政府の役割が大きい。この面では，ドイツとよく似ている。中央集権国家でありながら，実際の仕事は地方政府が多くこなしているというねじれ現象が，わが国の国と地方の関係を必要以上に複雑化し，また，地方政府の中央政府への依存体質を助長させている。税金を集めるときには財務省の権限が大きく，その税金を各地域に配分するときには総務省の権限が大きい。また，国庫支出金に連動して，各省庁の権限も地方に及んでいる。

　まず，わが国における政府間財政の歴史を振り返ってみよう。第2次大戦以前の地方政府（地方自治体）は，中央政府によって管理されていた。地方政府は中央政府の出先機関でしかなかった。第2次大戦後，財政面でも政治面でも，地方分権への動きがはじまった。地方自治は憲法で保障される重要な概念となった。地方財政は法律上も，課税面と行政面で最大限に尊重すべきものと規定されている。ただし，財政面では地方が国に依存する構図はそのままである。

　1990年代に国も地方も財政状況が悪化した。その結果，地方自治体への補

助金である交付税収も自動的に減少した。総務省（旧自治省）は地方政府（あるいは地方出身の政治家）の圧力に配慮して，交付税需要の算定となる基準財政需要を増額したので，交付税は増加し，交付税特別会計（交付税に関する収支を管理している会計）の赤字が増大した。中央政府同様，財政再建が大きな課題となった。また，地方への補助金がソフト予算化し，放漫財政になった自治体も生じた。

わが国の地方財政は，国の指導のもとで，基本的な公共サービス（ナショナルミニマム）を公平に提供するという点では優れた成果をあげてきたが，各地方の独自性を活かして，地方公共団体間で競争をするという側面では，有意義な成果はみられなかった。戦後の政府間財政を展望すると，ナショナルミニマムの確立という面で中央集権的システムは成果をあげたが，高度成長の後期から，そうした制度が放漫化，ソフト予算化して，地方政府の既得権益とみなされるようになり，中央政府の統制から地方政府による圧力を反映させるものに中身が変化していった。幾度となく地方分権への移行が試みられたものの，地方自治体間の利害対立や厳しい財政事情などの制約があって，そうした試みは成功しなかった

1.2 地方分権への動き

地方分権を進める方法の1つが，地方公共団体の自主・自立性を重視して，国の機関委任事務を見直す動きである。これは，地方分権によって行政の簡素化・効率化をめざすものである。具体的には，以下のような動きがみられた。

(1) 社会，経済情勢の変化に伴い，必要性の乏しくなった機関委任事務を廃し，縮小する。
(2) 地方に定着し，自主的な判断で処理できるものは，地方公共団体に任せる。
(3) 道府県から市町村への移譲が適当なものは，積極的に推進する。

1990年代以降，地方分権は多くの国民，自治体関係者の支持を得た。特に，2000年代前半の小泉内閣における「三位一体」の改革では，地方政府の自主的な自助努力を重視して，地方政府が財政面でも自立した運営が行えるように，補助金，交付税の改革，国税と地方税の配分問題の3つを一体として改

革しようとした。

　地方分権の理念は，中央政府が地方政府を指導・管理・監督する度合いを少なくして，また，各省庁の地方政府に対する権限や影響力も小さくするものである。このような分権の理念は多くの人々に支持されているが，政府間財政の面では具体的に改革が進展しているわけでもない。その理由は2つ考えられる。1つは，地方政府間の利害対立である。大都市部と農村部では地方税の財源に相違があるから，自助努力が可能な自治体とそうでない自治体の間で，地方分権のあり方に関して利害が一致しない。裕福でない自治体にとって，地方分権は歳出の自由裁量を増すことでしかなく，歳入面では国に依存することに変わりがない。他方で，裕福な自治体は歳入面でもより自由度を高めたいと考えている。

　もう1つは，中央，地方政府ともに財政再建の目標を同時に達成するという課題を抱えている。いずれの政府も中期的には増税が不可欠であるから，単純に税源を中央から地方に移譲するだけで，財政面での地方分権が進展することにはならない。最近の地方分権の動きは，地方政府の財政面（とくに，歳出面）での自由度を高めるものでもあるが，それだけでは，ますます地方政府による中央政府の財源へのただ乗り誘因を強める結果になりかねない。地方分権を有意義な改革にするには，まず，財源も含めて中央政府の役割を限定して，地方政府が国の財源に安易に依存しないように，政府間財政をハード化することが重要である。

2　地域間再分配と地方交付税

2．1　地域間再分配の理念

　地方政府間の経済力の格差は大きい。過疎の地方では人口が少ないため，ある必要最低限の公共財を供給するのに1人あたりの負担が多くなり，したがって，国からの補助が必要であるという議論もある。たとえば，川に橋を架ける場合，都会であれば，人口が多いから1人あたりの負担は少なくて橋を容易に建設できるが，地方では人口が少ないために，国やほかの地方からの補助なしでは橋が架けられないというケースである。しかし，人口が少ない地方では便益の総額も小さいから，むしろ，上の例では橋を架けること自体が非効率であるかもしれない。

表1 ナショナル・ミニマムの数値例

地域	A	B
人口	10	100
公共財費用	50	50
総便益	30	300
ナショナル・ミニマムの便益	1000	1000
税収	10	100

次のような数値例（表1）で考えてみよう。過疎地域A，都会地域Bの人口がそれぞれ10，100とする。公共財の費用が50，1人当たりの便益が3であれば，A地域では費用の方が総便益よりも大きくなり，B地域では総便益が費用よりも大きくなる。したがって，この公共財はB地域でのみ供給するのが望ましい。

これに対して，ナショナル・ミニマムとみなされる公共財は，どの地域でも人口にかかわらず総便益がきわめて大きいと社会的にみなされている財である。たとえば，総便益がどちらの地域でも1000であるとしよう。こうしたナショナル・ミニマムの公共支出はA，B両地域とも実施すべきである。しかし，A地域では税収が10しかないとすれば，B地域から40の移転を受けてはじめて，この公共財が供給される。これが，地域間での再分配政策を正当化する1つの理由である。

2．2　地域間再分配と人口移動

中央政府が地方財政に関与する大きな目的は，地域間再分配政策である。地域間で再分配を実施する際に考慮すべきポイントは，地域間での人口移動である。人々が自由に居住地を選択できるとすれば，個人間での格差はあり得ても，地域間での格差は考えられない。人々はもっとも有利な地域に居住するから，ある地域が経済的に恵まれていなければ，誰もそこには居住しないだろう。もちろん，すべての個人が自由に居住地を選択するという想定も現実には成立しない。しかし，人口移動が全然ないというのも極端な想定である。一部の人のみが居住地を選択できる場合でも，地域間の再分配政策は，そうでない場合よりも好ましくない結果をもたらす可能性がある。

いまA地域に1人，B地域に2人居住しているとしよう。A地域では一人あたりの所得は小さく，B地域では1人あたりの所得は大きいとする。労働を供給する（あるいは，所得を獲得する）のにコスト（＝超過負担）がかかるので，それぞれの個人の実質的な利得（＝満足度の金銭的な大きさ）は所得の一定割合（たとえば5割）であるとしよう。A地域よりもB地域の方が利得が多いので，地域間の移動が可能な個人はB地域に居住する。A地域に

1人，B地域に2人という当初の人口分布は，一部の人々（このモデルでは3人のうちの1人）が地域間を移動可能であって，A地域よりもB地域を選択しているという想定を考えている。

ここで，政府が地域間での再分配政策を実施して，B地域の個人からそれぞれ税金を徴収し，A地域の個人に与えて，再分配後の所得を完全平等化するとしよう。その結果，再分配前の所得でみればB地域の方が高いが，再分配後の効用でみればA地域の方が高い。これは，B地域では所得を稼ぐのに通勤コストや環境破壊，治安面でのコストなど，付加的なコストがかかるためである。A地域は所得は少ないが，生活の質は良く，暮らしやすい。

それでも地域Bから地域Aへの再分配政策は，全然やらないよりはましかもしれない。それは，極端に過疎地の経済厚生を重視する公平性の基準のケースである。最も恵まれない個人の経済厚生（利得）のみを基準とするロールズ的な価値判断では，こうした再分配政策は正当化されうる。

ところが，こうした再分配政策は民間の人々にも予想できるだろう。その結果，人口が逆に流れることになる。Uターン現象である。B地域の個人にとっては，再分配政策によって利得が税負担分だけ減少している。そして，再分配の後ではA地域の個人の利得が，B地域の個人よりも大きくなる。したがって，B地域の住民はA地域に移動する誘因がある。かりにB地域の住民のうち1人だけが移動できると想定しよう。したがって，その個人は，政府による地域間の再分配政策を予想して，B地域ではなくてA地域に居住を変更する。

ここで，政府が所得の完全再分配を実施すれば，B地域の個人から税金を徴収して，A地域の2人の個人に配分する。もとからA地域に住んでいる個人とB地域にとどまっている個人の利得は減少し，BからAへ移動した個人の利得だけが増加する。

移動できる個人にとっては，実際にB地域からA地域へ移動することで，利得が増大する。当該個人がUターンするのは，強制されるからではなくて，自らの効用が増加するからである。しかし，その見返りとして，移動できない他の住民（A，Bそれぞれの地域に最初から最後まで住んでいる人）が，損をする。その結果，再分配政策がなんら行われていない初期状態と比較すると，社会厚生は低下する可能性が高い。

これは，再分配政策によって，わざわざ効率性の低いA地域に住民がUタ

ーンする結果である。人口移動を考慮すると，政府の再分配政策は必ずしも意図するような望ましい結果をもたらさない。これは，再分配政策によって経済的な効率性の悪い地域へ住民が過度に住み着いてしまうために，経済全体のパイ（そして，再分配に必要な税収）が減少するからである。過疎地を重視しすぎると，当初からずっと過疎地に住んでいる住民も，結局は損をする。それは，日本経済全体にとって効率性のコストが大きすぎる場合である。効率性のメリットは，過疎地域に住んでいる人にも無関係ではない。

　上の議論は，地域間格差の問題を公平性ではなく，むしろ効率性の問題として議論する方が，社会全体としては有益であることを示唆している。集積のメリットの高い大都市圏へ一極集中することが，国全体の資源配分からみて効率的であれば，あえて，過疎の地方に人口を戻すための地方振興政策は必要ない。所得を地域間で再分配して格差を是正するのは，人口移動や公共サービスの地域間での波及効果が多少でもある世界では，必ずしも有効ではない。

　地域間で生産性に格差がある場合に，過疎の地方に資金を投入すると，経済全体のパイが小さくなり，当該地方にとっても結局はマイナスに働く。その意味からも，単なる所得補填としての後ろ向きの地域間再分配政策は，望ましくない。逆に，生産性の高い地方を優遇する政策を採ることで，全国的に経済活動が旺盛になって，結果として，生産性の低い地域での経済厚生も上昇する。全体のパイを大きくすることで，後進地域でもメリットが生じる。

3　地方交付税制度

3.1　交付税制度の仕組み

　地方交付税制度は，国と地方の財政移転システムにおいて，国庫支出金とともに重要なものである。地方交付税の総額は，国税の一定割合を国から地方に配分することで決められる。すなわち，地方交付税の財源は，所得税・法人税の33.1％，酒税の50％，消費税の22.3％，地方法人税の全額である。

　この交付税は，普通交付税と特別交付税に分かれて，各地方公共団体に配分される。普通交付税の配分ルールは，それぞれの地方団体の基準財政需要額と基準財政収入額との差額である財源不足額に応じて決められる。このうち，基準財政需要額は，各地方団体にとって合理的かつ妥当な行政水準を確

保することを目的として算定される。基準財政収入額は，基準財政需要の算定に含まれる行政項目に対して，各地方団体が充当できる一般財源の額である。

基準財政需要と基準財政収入（自前の地方税収入の75％）の差額分は，交付税で穴埋めしている。もし，基準財政需要の方が基準財政収入よりも小さければ，交付税が交付されない不交付団体となる。ほとんどの自治体は，交付税の交付を受けている。特に，過疎の地方ほど，地方税収が少ないから，交付税に依存する割合が大きくなる。しかも，基準財政需要が過疎の地方に有利になるように，地方政府の面積を考慮して決定されているため，人口が少なくても，交付税に依存する形で，地方政府は公共サービスを提供できる。

地方交付税の供給と需要が一致する保証はないから，毎年の予算編成において両者が一致するように，必要な調整が行われる。そのための仕組みが，地方財政計画であり，これは地方財政の歳入・歳出に関する見込みとまとめている。市町村や都道府県などの地方自治体における歳入および歳出の規模について，全体の見込みを示したものであり，地方交付税法に基づき年度ごとに作成されている。

総務省は，人口や産業の集積の度合いによる地域間格差や景気の動向による税収の年度間格差にかかわらず，地方公共団体がその重要な責任を果たすことができるよう地方財政計画を通じて，地方の財源を保障し，地方交付税や地方債などにより各地方公共団体に財源保障をしている。

3．2　交付税の有効性

地方交付税には，

(1)　国と地方の財源配分機能，
(2)　地方の財源保障機能，
(3)　地方間の財源調整機能

の３つの機能があるとされている。これらの機能を発揮することで，地域間で財源が再配分されている。

地方交付税のような地域間再分配政策が有効であるためには，地方公共団体が徴税努力をおろそかにしたり，固定資産税の評価を軽減したりして，自らの税負担を軽減し，その分だけ他の地方公共団体の税負担にただ乗りしよ

うという誘因がないことが重要である。これは，各地方公共団体の徴税努力に対する総務省のモニタリングが完全であれば，成立する条件であろう。

しかし，モニタリングを完全にしようとすれば，総務省の多数の役人を定期的に全国1800の地方自治体に出向させるなど，多額のコストがかかる。現行制度では地方税収が減少しても，交付税がほぼ同額だけ増加すれば，当該地方政府や住民にほとんど負担も生じない。その結果，地方自治体は地方税収を増やす努力をしない。制度自体にただ乗りの誘因を生じさせるメカニズムがあるにもかかわらず，官僚による規制でそれをコントロールしようとするのは，困難だろう。

3．3　交付税によるただ乗り現象

交付税方式には二つの問題が生じている。一つの問題は，基準財政需要額が必要以上に増大し，地方自治体の財政規律が緩みかねないことである。都道府県をみると予算の40％近くが基準財政需要額となっており，それでは，必要最低限というミニマムな行政サービスの範囲を超えている。また，景気対策などを反映して，地方の公共事業に対する補助金的な役割も果たしている。地方の借入れの元利償還を後年度に交付税で支払うなど，財政負担の先送りという問題も引き起こしている。

その結果，地方団体の財政努力は住民からの税負担の徴収努力よりも，地方財政措置（交付税による財政援助）や国からの直接的な補助金（国庫支出金）の獲得に向けられる。特に，選挙区制度の不均衡のために，地方選出の議員の数が多く，さらに，与党議員のなかでの地方選出議員の数が多いことで，基準財政需要をかさ上げする地方からの政治的圧力は強い。また，近隣自治体の補助金が増加すると，それに刺激されて，その周囲の自治体が同じような補助金獲得競争に精を出す。これが，際限のない「箱モノ」への投資を引き起こしている。基準財政需要の過度の増大は現行交付税制度の1つの弊害である。

もう1つの弊害は，地方団体の財政改善努力に与える負の効果である。基準財政収入額の算入係数は都道府県では地方税の75％とされ，地方交付税を受けることと引き換えに，地方は自前の収入の多くを失う。たとえば，交付団体にとって10億円の税収増加があれば，7.5億円におよぶ交付税の受取額の減額が生じる。所得税にたとえれば，税率が75％であり，増加した収入の

4分の3が取られることになる。これは，住民へのサービスの増大を自前の税によって調達するコストをきわめて大きくしている。

基準財政収入については，地方税を基準財政収入に取り込む際の係数（＝調整係数）を小さくすべきだろう。地方税収に1より相当小さな調整係数（多くても50％以下）を乗じて修正した地方税収と，基準財政需要とのギャップを相殺するように，交付税を配分すれば，地方公共団体が徴税努力を強化して，地方税収を増加させても，交付税の減収はそれ以下にとどまるために，ある程度はその自治体の収入総額が増加する。各地方公共団体は徴税努力に熱心になり，他の地方公共団体の税収にただ乗りする誘因がなくなる。

ここで重要なことは，所得税と同様，わが国の地方交付税においても，こうした問題が貧しい自治体で生じていることである。交付税をひとたび受けるようになると，その状態から脱することが困難となる。生活保護政策における「貧困の罠」の問題が，地方交付税でも生じている。

さらに，現行交付税制度では，（東京都のような）不交付団体が何ら交付税の体系（再分配のシステム）に入っていない。現状では，国が所得税や法人税の一定割合をいったん国税として徴収して，これを交付税として，交付団体に交付している。地方政府間の財源調整を，「国税」を経由して，曖昧な形で行っている。東京都民は国税を多く負担することで，事実上，過疎地の住民を支えているが，そうした構図は納税者に見えにくい。その結果，財源の地域間配分の構図は不透明である。過疎地の自治体は国から補助金をもらうことに専念する。国対地方の問題にすり替わることで，交付税特別会計での赤字構造が累積してしまう。東京都を交付税に取り込むことで，財源を出す自治体ともらう自治体が明示的に透明な形で再分配の額について交渉すれば，極端な再分配は回避できたはずである。

地方財政における受益と負担が乖離していると，無駄な事業に対して住民の監視が働かない。地域間の財源調整が交付税の重要な機能である以上，不交付団体に逆に負の交付税をかける（その分だけ地方税収を中央政府が徴収して，それを他の地方政府の財源に回す）ことが望ましい。そして，交付税の財源を不交付団体の負の交付税に限定すべきである。地域間での財源調整メカニズムを完全に透明にすれば，都市部の納税者は無駄な再分配に反発するから，現在のような極端な地域間再分配は抑制される。

基準財政需要は政治的要因で操作するのではなく，透明なプロセスで設定

する必要がある。交付税に依存しなくても，各地方政府が独立に財政上の意思決定ができるように経済基盤を整備することが，最善の目標である。自立した財源基盤を確保するには，基礎自治体（市町村レベル）の人口規模は少なくとも30万人程度が必要になる。「平成の大合併」で自治体の数は3000から1800まで減少したが，それでも自前で財源を確保できない規模の小さな自治体が多数存在している。過疎の自治体をより整理統合することは，不可避である。

4　複数の地方政府の選択

4．1　支出面での競争

　公共サービスは排除原則を適用しにくいという性質上，住民がただ乗りする誘因を排除できない。この問題に対応するには，住民の選好について情報量が多いと考えられる地方政府の方が，より有効に対処できる。

　大きな公共財供給と重い税負担を組み合わせた地方政府や小さな公共財供給と軽い税負担を組み合わせた地方政府が複数存在することで，公共財を高く評価するタイプの住民は前者の地方に移動し，逆に，公共財をあまり評価しないタイプの住民は後者の地方に移動する。その結果，地方分権によって住民が自分の選好を表示することが可能となる。こうした自己選択のメカニズムを活用することで，住民と政府との間で生じる公共財の評価に関する情報の非対称性の問題は，解決可能となる。

　また，住民が地域を移動することで，中央政府が一切介入しなくても，一定の仮定の下では，各地域の地方歳出の規模（地方公共サービスの供給水準）が最適になるだけでなく，経済全体での各地域の人口分布も最適になる。この「足による投票」の議論は，地方政府間の競争によって，中央集権よりは効率的な資源配分が実現する可能性を示唆する。

4．2　地方税の競争

　公共財の供給という支出に関する地方間の競争が重要であるように，課税面でも地方政府間での競争のメカニズムを導入することは，有益である。両者をセットにして自主的に選択することで，特色のある各地方政府の財政活動が可能となり，住民にとって地方政府間での選択の幅も広がっていく。

地方分権で問題となるのは，地方自治体の課税自主権をどこまで認めるかである。住民が自らの選好に最も適した地域を選択することで，効率的な資源配分が達成されるという観点からは，課税自主権を積極的に認める方が望ましい。そうした状況で，住民は公共サービスからの満足度が税負担の費用に等しい地域を選択する。競争原理を活用するには，税率の設定も地方自治体独自の判断で行える方がいい。

　ところで，地方自治体が税率の引き下げ競争をすると，互いに「過当競争」になって，本来必要な行政サービスも供給できなくなる心配もある。また，課税対象が住民以外のものに向けられる可能性もある。その自治体の有権者以外の他の地方の住民に負担を求めることで，その地域内での政治的な支持を得ようとする動きは，現実にもみられる。

　理論的に言えば，住民移動が完全であれば，税率引き下げ競争の結果，資源配分は最適になりうる。しかし，実際には住民移動は完全ではない。地域間の公平性にも多少は考慮すべきであろう。その場合，どの地方団体にも課税ベースとなる税源が存在し，一定以上の税収が確保できることも重要である。基本的な行政サービスはすべての地域で供給できるようにして，ある程度税収が偏在しないで確保できることも望ましい。

　地方税の有力な課税ベースは，住民の所得と固定資産である。このうち，地域間で移動がある程度容易な所得に対しては，全国共通の住民税率を採用する方が望ましい。そして，この住民税で基本的な公共サービスを提供する。また，地域間で移動が困難な固定資産に対しては，それぞれの自治体が独自の税率を設定して，地域の特性にあった付加的な公共サービスを提供する。地域限定の公共サービスの便益は地価に反映するから，固定資産税は応益原則にも合致している。

　本来，地方公共サービスは便益がその地方内に限定されるから，費用は受益者であるその地方の住民が負担すべきである。住民税の均等割りの例に代表されるように，多くの住民が負担し合うことで，公共サービスのコスト意識が高くなり，効率的な資源配分が達成される。

4.3　競争と規制

　地方政府間の競争は常に望ましい結果をもたらすとも言えない。たとえば，各地方政府が人や企業を呼び込もうとしてお互いに税制上の優遇措置を与え

る行動をとると，お互いの行動が相殺されるために，結果として，人や企業はあまり入ってこないで，税負担だけが増加してしまうかもしれない。

　また，そのために企業を呼び込もうとして，公的インフラを必要以上に整備する代わりに，将来人材の流出が予想される若い世代に対する教育支出は，過小になるかもしれない。あるいは，税率の引き下げ競争の結果，税収をほとんど上げることができなくなるかもしれない。逆に，他に地域の住民や企業に重い税金をかけるという「税の輸出」現象が生じるかもしれない。

　こうした状況では，中央政府による何らかの制約が有効になる。たとえば，地方政府が法人課税を利用する場合は，その税率の上限と下限に中央政府が何らかの制限を設定することも，有益である。あるいは，住民税の税率設定にもある程度の幅を設けて，その枠内でしか各地方政府の自由な税率設定を認めないという方法も考えられる。

　田中（2013）は，わが国の地方分権の経済的帰結を地方政府間の政策競争という視点で，理論的，実証的に検証している。ある地方政府の政策決定が当該地域のみならず他地域に大きな影響をもたらすことは，わが国でも観察される。大阪維新の橋下旋風を思い起こすまでもなく，税金や地方歳出，社会福祉政策などで近隣地域への波及効果は大きい。こうした政策競争にも，有害な競争と有益な競争の2つの側面があることに注目し，競争の形態や手段に分析の焦点を当てて，その帰結を実証的に検証することで，分権か集権かという単純な二分論への反証を試みている。

　とくに，課税競争の帰結を検証すると，1990年代後半以降民間資本移動の影響を受けて自治体の増税誘因が低下し，歳出削減誘因が高まった。知事への政治献金の程度は法人事業税の設定をめぐる都道府県間の戦略的な行動を変えるまでの影響を持たなかった。子育て支援では都道府県間の政策決定に相互依存関係が確認でき，福祉戦争が存在する。教育の分権化と知事の再選とに統計的な関連がある。自治体の財政悪化は国や他の自治体の公債利回りにも波及している。臨時財政対策債の発行により，自治体の戦略的な負債形成行動が助長されている可能性がある，などの一連の興味深い結果を得ている。自治体間の政策競争には功罪の両面があるから，課税自主権や歳出自主権を全面的に制限しないで，また，全面的に移譲しないで，より権限を移譲すべき課税，支出項目と制限すべき課税，支出項目を仕分けする「政策の割り当て」が重要であると主張する。

4.4 地方債の考え方

地方債許可制度は2005年度をもって廃止され，2006年度より協議制度に移行した。協議制度のもとでは地方公共団体は総務大臣（都道府県の場合），または都道府県知事（市町村の場合）の同意を得なくても，その旨を事前に議会へ報告すれば地方債を発行できるようになった。このように，地方政府が歳入，歳出の両面で自主権を持つと，地方政府も今まで以上に財政赤字を出すことができる。この財政赤字は，地方政府の債券である地方債の発行で賄われる。地方政府の予算制約に何らかの制約が課されていないと，支出面では増加傾向，課税面では減少傾向のバイアスがかかるだろう。地方債をどんどん発行することで，現在の住民が将来の住民の負担にただ乗りすることになる。

これに対する1つの政策的対応は，地方債の発行に対する中央政府からの制度的な規制（＝起債制限）であろう。もちろん，市場メカニズムが完全であれば，そのような規制がなくても，各地方政府が発行する地方債に対する資本市場での格付けの評価を通じて，この問題が処理される。財政規律の甘い地方の発行する地方債は，高い金利でないと消化されなくなる。しかし，現実には，地方債の格付けに関する資本市場での機能は完全ではないし，ソフトな予算制約の結果最終的な負担者が中央政府になるケースも多い。とすれば，中央政府による何らかの起債制限も必要となる。

地方政府の借金を最終的に中央政府が面倒をみる現在の日本の制度では，ますます個別の地方政府は地方債に依存する誘因をもっている。地方債は個別の地方公共団体が発行するものではあるが，どの地方公共団体の発行する地方債でもそれほど発行条件に違いはない。これは，最終的に中央政府が地方債の償還を保証しているからである。この面からも，起債制限が必要になる。

地方債に関しては，地方債の償還を嫌って，増税が行われる前に住民が別の地方に移動する可能性もある。住民が，地方債を財源として支出される便益だけを享受し，かつ，その地方債の償還のための課税を回避しようとする行動は，地方債の「食い逃げ効果」と呼ばれている。このように，各地方の住民は他の地方の住民へ財政赤字の負担を転嫁させることができる。

しかし，財政赤字を将来の住民に移転する食い逃げ行動がうまくいくかど

うかは，理論的に確定しない。なぜなら，その地方に住んでいる人が，他の地方に移動するために土地を売却しようとしても，将来の増税が予想されている以上，安く買い叩かれるからである。つまり，人々が合理的に期待を形成できれば，将来の増税分だけ地価が低下するから，現在その土地を持っている人が，売却する際に，将来の増税分を前もって負担し，食い逃げはできなくなる。これは，中央政府の発行する公債についての中立命題と同じ議論である。たとえば，財政再建団体に指定された夕張市で，他の地域に転出した住民がどの程度将来の税負担を回避できたのかを検証することは，興味ある分析対象だろう。

地方債発行の自由度をどこまで認めるかは，地方財政制度設計のポイントである。わが国だけでなく，一般的に，多くの国で財政力のある自治体（大きな地方政府）では，地方債の発行条件は緩やかであり，同時にそうした自治体は地方政府間の移転では移転の出し手になっている。これに対して，財政力のない自治体（小さな地方政府）では，地方債の発行条件は厳しいし，その上限が設定されていることが多い。また，そうした自治体は，地方政府間の移転で受け取り手になっている。こうした状況は，地域間再分配政策の1つのやり方として解釈することができるだろう。

すなわち，どの地方政府が経済的に恵まれているのか，そうでないかの情報が中央政府にとって完全にわかっているケースでは，中央政府による直接の（一括固定税と補助金を組み合わせた）地域間再分配政策が有効である。しかし，情報が不完全なケースでは，結果としての経済状態を見るだけでは，その地方自治体に本当に経済力があるのかないのかを識別するのは困難である。事後的な財政状態，経済状態は識別できても，それが本来の財政力，経済力の差による結果なのか，あるいは，当該自治体があまり財政努力，経済活性化の努力をしなかったことの結果なのかを，識別することは，中央政府にとって困難である。

したがって，本来は経済力，財政力がある自治体でも，中央政府からの移転を宛にして，まじめに経済活性化の努力をしないで経済力，財政力のない自治体にとどまろうとするかもしれない。その地方自治体の本当の(潜在的)実力は，中央政府にとって不完全な情報である。こうしたケースでは，次善の策として中央政府による地方債発行制約が有効となる。

たとえば，中央政府が移転支出で支援する見返りに，地方債の発行条件を

厳しく設定するとしよう。逆に，地方債を自由に発行できる自治体には，地方債の発行条件を自由にする見返りに中央政府が税金を徴収する。中央政府はこうして得た税金を，地方債の発行条件を厳しくした自治体への補助金に回す。

このように発行条件と補助金・税金を組み合わせるケースでは，経済力のある自治体はそうした厳しい発行条件をきらって，中央政府からの財政支援を宛にしないで，むしろ，他の自治体に資金を援助することも甘受しながら，地方債を自由に発行できる方を選択するだろう。なぜなら，地方債が自由に発行できれば，たとえ歳出が異時点間で大きく変動する場合でも，課税を平準化できるため，経済厚生上のメリットが大きいからである。逆に，財政力のない自治体では，地方債の発行条件に関する厳しい条件を受け入れてでも，中央政府からの財政支援を期待するようになる。その結果，地方債の発行条件に対する対応の如何で，どの自治体が「真に」経済的，財政的に豊かであるのか，あるいは，貧しいのかが，中央政府にも判別できるようになる。

5　政府間財政の理論分析

5.1　ソフトな予算制約

中央政府と地方政府の政府間財政が地方政府の支出に与える影響として，「ソフトな予算制約」という概念が重要である。もし地方政府がソフトな予算制約に直面していれば，地方政府は過大に支出し，過大に借り入れ，無駄な投資をする傾向が生じる。そのような過大支出はコスト意識が希薄なままに共通の資源（税収）を浪費するので，「共有地の悲劇」という用語が使われてきた。たとえば，Wildasin (1997, 2004), Goodspeed (2002), Akai and Sato (2005), また Boadway and Tremblay (2005), Ihori (2011) などを参照されたい。

すなわち，もし中央政府がソフトな予算制約で地方政府に補助金を出せば，地方政府にとってはコスト意識が希薄化されるため，非効率な投資が生じる。しかし，Besfamille and Lockwood (2004) は，ソフトな予算制約をきつくして，予算制約をハードにしても，必ずしも最善解は実現しないことを指摘した。すなわち，ハードな予算制約が事前の意味で厳しすぎると，社会的に望ましい（リスクのある）投資までも抑制してしまう可能性がある。Terai and Glazer (2014) も異なる理論モデルを用いて同様の政策的含意を得ている。

この節では，公共投資に不確実性やリスク要因を入れないきわめて単純なモデルを用いる。そして，ハードな予算制約は必ずしも最善解をもたらさないが，ソフトな予算制約も必ずしも悪い結果をもたらさないことを示す。ソフトな予算制約は地方政府のレント獲得行動を刺激する弊害もあるが，同時に，過小な水準にとどまる地方政府の公共投資（波及効果の高い道路整備など）を促進させるプラスの効果も持っている。ソフトな予算制約は波及効果のある公共投資を実質的に内部化して，その投資を促進させる望ましい効果も持っている。

また，ソフトな予算制約の大きさは地方政府の公債発行の仕組みとも関係している。その結果，中央政府と地方政府の提供する公共財の相対的な重要性と当初の予算制約がきつすぎるかどうか，さらには，地方債への起債制限のあり方という点で，ハードな予算制約が望ましい結果をもたらすかどうかも決まってくる。

特にわが国の状況を念頭に置くと，政府間財政を分析する際に，中央政府と地方政府間での課税ベースが重複することによる垂直的な外部性に注目したい。複数の階層の政府が存在すると，地方政府と中央政府が同じ課税ベースに税金をかける可能性がある。道路関係，自動車関係の税金はその典型的な例である。その結果，課税の重複は，通常とは異なる「共有地の悲劇」問題をもたらす。

理論的に標準的な設定であれば，地方政府と中央政府はそれぞれの税率を自由に決定できる。そのような場合，課税の重複による垂直的な外部性は地方税を過大に設定させる。なぜなら，それぞれの地方政府は，中央政府が国税を課してその支出を行う便益を過小に評価するからである。Keen and Kotsogiannis (2002), Keen (1998), Wilson (1999) などの文献を参照されたい。しかし，わが国の政府間財政を想定すると，中央政府も税率を自由に操作するのは困難であるが，同時に，地方政府はほとんど税率決定に関する裁量権を持っていない。そこで本節では，課税の水準（税率）は地方政府にとっても中央政府にとっても所与と仮定する。課税ベースが中央政府と地方政府間で重複することによる（公共投資を通じた）外部性に注目したい。

すなわち，課税の配分比率が外生的に所与であることで，2つの非効率性が生じる。第1に，中央政府と地方政府間で全国レベルの公共財と地方レベルの公共財という2つの政府支出の政府間配分が最適に行われなくなる。も

し中央政府の税配分が過大であれば,中央政府の支出も過大になる(逆の場合は,地方政府の支出が過大になる)。第2に,地方政府が行う公共投資は中央政府に対してもプラスの外部性をもたらす。すなわち,もし地方政府の公共投資によって地方のインフラが整備されて,当該地域経済活動が盛んになり,課税ベースが拡大すれば,税収の配分比率が一定のもとで,中央政府の税収も増加する。これはプラスの外部経済効果を中央政府にもたらす。この意味で,非協力解において地方政府の公共投資は過小になる。

これら2つの非効率性に直面して,中央政府は地方政府の公共投資を刺激するような政策的な対応をとることが望ましい。つまり,中央政府は第2期に事後的に追加の補助金を与えることで,公共投資の財源を支援しようとする。しかし,そのような事後的な補助金の可能性は,事前にみると,地方政府の予算制約をソフト化させる。地方政府は第1期により多くの地方債を発行して多くの公共投資を行うことで,第2期により多くの補助金を獲得できると期待する。本節はそうした状況でのソフトな予算制約について分析する。

5.2 政府間財政の理論的な枠組み

地方政府の公共投資とソフトな予算制約の関係を分析するために,中央政府CGと地方政府LGからなる2つの政府を想定して,2期間モデルを用いて政府間財政と道路整備などの公共投資の関係を考えよう。単純化のために,代表的な地方政府を想定して,複数の地方政府間の波及効果は考えない。

多くの文献では,複数の地方政府間の非協力行動を明示して,そこから生じる競争による水平的,垂直的な外部性を分析している。Wilson (1999) を参照されたい。ただし,以下の理論的分析は複数の地方政府を想定しても定性的には同じ結果である。さらに,日本の場合,多くの地方政府は協力して行動しているし,彼らの行動は総務省がまとめて代表しているとも理解することができる。

代表的な地方政府(LG)は地方公共財 g_t を供給し,中央政府(CG)は全国的な公共財 G_t をそれぞれの期に供給する。これらの公共財は便益をもたらし,効用関数は標準的な性質を満たすものとする。さらに,すべての財は正常財であるとする。それぞれの財の相対価格は,単純化のために,1とおく。

したがって,社会厚生 W は代表的個人の公共財に対する評価を反映するも

のであり，以下のように定式化される。

$$W = u(G_1) + v(g_1) + \delta\{u(G_2) + v(g_2)\} \tag{1}$$

ここで $0 < \delta < 1$ は割引要因である。単純化のために，民間消費は固定されており，この理論モデルでは，公共財からの効用のみを考える。

地方政府は第1期に公共投資 k を実施する。これは将来その地域の経済を活性化させるので，第2期に税収を増加させる効果を持つ。Y_t を t ($t = 1, 2$) 期における税収の総額とする。Y_1 は単純化のため一定とするが，Y_2 は地方政府が第1期に実施する公共投資の大きさに依存する。

$$Y_2 = Y_1 + f(k).$$

公共投資 k は第2期の税収を増加させる。この効果関数を $f(\ )$ で表す。これは標準的な稲田条件を満たすものとする。$f'(\ ) > 0, f''(\ ) < 0$. 単純化のために，中央政府による公共投資は考慮しない。

本節では，地方政府の投資はその地域社会にとって有益なものであるが，地方政府の公共投資の地域を越えた波及効果はないと考える。それでも中央政府の税収に対する垂直的なプラスの外部効果は生じる。その結果，地方分権のままでは地方政府の公共投資は過小になるが，中央政府からの補助金を考慮すると，場合によっては過大になることもある。地方政府の政治活動の結果，中央政府がそれに応じて補助金を出し，地方政府の無駄な公共投資が増加する可能性は，わが国の現実でも否定できない。

次に政府の予算制約式を定式化する。中央政府，地方政府ともに重複する経済活動に課税する。課税ベースが重複するので，税収は2つの政府間に配分される。β で総税収のうちで地方政府に配分される割合を表す。$0 < \beta < 1$ したがって，中央政府の配分割合は，$1 - \beta$ となる。配分比率配は一定であり，モデルの外で決定される外生変数と考える。また，時間を通じて変化しないものとする。

毎期の中央政府ＣＧの予算制約式は次式で与えられる。

$$B = G_1 - (1 - \beta) Y_1 \tag{2-1}$$

$$G_2 + (1 + r) B = (1 - \beta) Y_2 \tag{2-2}$$

ここで B は中央政府が発行する公債を示す。$r > 0$ は外生的に与えられる利子率である。

地方政府ＬＧの毎期の予算制約式も同様に定式化される。

$$D = g_1 + k - \beta Y_1 + S \tag{3-1}$$
$$g_2 + (1+r)D = \beta Y_2 \tag{3-2}$$

ここで D は地方政府が発行する地方債を示す。S は無駄な歳出,すなわち,地方政府の政治家が享受するレントである。地方政府はレント獲得行動を行うと想定している。

(2) 式と (3) 式から中央政府,地方政府それぞれの異時点間の予算制約式を求めると,以下のようになる。

$$G_1 + \frac{G_2}{1+r} = (1-\beta)Y_1 + \frac{(1-\beta)Y_2}{1+r} \tag{2-3}$$

$$g_1 + \frac{g_2}{1+r} + k + S = \beta Y_1 + \frac{\beta Y_2}{1+r} \tag{3-3}$$

5．3　モデルの解
5．3．1　パレート効率の解

最初に,このモデルにおける最善解をベンチマークとして考察しておこう。これは基本モデルに不確実性やリスク要因を入れないもっとも単純なモデルである。中央政府と地方政府を統合した単一政府は,公共投資や他の政府支出に関して,最善解を実現することができる。そのためには,総税収を各支出項目に最適に配分すればよい。

最適解では,以下のような条件が成立する。すなわち,公共財の限界便益は中央政府ＣＧと地方政府ＬＧの間で均等化する。2つの期間での公共支出の異時点間の最適配分も成立する。公共投資の最適水準も実現する。最後に,レント(無駄な歳出)がないという効率性の条件も当てはまる。

5．3．2　分権化された世界
ゲーム１：地方債の起債制限のない場合

ここで,中央政府と地方政府がばらばらに政策を決定する完全に分権化された世界で,5．3．1節で定義した最善解が実現できるかどうかを検討してみよう。最初に,$\beta > 0$ のもとで完全に分権化された世界を想定する。

中央政府ＣＧは社会厚生(1)を制約式 (2-3) のもとで最大化するが,その際に地方政府の支出を所与として自らの支出を決定する。同様に,地方政府

LGはレント S を制約式（3-3）のもとで最大化するが，その際に中央政府の支出を所与として自らの公共投資と公共財供給を決定する。また，地方政府は，同時に，以下のような制約にも直面していると考える。

$$v(g_1) + \delta v(g_2) = \overline{U} \tag{4}$$

ここで $\overline{U}$ は代表的個人（投票者）の留保効用である。もし（4）式が満たされないと，有権者はこの地方政治家を再選しようとしないので，地方政治家は政権にとどまることができなくなる。政権交代の可能性，住民が他の地方に移住する可能性などを考慮すると，こうした留保効用を投票者がもつと考えるのは，もっともらしい。この留保効用は最善解での効用水準よりは小さいと仮定する。よって，以下の不等式を想定する。

$$\overline{U} < U^F \equiv v(g_1^F) + \delta v(g_2^F)$$

ここで g_1^F, g_2^F は最善解での水準をそれぞれ意味する。

このゲーム（ゲームⅠ）の解を調べてみよう。ゲームでの g_1, g_2, k, D と S の解はCGによる G_1, G_2 の選択とは独立である。

CGは制約式（2-3）のもとで（1）式を最大化するように，全国公共財を選択する。その際にLGが g_1, g_2, k, D と S を第2段階で決定しているので，これらは所与と見なす。g_1 と g_2 との相対的な（異時点間の）効率性は成立する。また，G_1 と G_2 との相対的な（異時点間の）効率性も成立する。しかし，これらの公共支出が最適に供給されているとは必ずしも言えない。なぜなら，公共支出の総額（$G_1 + \dfrac{G_2}{1+r}$ と $g_1 + \dfrac{g_2}{1+r}$）が外生的なパラメータ β やLGのレント獲得行動，維持制約（6）によって恣意的に与えられているからである。

さらに $\beta < 1$ を考慮すると，重複する課税ベースの外部性によって，k が過小供給になっている。$k^* < k^F$。ここで k^* はこのゲームでの k の解であり，k^F は最善解での k の水準である。地方政府は課税ベースの拡大が中央政府による公共財供給へもたらすプラスの波及効果を考慮しないので，地方政府が行う公共投資は不十分になり，第2期における総税収も低すぎる水準になる。

要約すると，分権化された世界では以下のような問題点が指摘できる。第1に，β が必ずしも最適水準に設定されていないので，CGとLGの間での公共支出の配分も最適には決定されない。第2に，課税ベースにおける重複のために，公共投資に外部性が生じて，k は過小供給になる。最後に，LG

のレント獲得行動の結果 ($\overline{U} < U^F$), 地方支出 g_1, g_2 も過小になり, 無駄な歳出 S が生じる。

ゲームⅡ：起債制限のある場合

ここでＣＧが，ＬＧのレント獲得行動をコントロールできないけれども，起債についてはコントロールできるとしよう。ここでは，ＣＧがゲームの第1段階で D を $\overline{D}$ の水準に設定できる。このゲームをゲームⅡと呼ぶ。ＣＧは社会厚生を最大にするために，$\overline{D}$ を任意の水準に選択できるとしよう。ゲームの第2段階ではＬＧが g_1, g_2, k を選択するが，その際に $\overline{D}$ を与件として行動する。従って，このゲームでは，ＬＧは一種の流動性制約に直面する。

ＬＧにとって地方債を異時点間の配分手段として用いることができないため，g_1 と g_2 の相対価格は $\delta\beta f'$ で与えられる。これは公共投資の（割引）有効限界生産である。

$\overline{D}$ の増加は，k を刺激する。また g_1 への効果もプラスである。直感的な説明は以下の通りである。所与の k のもとで，$\overline{D}$ が増加すると，g_2 は減少する。そして，そこからの限界効用 v_{g2} が上昇する。これは第1期から第2期への移転の限界便益を増加させるので，k は増加する。g_1 も増加する。

もし $\overline{D}$ がゲームⅠの D の解である D^* にたまたま一致していれば，ゲームⅡはゲームⅠと全く同じ解になる。逆にもし異時点間の限界効用で比較して，第2期の政府支出の方が第1期の支出よりも大きければ $\{\frac{v_{g1}}{v_{g2}} < (1+r)\delta$ であれば$\}$，k はゲームⅠよりも大きくなる。このケースでは $\overline{D} > D^*$ となる。

S は常にゲームⅠよりも小さくなる。ゲームⅡでは地方公共支出への総額 $g_1 + \frac{1}{1+r} g_2$ がゲームⅠよりも大きくなる。また，$\overline{k}^*$（k の解）が k^* に一致しない限り，$\frac{\beta Y_2}{1+r} - k$ はゲームⅠよりも小さくなる。その結果，ゲームⅡの方がゲームⅠよりも S は小さくなる。

ゲームの第1段階では，ＣＧは予算制約式と地方政府の反応を所与として，$\overline{D}$ と全国公共支出と公債 B を選択して，社会厚生(1)を最大化する。$\overline{D}$ の増加は k を刺激するので，ＣＧの税収の増加し，も増加する。これはメリットである。他方で，これは直接には利払い費を増加させるので，g_2 が減少する。

これはデメリットである。$\overline{D}$の最適水準である$\overline{D}^*$はこれらの限界便益が限界費用に等しい点で求められる。$\overline{D}$の部分ゲーム完全均衡解である$\overline{D}^*$は，必ずしもゲームⅠにおける均衡解D^*と一致するとは限らない。もし$D^* = \overline{D}^*$であれば，$k^* = \overline{k}^*$となるから，ゲームⅡの解はゲームⅠの解と一致する。

ゲームⅠにおけるＣＧの事後の移転：第3段階

ゲームⅠでは，第2期が来ると，ＣＧは初期のβの値にコミットすることを望まないかもしれない。ＣＧはＬＧへ事後的に補助金を出すことで，実質的にβを増加させることができる。これは時間に関する不整合性問題である。最初に第2期のはじめにおけるＣＧの最適化問題をこのゲームの第3段階として考えてみよう。ＬＧが地方公共財g_1，Sとkへの配分を第1期に決めたあとで，ＣＧは第2期に追加的な補助金Aを用いることで第2期の公共支出G_2とg_2の配分を予算制約式（2-2）と（3-2）のもとで自由に操作可能となる。

中央政府の第2期の予算制約式は次式である。

$$G_2 + (1+r)B = (1-\beta)Y_2 - A \tag{2-2'}$$

同様に，地方政府の第2期の予算制約式は次式となる。

$$g_2 + (1+r)D = \beta Y_2 + A \tag{3-2'}$$

これら（2-2'）と（3-2'）式からAを消去すると，第2期の全体の予算制約式が得られる。

$$G_2 + g_2 + (1+r)(B+D) = Y_2 \tag{5}$$

第2期に事後的にAを選択することで，中央政府はG_2とg_2の配分を実質的に選択できる。第2期の社会厚生は$u(G_2) + v(g_2)$となるから，これを最大化する。レント獲得行動は第1期に終了している。また，ここでは維持制約条件（4）も効いていない。したがってこのゲームの第3段階での最適条件は次式となる。

$$u_{G2} = v_{g2} \tag{6}$$

この最適条件式（6）と事後的な予算制約式（2-2'），（3-2'）から，第1期にすでに選択されていたDとkを所与として中央政府のA，g_2（そしてG_2）の最適反応をDとkの関数として求めることができる。

所与のG_2のもとで，Dの増加でg_2は減少する。これは，中央政府からの補助金Aの増加をもたらす。その直感的な説明は以下の通りである。より多くのDが発行されると，（3-2'）式よりg_2は減少するが，（2-2'）式よりG_2

は増加する。こうした結果は中央政府にとって望ましくない。なぜなら，中央政府は社会厚生を最大化するために，最適条件を実現しようとしている。したがって，中央政府は第2期に地方政府に追加的な補助金を与え，g_2の事後的な水準を増加させ，G_2の事後的な水準を減少させる誘因を持っている。

さらに公共投資による別のソフト予算制約のルートがある。これは垂直的な外部性による新しいルートである。もしG_2の限界評価が相対的に小さく，$1-\beta$が大きすぎる場合は，g_2はG_2と比較して過小となる。その結果，中央政府は事後的な社会厚生を最大化すべく，Aを増加させるように反応する。直観的な説明は以下の通りである。kの増加はＣＧの税収を$(1-\beta)f'$の大きさだけ増加させるが，の増加はの大きさになる。もし$1-\beta>\eta$であれば，ＣＧは補助金AをＬＧに与えて，g_2を増加させようとする。

中央政府は両政府が供給する公共財の限界便益を等しくさせるように資源配分したい。中央政府のこうした厚生最大化行動は，地方政府が第1期により借り入れを行い，より多くの支出をするとき，第2期に追加的な補助金を出す誘因をもたらし，ソフトな予算制約という現象を生じさせる。公債発行と公共投資という2つのルートでソフトな予算制約は生じる。まず，第1期の借り入れは第2期の地方政府による公共支出を減少させる。これは中央政府の最適な資源配分を攪乱させる。第2に，第1期の公共投資は第2期の中央政府の税収を増加させて，中央政府の支出も増加させる。したがって，社会厚生を最大化する中央政府は地方政府の借り入れや公共投資の増加に対応して，第2期に補助金を事後的に地方政府に与える誘因を持つ。

次に，ゲームⅠのソフト予算ケースにおける地方政府の最適行動を考察しよう。地方政府の維持制約式(6)は，中央政府が地方の支出に対応してAを調整するということを折り込んで，制約として効く形になる。

(6)式で与えられるg_1とg_2の最適配分条件はこのゲームの均衡では実現しない。もしＣＧがAの補助金を追加支出しなければ，ＬＧの最適化行動の結果，g_1とg_2の最適配分も達成されただろう。ＬＧがＣＧの反応を考慮して行動すると，g_1の実質的な限界費用を低下させるので，第1期にg_1は刺激される。g_1は過大になり，g_2とGは相対的に過小になる。さらに，地方公共支出の総額$g_1+\dfrac{1}{1+r}g_2$はハード予算制約の場合よりも大きくなる。ソフトな予算制約はAの増加をもたらし，g_1を刺激する。

最終的に次式を得る。
$$1 + r = f' \tag{7}$$
その結果，部分ゲーム完全均衡でのkはハード予算制約のケースよりも大きくなる。これはソフトな予算制約のもっともらしい帰結である。kが増加すれば，ＬＧは自分の税収増βY_2に加えてＣＧの税収増$(1-\beta)Y_2$から期待される追加的な補助金Aも期待できる。よって，kの増加による実質的な限界便益はf'となり，$\beta f'$ではなくなる。このゲームの第1段階は，ハード予算制約のケースと同じである。ＣＧは(6)式が実現するようにG_1, G_2を決める。

これまで分析したように，ソフトな予算制約は公共投資を刺激する。しかし，同時にAも増加するので，これは経済厚生を低くする。

もし$1-\beta-\eta>0$であれば，kの増加で(2-3')式の右辺も増加する。これは望ましい。このような場合，ゲームⅠのソフト予算ケースで社会厚生は増大する。他方，もし$1-\beta-\eta<0$であればRは負になる。この望ましくないケースは生じることもある。なぜなら，Aが過大すぎると，留保効用$\overline{U}$を維持するのに必要な地方公共支出総額も増加するからである。そして，kの増加でＣＧに利用可能なネットの税収は増加せず，中央政府の公共支出は減少してしまう。

ゲームⅡにおけるＣＧの移転：第3段階

次にゲームⅡを考察しよう。ここでもＣＧは同じような時間に関する非整合性の問題に直面する。すなわち，ＬＧが地方支出，g_1, Sとkを第1期に決めたあとで，ＣＧは第2期の予算制約式(2-2)と(3-2)のもとで追加的な補助金Aを選択することで，G_2とg_2の最適配分を図るだろう。ＣＧのゲームⅡでの第2期期首における最適化行動をこのゲームの第3段階として考察しよう。理論的な結果はゲームⅠの場合とほぼ同様である。

第1期の期首における地方政府の最適化行動を考察しよう。地方政府の維持制約式(4)は中央政府の反応を前提としてはじめて効いてくる。

従って，地方政府はレントS
$$S = \overline{D} + \beta Y_1 - g_1 - k$$
を以下の制約式で最大化する。
$$v(g_1) + \delta v(P(k)) = \overline{U}.$$
最適条件より，次式を得る。

$$\delta(1-\eta)f' = \frac{v_{g1}}{v_{g2}} \tag{8}$$

　ゲームIIのソフト予算制約ケースをゲームIIのハードな予算制約のケースと比較しよう。v_{g1}/v_{g2}は両方のケースで同じ値になるとは限らないので，kがハード予算よりもソフト予算の場合に大きくなるかどうかも確定しない。もしCGが起債制限している場合ソフト予算のケースで公共投資が増加しているとも言えない。$1-\beta = \eta$であれば，両方のケースで解は同じになる。もし$1-\beta > \eta$であれば，ソフト予算の方がハード予算のときよりkは大きくなる。逆に場合は逆である。

　kの増加がCGの税収に与える効果を検討しよう。Dが固定されているので次式を得る。

$$R = (1-\beta)f' - J_k = \eta f' > 0 \tag{9}$$

ゲームIと異なり，この値は常にプラスである。言い換えると，kの増加は常に(2-3')の右辺を増加させて，望ましい効果をもたらす。もし$1-\beta > \eta$であればkは刺激されるので，ゲームIIのソフト予算のケースはゲームIIのハード予算のケースよりも経済厚生を高める。逆にもし$1-\beta < \eta$であれば，kが抑制されるのでソフト予算制約は経済厚生を低くする。この意味では，ソフト予算制約の経済厚生に与える影響はゲームIと定性的には同じになる。

5.4 コメント

　ゲームI，IIにおいて事後的に補助金を出さないとコミットしたケースをハード予算のケース，また，事後的に補助金を出すとコミットしないケースをソフト予算のケースと呼ぶ。もし中央政府が先決で所与のβにコミットして，政府間財政においてリーダーとして行動するのであれば，地方政府はハードな予算制約に直面する。しかし，このケースでは均衡解は必ずしも最善解にならない。なぜならβが外生的に所与であり，LGはレント獲得行動をしており，βに外部性がある。中央政府は$\overline{D}$を適切に操作するだけでは最善解は実現できないが，経済厚生を高めることはできる。

　また，中央政府は第2期にβの所与とされた値にずっとコミットすることが最適とも言えなくなる。そして，地方政府はソフトな予算制約に直面することになる。すなわち，地方政府が第1期の支出や借り入れを増やすと，中央政府はレント獲得行動のあとで追加的に補助金を出して，そのような支出

拡大を支えようとする誘因を持つ。その結果，そのようなゲームでは地方政府は第1期の借り入れや支出を意図的に拡大する強い誘因を持つ。もし G_2 の限界評価が小さいか，あるいは，先決変数である β が小さすぎる場合 $(1-\beta > \eta)$，中央政府は補助金をより多く与えようとする。

公共投資のための財源にのみ公債の発行が当てられるケースを検討しよう。
$$D = k$$
このとき，LGのゲームⅠでの第2段階での最適問題は，レント S
$$S = \beta Y_1 - g_1$$
を以下の制約の下で最大化することである。
$$v(g_1) + \delta v(\beta Y_2 (1+r) k) = \overline{U} \tag{10}$$
最適条件は次式になる。
$$\beta f'(k) = 1 + r \tag{11}$$
k の水準はゲームⅠと同じである。しかし，地方公共支出の総額 $g_1 + \dfrac{1}{1+r} g_2$ はゲームⅠよりも大きくなり，経済厚生はゲームⅠよりも減少する。ソフトな予算制約に関する主要な結果はそのまま当てはまる。

5.5 分析のまとめ

この節では，理論的に中央政府から地方政府へ与える補助金に関するソフト予算制約を取り上げ，両政府間で課税ベースが重複することから生じる垂直的な外部性を明示して，その効果を分析した。また，ソフト予算制約のメリットとデメリットを明らかにするために，地方政府によるレント獲得行動も考慮した。

中央政府の慈悲的な誘因で補助金を追加するソフト予算が生じる。公債の発行と公共投資という2つのルートでソフトな予算制約が生じる。第1に，公債発行は第1期により多くの借り入れをするため，第2期の地方公共支出が減少する。これは中央政府の公共支出の最適配分をゆがめて，補助金の追加をもたらす。Goodspeed (2002) を参照。第2に，公共投資は中央政府の税収増ももたらし，第2期に地方公共支出を増やすように，中央政府が補助金を出す状況を作り出す。この第2のルートは本節のモデル分析で新しく強調している点である。

税収の垂直的外部性のために，公共投資が過小になる点は興味深い。その

結果,ソフトな予算制約で公共投資が促進されれば,それは望ましい効果を持つ。ただし,レント獲得行動も誘発するというデメリットもある。本モデルでの分析結果によると,公債発行に対する起債制限のないケースではソフトな予算制約は2つのルートがともに働くために,公共投資を刺激する効果を持つ。その場合,もし G_2 の限界評価が小さく,先決されている地方政府の税収配分比率 β が低すぎる場合,$(1-\beta>\eta)$,ソフトな予算の方が経済厚生を増加させる。また,公債発行に起債制限のある場合は,公債発行によるソフト予算のルートは働かない。したがって,ソフトな予算でも必ずしも公共投資が促進されるとはいえず,ハードな予算制約よりも経済厚生が必ず改善するとも言えない。ここでも,経済厚生が改善するかどうかは,$1-\beta-\eta$ の符号に依存する。

　起債制限のあるソフト予算は政府間財政からみると,もっとも相互依存度の高いケースである。他方で,起債制限のないハード予算は政府間財政からみてもっとも独立性の高いケースである。地方分権の程度は,後者の場合にもっとも高く,前者の場合に最も低くなっている。垂直的な外部性など地方公共投資に波及効果のある場合には,これら2つの極端なケースは必ずしも良い結果をもたらすとは言えない。すなわち,起債制限のない場合のソフト予算ケース(相対的に独立性のあるケース)の方がハード予算のケースよりも,もし $1-\beta-\eta>0$ であれば,経済厚生を高める。起債制限のあるソフト予算の経済厚生上の含意は一般的に曖昧であり,$1-\beta-\eta>0$ であれば起債制限のないハード予算の場合よりも良いかもしれない。本節でのモデル分析は,G_2 の限界評価と税収配分比率 β が中央政府による起債制限とソフト予算を評価する上で重要であることを示している。

6 地方分権のあり方

6.1 地方は「もらい得」か

　民主主義の原則は,一人1票という形式的な平等である。しかし,貧しい地域,貧しい人々を,豊かな地域,豊かな人々よりも重視するのが,社会的に公平であるとすれば,選挙による民主主義だけでは社会的公平が達成されない。これを補正するのが,過疎地の人々が精力的に行う政治的なロビー活動(陳情活動などの補助金獲得運動)である。また,選挙区の定数不均衡が

是正されないまま，過疎地域の票の重みが相対的に大きくなったのも，こうした政治的配慮が働いている。

その結果，豊かな地域から貧しい地域へ所得や資源が再配分される。高度成長期には首都圏など大都市部が豊かな地域であり，農村部は総じて貧しかった。都会の人々も同じようなロビー活動ができたはずである。ロビー活動の機会は平等である。それでも都会の人々があまりロビー活動をしなかったのは，公共事業に依存しなくても，所得機会があったからである。これは，形式的な平等しか確保しない民主主義の投票制度を補完する機能を持っており，ロビー活動のメリットである。選挙制度の不均衡が長く放置されてきたのも，当初はそれなりの合理性があったと言えるかもしれない。

しかし，あまり大規模な所得再分配が地域間で行われると，日本経済全体の経済的活力が損なわれてしまって，経済全体のパイが縮小する。そうなれば，貧しい地域，貧しい階層にとっても長期的にはメリットがない。1990年代以降に日本経済が低迷したのも，こうした再分配政策がマクロ経済の重荷になったためである。

さらに，最近では高度成長期とは地域間格差の実態が異なっている。自然環境，住環境などの総合的な指標でみると，首都圏の方が豊かとは必ずしも言えない。東京の下町にある木賃アパートの住環境は劣悪である。また，通勤に2時間もかかる郊外に住む人は，住宅ローンを抱えて残業に追われており，ストレスが強い。他方で，北陸3県などは住宅，金融資産などの経済指標でみても，自然環境でみても，豊かな地域に分類される。

戦後70年間に豊かな地域，貧しい地域の実態が大きく変化したにもかかわらず，財政上の再分配政策は相変わらず都市部から農村部への移転になっている。これは過疎地方の既得権が既成事実化し，補助金の予算編成に大多数の有権者の民意が反映されていない結果である。

わが国の財政システムでは，交付税制度によって，地域間で受益の対象となる自治体（住民）と負担の対象となる自治体（住民）とが分離されている。したがって，予算をできるだけ多く獲得することが，その利益団体，地域，地方公共団体にとってメリットとなる。その結果，一定の予算配分をめぐって政治的競争が過当となり，そこに投入される資源が国民経済全体にとってコストになる。予算を獲得するために政治的なロビー活動に資源を浪費することは，重大なコストである。さらに，受益と負担の分離された財政システ

ムのもとで，国からの補助金の配分が経済的合理性とは無縁の世界で決定されているために，資源配分上の非効率性も生じてしまう。

6.2 三位一体改革

2003年に小泉内閣で実施された「三位一体」の改革は，地方政府の自主的な自助努力を重視して，地方政府が財政面でも自立した運営が行えるように，(1)国からの補助金の整理，廃止，(2)交付税の抜本的改革，(3)国税から地方税への税源の移譲という3つの改革であった。こうした3つの改革を同時に進めて地方分権を財政面から支えることで，中央政府が地方政府を指導・管理・監督する度合いを少なくしようとした。

地方分権と財政再建を同時に実現するために，地方政府の財政基盤を強化して，税収面でも公共サービスの面でも自由度を高める必要があるのは，確かである。しかし，財政基盤を強化するには，地方政府自らが税収を確保する自助努力を行う必要がある。そうすることで，国からの補助金や地方債に依存する体質を変えなければならない。また，交付税を改革して，交付税総額を削減するとともに，その算定基準を簡略化，透明化し，地方政府の財政収支が悪化しても交付税で安易にそれを補填しないことが重要である。限界的な意思決定において，地方政府が自らの税収で自らの公共サービスの財源を調達するようになって初めて，ソフトな予算制約を解決することもできるし，財政再建も可能になる。また，地方の利益団体によるロビー活動を抑制することもできる。

ところで，地方分権を推進するには，合併も有力な手段である。平成の大合併が進められ，基礎自治体の数は削減された。合併により，地方政府の守備範囲が拡大すれば，有能な人材も育成しやすいし，固定費用の削減にもつながる。しかし，合併の効果は競争の圧力のもとではじめて発揮される。国からの財政支援を宛にした「飴」による合併では，ソフトな予算制約が維持される。そうなると，合併しても，効率化とは逆行する結果が生じる。単に，新庁舎建設など無駄な公共事業が増加したり，より非効率な旧自治体の方に人件費や行政コストの基準が合わされたりしかねない。

行政改革は財政効率化の面からも重要である。そのためには情報公開や再評価制度の活用が有効である。民間委託や民間資金を活用するPFIやPPPも有益である。最も重要なのは，地域の住民がそうした問題に関心を持つかど

うかである。1つの地方政府内で受益と負担が乖離していれば,行財政の効率化を推進しても,地域住民の利己的な便益には直結しない。財政面での地方分権が十分に確立してはじめて,行政改革の進展も期待できる。

6.3 地方分権の功罪

住民のニーズが多様化してくると,中央政府が一律にコントロールするデメリットも大きくなる。一方で,地方政府,地方議会が住民の選好を的確に反映した公共事業など行財政サービスを提供しているのかどうかも,留保が必要だろう。地方議会の議員には土木関係者など公共事業の利害に直接関わる利益団体の代表者が多く存在していることも事実である。利益団体は自らの業界の利害を最優先に行動する可能性が高い。結果として,無駄な公共事業,談合など割高な公共調達が行われているかもしれない。

たしかに,無駄な公共事業の例はいくらでもある。しかし,社会資本整備は人が利用するのが前提であるから,有益な公共事業の場合,コンクリートと人は補完的であって,どちらかを選択するという代替的な対象ではない。人的資本を向上させるためには,教育施設の充実が必要となるし,医療,介護サービスを拡充するには,そのためのハード環境の整備も不可欠である。

財政事情が厳しく,マクロ経済の活性化にも限界がある中で,世界で例を見ない少子高齢化社会を迎えたわが国では,より効率的な地方分権改革が求められる。そのためには,地方政府の政策について,国や当該地方自治体にすべての意思決定を任せるのではなくて,その必要性を住民が監視することが重要である。受益と負担のリンクがより身近に感じられる地方分権を推進して,厳しいハード予算制約の中で真に必要な公共サービスを,住民が真剣に考えたうえで意思決定できる環境をつくることが必要だろう。

参考文献

Akai N. and M. Sato (2005), "Decentralized leadership meets soft budget," Discussion Paper Series in University of Tokyo

Besfamille, M, and B. Lockwood (2004), "Are hard budget constraints for sub-national governments always efficient?" *Warwick Economic Research Papers* 717. Papers 717.

Boadway, R. and J‐F. Tremblay (2005), "A theory of vertical fiscal imbalance," Queen's University, D P.

Goodspeed, T.J. (2002), "Bailouts in a federalism," *International Tax and Public Finance*

9, 409-421.
Ihori, T., (2011), "Overlapping tax revenue, soft budget, and rent seeking," *International Tax and Public Finance*, 18, pp. 36-55.
Keen, M.J. (1998), "Vertical tax externalities in the theory of fiscal federalism," IMF Staff Papers 45, 454-485.
Keen, M.J., and C. Kotsogiannis (2002), "Does federalism lead to excessively high taxes?," *American Economic Review* 92, 363-370.
Sato, M. (2002), "Intergovernmental transfers, governance structure and fiscal decentralization," *Japanese Economic Review* 53, 55-76.
Terai, K., and A. Glazer (2014), "Principal - agent problems when principal allocates a budget," mimeo.
Wildasin, D.E. (1997), "Externalities and bail-outs: hard and soft budget constraints in intergovernmental fiscal relations," Mimeo.
Wildasin D.E. (2004), "The institutions of federalism: toward an analytical framework," *National-Tax-Journal*. Part 1 57: 2, 247-72
Wilson, J. (1999), "Theories of tax competition," *National Tax Journal* 52, 269-304.
田中宏樹（2013）『政府間競争の経済分析』勁草書房

数学付録:政府間財政の理論分析

1 パレート効率の解

統合された制約条件の下で,社会厚生(1)を最大化する問題を考える。

$$Y_1 + \frac{Y_2}{1+r} = G_1 + \frac{G_2}{1+r} + g_1 + \frac{g_2}{1+r} + k + S \tag{A1}$$

最適化の一次条件は以下のようになる。

$$u_{g1} - \mu = 0$$

$$\delta v_{g2} - \frac{\mu}{1+r} = 0 \qquad \text{ここで } u_{Gt} \equiv \frac{\partial u(G_t)}{\partial G_t}$$

$$v_{g1} - \mu = 0$$

$$\delta v_{g2} - \frac{\mu}{1+r} = 0 \qquad \text{ここで } v_{gt} \equiv \frac{\partial v(g_t)}{\partial g_t}$$

$$\mu \left\{ \frac{f'(k)}{1+r} - 1 \right\} = 0$$

$$S = 0$$

μ は制約式(A1)に関わるラグランジュ乗数である。これらの条件式より,次式を得る。

$$v_{g1} = u_{G1} \tag{A2-1}$$

$$u_{G2} = v_{g2} \tag{A2-2}$$

$$\frac{u_{G1}}{u_{G2}} = \frac{v_{g1}}{v_{g2}} = (1+r)\delta \tag{A2-3}$$

$$f'(k) = 1 + r \tag{A2-4}$$

$$S = 0 \tag{A2-5}$$

上の最適化の条件式(A2-1,.,5)と制約式(A1)は,ベンチマークとしてのパレート効率の資源配分(=最善解)を決定する。

2 分権の基本モデル:ゲーム1:地方債の起債制限のない場合

地方政府は,以下のような制約にも直面している。

$$v(g_1) + \delta v(g_2) = \overline{U} \tag{A3}$$

ここで $\overline{U}$ は代表的個人(投票者)の留保効用である。以下の不等式を想定する。

$$\overline{U} < U^F \equiv v(g_1^F) + \delta v(g_2^F)$$

ここで g_1^F, g_2^F は最善解での g_1, g_2 をそれぞれ意味する。

2.1 第2段階

LGの問題は,(A3)式の制約の下で,以下のようになる。

$$\text{最大化 } S = \beta(Y_1 + \frac{Y_2}{1+r}) - (g_1 + \frac{g_2}{1+r} + k)$$

したがって,最適条件は以下のようになる。

$$-1 - \psi v_{g1} = 0$$

$$-\frac{1}{1+r} - \psi \delta v_{g2} = 0$$

$$\frac{f'(k)\beta}{1+r} - 1 = 0 \tag{A4-1}$$

ここで,ψ は制約式(A1)に対するラグランジュ乗数である。したがって,次式を得る。

$$\frac{v_{g1}}{v_{g2}} = (1+r)\delta \tag{A4-2}$$

(A1),(A4-1)(A4-2)の3つの条件より,g_1, g_2, k, D と S が求められる。g_1, g_2, k, D と S のゲームでの解はCGによる G_1, G_2 の選択とは独立である。

2.2 第1段階

CGは制約式(2-3)のもとで(1)式を最大化するように,全国公共財を選択する。その際にLGが,g_1, g_2, k, D と S を第2段階で決定しているので,これらは所与と見なす。したがって,最適条件は以下のようになる。

$$u_{G1} - \Psi = 0$$

$$\delta u_{G2} - \frac{\Psi}{1+r} = 0$$

ここで Ψ は(2-3)式に対応するラグランジュ乗数である。よって,次式を

得る。

$$\frac{u_{G1}}{u_{G2}} = (1+r)\delta \tag{A5}$$

条件(8)式は，k^*に対応する総支出額$G_1 + \frac{1}{1+r}G_2$のもとで社会厚生$u(G_1) + \delta u(G_2)$が最大化されることを意味する。

このゲームの部分ゲーム完全均衡は，以下のようになる。

$$f'(k) = \frac{1+r}{\beta} > 1+r \tag{A6-1}$$

$$\frac{v_{g1}}{v_{g2}} = (1+r)\delta \tag{A6-2}$$

$$\frac{u_{G1}}{u_{G2}} = (1+r)\delta \tag{A7}$$

$\beta < 1$を考慮すると，(A6-1)式から重複する課税ベースの外部性によって，kが過小供給になっていることがわかる。$k^* < k^F$。ここでk^*はこのゲームでのkの解であり，k^Fは最善解でのkの水準である。

3 起債制限：ゲームⅡ

CGがLGのレント獲得行動はコントロールできないけれども，起債についてはコントロールできる起債制限のケースを考察する。

3.1 第2段階

LGは，以下の式で与えられるレント
$$S = \overline{D} + \beta Y_1 - g_1 - k$$
を最大にするように，g_1とkを選択する。その際の留保効用に関する制約は次式となる。

$$v(g_1) + \delta v(\beta Y_2 (1+r)\overline{D}) = \overline{U} \tag{A3'}$$

最適条件より次式を得る。

$$\delta \beta f' = \frac{v_{g1}}{v_{g2}} \tag{A8}$$

LGにとって地方債を異時点間の配分手段として用いることができないため，g_1とg_2の相対価格は$\delta\beta f'$で与えられる。これは公共投資の（割引）有効

限界生産である。

この条件式（A8）と維持条件式（A3'）より，以下のようなＬＳの反応関数を得る。

$$g_1 = \tilde{g}(\overline{D}) \tag{A9-1}$$
$$k = \tilde{k}(\overline{D}) \tag{A9-2}$$
$\tilde{k}'(\overline{D}) > 0$ また $\tilde{g}'(\overline{D}) > 0$

3．2　第１段階

ゲームの第１段階では，ＣＧは予算制約式と地方政府の反応関数を所与として，$\overline{D}$ と全国公共支出 G_1, G_2 と公債 B を選択して，社会厚生(1)を最大化する。

最大化　$u(G_1) + v(\tilde{g}(\overline{D})) + \delta\{u(G_2) + v[\beta f(\tilde{k}(\overline{D})) - (1+r)\overline{D}]\}$

制約　$G_1 + \dfrac{1}{1+r}G_2 = (1-\beta)[Y_1 + \dfrac{1}{1+r}f(\tilde{k}(\overline{D}))]$

従って，最適条件は以下のようになる。

$$u_{G1} + \lambda = 0$$

$$\delta u_{G2} + \lambda\dfrac{1}{1+r} = 0$$

$$v_{g1}\tilde{g}' + \delta v_{g2}[\beta f'\tilde{k}' - (1+r)] - \lambda\dfrac{(1-\beta)f'\tilde{k}'}{1+r} = 0$$

ここで，はＣＧの予算制約式に対応するラグランジュ乗数である。これらの条件式より（A7）式と以下の式を得る。

$$\dfrac{v_{g1}}{u_{G1}}\tilde{g}' + \dfrac{v_{g2}}{u_{G2}}\dfrac{\tilde{k}'\beta f'}{1+r} + \dfrac{(1-\beta)f'\tilde{k}'}{1+r} = \dfrac{v_{g2}}{u_{G2}} \tag{A10}$$

$\overline{D}$ の部分ゲーム完全均衡解である $\overline{D}^*$ は，必ずしもゲームⅠにおける均衡解 D^* と一致するとは限らない。もし $D^*=\overline{D}^*$ であれば，$k^*=\overline{k}^*$ となるから，ゲームⅡの解はゲームⅠの解と一致する。

制約式（A3），あるいは（A3'）式のもとでは，事後的な社会厚生は以下のようになる。

$$W = u(G_1) + \delta u(G_2) + \overline{U} \tag{1'}$$

ここで，$\overline{U}$ は外生的に一定であるから，事後的な社会厚生はＣＧの供給する公共財のみに依存する。ゲームⅠとⅡにおいてＣＧは同じ予算制約式（2－

3) に直面しており,全国公共財に関する同じ最適条件式(A7)を選択している。したがって,G_1,G_2から得られる効用はある所与のkのもとで最大化されている。もしkが大きくなれば,(2-3)式の右辺も大きくなるから社会厚生も増加する。

4 追加の移転:ゲームⅠ

4.1 CGの事後の移転:第3段階

第2期のはじめにおけるCGの最適化問題をこのゲームの第3段階として考えてみよう。LGが地方公共財g_1,Sとkへの配分を第1期に決めたあとで,CGは第2期に追加的な補助金Aを用いることで,予算制約式(2-2)と(3-2)のもとで第2期の公共支出G_2とg_2の配分を自由に操作可能となる。

中央政府の第2期の予算制約式は次式である。

$$G_2 + (1+r)B = (1-\beta)Y_2 - A \tag{2-2'}$$

同様に,地方政府の第2期の予算制約式は次式となる。

$$g_2 + (1+r)D = (1-\beta)Y_2 + A \tag{3-2'}$$

これら(2-2')と(3-2')式からAを消去すると,第2期の全体の予算制約式が得られる。

$$G_2 + g_2 + (1+r)(B+D) = Y_2 \tag{A11}$$

第2期に事後的にAを選択することで,中央政府はG_2とg_2の配分を実質的に選択できる。その際の制約式は(A11)である。第2期の社会厚生は$u(g_2)+v(g_2)$となるから,これを最大化する。レント獲得行動は第1期に終了していると考えている。また,ここでは維持制約条件(A3)も効いていない。したがって,このゲームの第3段階での最適条件は次式となる。

$$u_{G2} = v_{g2} \tag{A12}$$

この最適条件式(A12)と事後的な予算制約式(2-2'),(3-2')から,第1期にすでに選択されていたDとkを所与として,中央政府のA,g_2(そしてG_2)の最適反応関数を以下のように求めることができる。

$$A = J(D,k) \tag{A13-1}$$
$$g_2 = P(D,k) \tag{A13-2}$$

予算制約式(2-2')(A11)と最適条件式(A2-2)を全微分すると,次式を得る。

$$dG_2 + dg_2 + (1+r)\,dD = f'(k)\,dk$$

$$(1-\eta)\,dG_2 = \eta dg_2$$

$$dG_2 = (1-\beta)\,f'(k)\,dk - dA$$

ここで $\eta \equiv |v_{gg2}|/[|u_{GG2}|+|v_{gg2}|]$ は G_2 の g_2 との相対的な限界評価を示す。簡単化の仮定として $0<\eta<1$ は一定とする。(2-2') 式を考慮すると，反応関数の特徴として次式を得る。

$$J_D = \frac{\partial A}{\partial D} = -\frac{\partial G_2}{\partial D} = \eta(1+r) > 0 \qquad (\text{A}14-1)$$

$$J_k = \frac{\partial A}{\partial k} = -\frac{\partial G_2}{\partial k} + (1-\beta)f'(k) = (1-\beta)f'(k) - \eta f'(k) \qquad (\text{A}14-2)$$

$$P_D = \frac{\partial g_2}{\partial D} = -(1-\eta)(1+r) < 0 \qquad (\text{A}14-3)$$

$$P_k = \frac{\partial g_2}{\partial k} = (1-\eta)f'(k) \qquad (\text{A}14-4)$$

（A14-1）式は地方債発行によるソフト予算化の標準的な結果を示している（Goodspeed (2002) を参照）。D の増加で g_2 は所与の G_2 のもとで減少する。これは，中央政府からの補助金 A の増加をもたらす。$J_D > 0$ さらに公共投資による別のソフト予算制約のルートがある。$J_k > 0$

4.2 LGの行動：第2段階

次に，ゲーム I のソフト予算ケースにおける地方政府の最適行動を考察しよう。すなわち，地方政府の制約式は以下のようになる。

$$v(g_1) + \delta v(P(D,k)) = \overline{U} \qquad (\text{A}3')$$

$$g_1 + \frac{P(D,k)}{1+r} + k + S = \beta Y_1 + \frac{\beta[Y_1+f(k)]}{1+r} + \frac{J(D,k)}{1+r} \qquad (\text{A}15)$$

地方政府は S を最大化するが，その制約は（A3'）（A15）であり，その際に税収の配分比率で β を与件として行動する。この段階では維持制約は効いている。

したがって，選択する変数，g_1, D, と k に関する最適条件は以下のようになる。

$$-1 - \omega v_{g1} = 0 \qquad (\text{A}16-1)$$

$$-\frac{P_D - J_D}{1+r} - \omega \delta v_{g2} P_D = 0 \qquad (\text{A}16-2)$$

$$-(1 + \frac{P_k}{1+r} - \frac{\beta}{1+r}f'(k) - \frac{J_k}{1+r}) - \omega v_{g2} P_k = 0 \qquad (\text{A}16-3)$$

ここで，$\omega\ (>0)$ は制約式（A3'）にかかわるラグランジュ乗数である。（A16-1, 2) 式は β と $\overline{U}$ のもとで g_1 と g_2 の最適配分を決めることになる。

（A14-1, 3) 式を（A16-1）（A16-2）式に代入して次式を得る。

$$v_{g1} = \delta v_{g2}(1-\eta)(1+r) \qquad (\text{A}17-1)$$

したがって，(A3) 式で与えられる g_1 と g_2 の最低配分条件はこのゲームの均衡では実現しない。ソフトな予算制約は A の増加をもたらし，g_1 を刺激する。

次に，(A14-2, 4) 式を (A16-2) 式に代入すると次式を得る。

$$v_{g1} = \delta(1-\eta)f'v_{g2} \qquad (\text{A}17-2)$$

（A17-1）式と（A17-2）式を考慮すると，最終的に次式を得る。

$$1 + r = f' \qquad (7)$$

その結果，部分ゲーム完全均衡での k はハード予算制約のケースよりも大きくなる。

4．3 経済厚生の比較

A を明示的に表すと，事後のＣＧの予算制約は以下のようになる。

$$G_1 + \frac{1}{1+r}G_2 = (1-\beta)(Y_1 + \frac{1}{1+r}Y_2) - \frac{1}{1+r}A \qquad (2-3')$$

k の増加で A は直接，間接的に増加する。これは（15-2）式と（15-1）式に示されている。他方で，k が増加するとＣＧの税収も増加する。k の増加がＣＧのネットの税収に与える効果，つまり，A の支出を差し引いた（2-3'）式の右辺全体の収入に与える効果は，以下の式で示される。

$$R \equiv (1-\beta)f' - (J_k + J_D \frac{dD}{dk}) \qquad (\text{A}18)$$

ここで（3-2'）式を考慮すると次式を得る。

$$\frac{dD}{dk} = \frac{\beta f'}{1+r} + \frac{1}{1+r}(P_k + P_D \frac{dD}{dk}) - \frac{1}{1+r}(J_k + J_D \frac{dD}{dk})$$

あるいは，最終的に次式を得る。

$$\frac{dD}{dk} = \frac{\beta f'}{(1-\eta)(1+r)} \tag{A19}$$

よって，(A19) 式を (A18) 式に代入すると次式を得る．

$$R = \frac{(1-\beta-\eta)\eta}{1-\eta} f' \tag{A18'}$$

もし $1-\beta-\eta>0$ であれば，(A18) 式の R はプラスになる．よって k の増加で (2-3') 式の右辺も増加する．これは望ましい．このような場合，ゲーム I のソフト予算ケースで社会厚生は増大する．他方，もし $1-\beta-\eta<0$ であれば R は負になる．この望ましくないケースは生じることもある．

5　ゲーム II

5.1　CGの移転；第3段階

CGのゲームIIでの第2期期首における最適化行動をこのゲームの第3段階として考察しよう．(A13-1, 2) 式の代わりに次式を得る．

$$A = J(\overline{D}, k) \tag{A20-1}$$
$$g_2 = P(\overline{D}, k) \tag{A20-2}$$

$\overline{D}$ はすでに所与なので，LGの選択はCGの行動に k を通じてのみ影響する．維持条件 (A3)，最適化条件 (5-2) と (A12) を全微分して次式を得る．

$$dg_2 = \beta f' dk + dA$$
$$(1-\eta)dG_2 = \eta dg_2$$
$$dG_2 = (1-\beta)f'(k)dk - dA$$

よって (2-2') 式を考慮すると，反応関数の特徴は以下のようになる．

$$J_k = \frac{\partial A}{\partial k} = (1-\beta-\eta)f'$$

$$P_k = \frac{\partial g_2}{\partial k} = f'(1-\eta) > 0$$

これらは (A14-2) 式と (A14-4) 式と同じである．

5.2　LGの行動：第2段階

第1期の期首における地方政府の最適化行動を考察しよう．地方政府はレント S

$$S = \overline{D} + \beta Y_1 - g_1 - k$$

を以下の制約式で最大化する。

$$v(g_1) + \delta v(P(k)) = \overline{U}$$

最適条件より，(A17-2) 式を得る。

$$\delta(1-\eta)f' = \frac{v_{g1}}{v_{g2}} \tag{A17-2}$$

ゲームⅡのソフト予算制約ケースをゲームⅡのハードな予算制約のケースと比較しよう。ハードな予算制約のゲームⅡでは (A8) 式が成立する。v_{g1}/v_{g2} は両方のケースで同じ値になるとは限らないので，k がハード予算よりもソフト予算の場合に大きくなるかどうかも確定しない。$1-\beta=\eta$ であれば，両方のケースで解は同じになる。もし $1-\beta>\eta$ であれば，ソフト予算の方がハード予算の時より k は大きくなる。逆の場合は逆である。

5．3　経済厚生の比較

k の増加がＣＧの税収に与える効果を検討しよう。D が固定されているので次式を得る。

$$R = (1-\beta)f' - J_k = \eta f' > 0 \tag{A18'}$$

ゲームⅠと異なり，この値は常にプラスである。もし $1-\beta>\eta$ であれば k は刺激されるので，ゲームⅡのソフト予算のケースはゲームⅡのハード予算のケースよりも経済厚生を高める。逆にもし $1-\beta<\eta$ であれば，k が抑制されるのでソフト予算制約は経済厚生を低くする。

第8章　グローバル化の政治経済学

1　はじめに

　貿易や投資の障壁をなくす経済のグローバル化は社会にさまざまなインパクトをもたらす。そして政治に共鳴し政策決定を左右する。政策対応はグローバル化を促進するときもあれば，停滞をもたらす可能性もある。TPP（環太平洋パートナーシップ）協定交渉ではとりわけ関税撤廃による農業生産への影響が注目され，国論を二分する大論争を引き起こした。難航していた交渉は，2015年10月に米国アトランタで開催されたTPP閣僚会合で大筋合意に達し，12カ国にまたがる経済連携協定が実現する見込みになった。

　近年では地域主義が多国間主義にとって代わって，貿易自由化推進の中心的な役割を果たすようになっている。第2次大戦後，世界貿易の自由化を一貫して先導してきたのはGATTとその後継たるWTOであり，ラウンドと呼ばれる多国間の関税引き下げ交渉が貿易自由化の舞台として機能してきた。だが長期化した多国間交渉の停滞が，利害の一致する特定国間だけの貿易自由化を促す事態に拍車をかけた。WTOによると，2015年12月現在およそ619の地域貿易協定（Regional Trade Agreement）が締結されているという。自由化交渉の歯車が多国間主義から地域主義に移った今日，果たして多国間交渉が目指していた包括的な貿易自由化を地域主義に基づく交渉の連鎖によって実現できるかどうかは，世界全体の自由貿易体制を考える上で重要な課題である。

　TPP協定の眼目は貿易の自由化にとどまらない。国際間の資本移動に関わる規制の撤廃や海外投資家に対する内国民待遇の供与も議論の焦点になっ

ている。グローバル化はモノやサービスの取引を自由化するだけでなく,労働や資本の国際的な移動も促してきた。国際金融市場を跋扈する巨大な短期の資本移動の影響力を抜きにして,アジア通貨危機やリーマンショックの際に顕在化した世界経済の不安定性を語ることはできない。長期の資本移動でも,中国経済の成長率鈍化,人件費上昇圧力,それに領土問題などの政治的要因も手伝ってか,日本からの海外直接投資がベトナムを始めとしたASEAN諸国へとシフトする動きが加速している。国際間で生産要素の移動が活発化し,しかも国家間での政策や経済状況の違いに敏感に反応するようになると,所得税や法人税の税収が歳入の根幹を占める先進諸国において,グローバル化は税体系や財政支出の構造に変更を余儀なくさせる可能性がある。換言すれば,グローバル化が国民国家の自律的な政策選択を制約し,民主主義社会における所得再分配の要請に応えられなくなるかもしれない。

2 地域貿易協定の政治経済学

本章では特定国間での財やサービスの貿易について関税を引き下げ自由化する条約の締結を地域貿易協定(RTA, Regional Trade Agreement)と呼ぶことにする1)。地域貿易協定には2つのタイプがある。加盟国以外の第三国との貿易について共通の関税を設定する関税同盟(Customs Union)と第三国との貿易に対する関税は各加盟国が自由に設定できる自由貿易協定(FTA, Free Trade Agreement)である。TPPのような,現在急速に増加している地域貿易協定はFTAの形態をとっているが,ヨーロッパ連合(EU)は関税同盟の形態を採用しておりEU加盟国はどの国でも域外国からの輸入に共通の関税を課している。

2.1 関税撤廃の社会的利益と再分配効果

まずは関税撤廃の利益についての基本的な説明から始めたい。

図1は,ある小国における輸入財の市場を描いている。曲線DおよびSは

---

1)「はじめに」でも触れたように,このような特定国間での貿易自由化は近年急速に増加しているが,実際に結ばれる条約は財やサービスの貿易自由化にとどまらず,資本移動規制の撤廃,競争ルールの統一化なども含まれ,経済連携協定(EPA, Economic Partnership Agreement)といった呼称が使われることもある。

図1　関税撤廃の経済効果

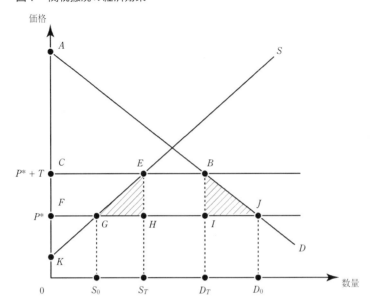

それぞれ国内需要曲線，国内供給曲線を表している。P^* は当該財の国際価格，T は輸入1単位あたりに課せられる関税率である（以下，通貨の単位は円とする）。

関税が課されると国内価格が $P^* + T$ 円まで上昇するため，この輸入財の国内生産量は S_T，国内消費量は D_T で決まってくる。両者の差 $D_T - S_T$ が輸入によって埋め合わされる。環境や食料安全保障への影響といった外部効果を無視すれば，このとき生み出される消費者余剰は△ABC，生産者余剰は△CEK，関税収入は□$EBIH$ の面積によってそれぞれ表される。

関税を廃止して輸入を自由化すれば，国内価格が国際価格 P^* と一致するところまで低下する。その結果，国内生産量は S_0 まで縮小する一方，国内消費量は D_0 まで増加する。輸入量も $D_0 - S_0$ まで増える。国内価格の低下によって消費者余剰は□$CBJF$ の面積だけ増えるが，生産者余剰は□$CEFG$ の分だけ減少し，関税収入も失われる。それでも消費者余剰の増分は生産者余剰の減少分と失われた関税収入を補って余りある規模であり，全体としての社会的余剰は図1の斜線部分の面積，つまり△EGH と△BIJ の面積の和の分だけ増加する。これが関税撤廃によってもたらされる社会的利益である。

このように関税の撤廃は生産や消費のゆがみを解消し社会的余剰の増大をもたらすものの，それが同時に引き起こす再分配効果にも注意が必要である。社会的余剰に基づく政策判断の是非は補償原理と呼ばれる価値判断の基準がベースになっている。具体的には，関税撤廃による生産者の損失や関税収入の減少で余儀なくされる政府サービスの削減といった不利益を消費者に対する追加的な課税によって補ったとしても，まだ消費者には利益が残る。このような仮説的な補償によって潜在的にはパレート改善が可能だから，関税撤廃は社会的に望ましいというわけである。

　しかし，貿易自由化にあたり実際に所得補償を行うかどうかは政治的には決定的に重要である。

　実際に補償を行おうとすると新たな社会的コストが発生する可能性が高い2)。たとえば一括型の課税を実施できなければ，補償のための財源調達が経済に新たなゆがみを作り出す。不利益を被った側が補償を受けるために煩雑な手続きを甘受しなければならないかもしれないし，補償金の交付に際して不正を防止するような措置も必要になるかもしれない。不利益を大きく見せて補償金を多くせしめようとするモラルハザードが生まれる可能性もある。

　所得補償の実行が不可避である場合，図1が示す社会的余剰の増分だけでは，関税を撤廃すべきかどうかを判断するのは難しい。所得補償の実施に付随するであろう追加的な社会的コストと比較して検討する必要がある。こういった社会的コストは補償に必要な財源が大きければ大きいほど増大すると考えられる。具体的には，補償の対象になる生産者余剰の減少分□$CEGF$と関税収入の喪失分□$EBIH$の大きさが問題である。

　とくに関税率Tが十分に低いケースは注意を要する。関税を撤廃したとしても図1で示された斜線部分の面積は，関税撤廃が引き起こす再分配の規模に比べれば，相対的には微々たる大きさにしかならない。

　関税が十分低く設定されている状況でも生き残っている国内生産者は国際競争力のある生産者である。関税が撤廃されて国内価格が下がっても，彼らが生産量を大幅に減少させるようなことはない。当該財の国内消費も，十分に価格が下がっている以上，もはや関税が撤廃されたところでそれほど大き

---

2)　もちろん，関税撤廃で節約できる社会的コストもある。たとえば，関税を撤廃すれば通関手続きに要する費用の一部を減らすことができるであろう。

く伸びるわけでもない。関税撤廃が資源配分のゆがみを解消する効果は小さいと言える。

その一方で，関税撤廃による国内価格の低下は生産者の所得を直撃する。その補償に要する財源の規模を社会的余剰の増分と比較し両者の比をとって考えると，関税率が低ければ低いほど社会的余剰の増分1円あたりでみた補償財源の規模は大きくなる。関税率がすでに十分低いとき，所得補償や関税収入の穴埋めのための財源調達から派生する社会的コストが，関税撤廃のもたらす社会的余剰の増分を上回りやすい。このような場合，関税撤廃はむしろ社会的に望ましい政策選択ではなくなってくる3)。

日本の食料輸入について言えば，コメにはおよそ800％，こんにゃく芋にはおよそ1700％，小麦には252％，バターは360％といった高関税率が課されている4)。一方，牛肉は38.5％，キュウリ，トマト，きゃべつなどの生鮮野菜は3％，マグロは3.5％，エビは1％，飼料用のとうもろこしや原料用の大豆は無税といった具合で，関税率にはばらつきが大きい。農産物の品目別では，関税率が20％以下のものが全品目の71.5％（うち無税のものは23.9％），関税率が100％を超えるものが9.4％になっている。農林水産省の計算によれば，日本の農産物輸入に対する平均関税率は23.3％，貿易量による加重平均では11.2％だと言う5)。

2．2　地域貿易協定の経済分析

前節の分析はどの輸出国にも差別なく関税を撤廃するケース，いわば最恵国待遇原則が適用されるケースを扱っていた。地域貿易協定はこの原則を遵守せず，特定国からの輸入に限定して関税率を低く設定する。

今，当該財の輸入国（A 国）が B 国と地域貿易協定を締結し，この財を B

---

3)　貿易自由化の利益と再分配のコストに着目した議論については，Rodrik (1994) および Rodrik (2011, Ch.1) を参照せよ。
4)　関税には従量型と従価型がある。コメやこんにゃく芋は従価型であり，コメ（精米）の関税は1キログラムあたり341円，コンニャクイモは同じく2796円になっている。本文ではこれを国際価格で割って従価型のように計算し，800％や1700％という表記になっている。
5)　ただし，この計算には WTO 協定の関税率が用いられており，日本がすでに締結している EPA や FTA で決められた低い関税率を考慮していない。

国から輸入する場合には関税が課されなくなったとする。B国以外の国（C国と総称する）からの輸入には従来通り，1単位あたりT円の関税が課される。

図2はB国との地域貿易協定締結の前後における市場均衡の変化を示している。

まずは締結前の状態から検討しよう。最恵国待遇原則の下では原産地にかかわらずT円の関税が課されるから，A国における当該財の国内価格は$P^* + T$円となる。国内消費量はD_T，国内生産量はS_Tに決まってくる。関税収入は□$EBLJ$の面積に等しい。これは図1の場合と同様である。

次にA国がB国と地域貿易協定を締結し，B国からは無税で輸入できるようになったとしよう。A国の国内供給曲線SにB国からの輸入量を加えたものが供給曲線Rである。C国は域外国なので，そこからの輸入には域外関税Tが課される。供給曲線Rと需要曲線Dの交点で決まってくるA国の国内価格P^{**}は関税込みの国際価格$P^* + T$よりも低いから，図2の状況では締結後，A国における当該財の消費は国内生産S_1とB国からの輸入$D_1 - S_1$によってすべて賄われることになる。図1と比較すれば，協定締結によって当該財の

図2　差別的な関税撤廃の経済効果（貿易創造効果と貿易転換効果）

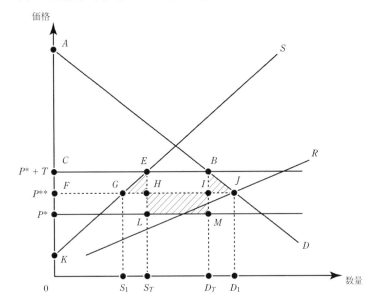

国内価格は $P^* + T$ から P^{**} へと低下する。

　国内価格の低下に反応して，国内消費量は D_T から D_1 へ増加，国内生産量は S_T から S_1 へ減少する。輸入量は $D_T - S_T$ から $D_1 - S_1$ へ拡大する。これは，最恵国待遇原則の下で関税率が引き下げられたのと実質的に同様の効果である。このような，地域貿易協定の締結が国内価格の低下を誘発し，関税がもたらした消費や生産のゆがみを緩和する効果を貿易創造効果（trade creation effect）という。

　最恵国待遇原則が適用される場合と比べて異なるのは，当該財の輸入が関税のかかるC国産から無税のB国産にすべて置き換わる点である。地域貿易協定によって域内国からの輸入が増え，域外国からのそれが減少することを貿易転換効果（trade diversion effect）という。図2が描く状況では，貿易転換効果によってA国は締結前の関税収入□$EBML$ をすべて失うことになる。

　協定締結の前後でA国の社会的余剰がどのように変化するか検討しよう。

　まず国内価格が $P^* + T$ から P^{**} へ低下することによって，消費者余剰は□$CBJF$ の面積の分だけ増加し，生産者余剰は□$CEGF$ の分だけ減少する。次に，貿易転換効果によって関税収入△$EBML$ が失われる。総合すれば社会的余剰は，貿易創造効果によって斜線部分で表された2つの三角形△EGH と△BIJ の面積に等しい分だけ増加する反面，やはり斜線で示された□$HIML$ の面積に等しい分だけ貿易転換効果によって減少する。前者の利益は国内価格が低下して，関税による消費や生産の歪みの一部を解消することを通じて生まれる。一方，後者の不利益はB国から無税で輸入することがA国の消費者にとっては有利でも，A国全体としてみれば当該財を割高な価格で購入する結果になるという事実に起因している6)。貿易転換効果による余剰の減少分とは，協定によって生産効率の悪い域内国からの輸入が増えるために生じた社会的損失である。

　B国との排他的な輸入自由化がA国の社会的余剰を増大させるかどうかは，図2の斜線で示した2つの三角形の面積の合計と長方形の面積のどちらが大きいかに依存する。B国からの輸入価格P^{**} が $P^* + T$ に近いほど，貿易創造効果による余剰の増分は縮小し貿易転換効果による余剰の減少分が大きくな

---

6)　C国からの輸入に対してA国全体で支払う価格は1単位あたりP^*円であり，B国からのそれはP^{**}円である点に注意せよ。

るため,社会的余剰の変分はマイナスになりやすい。逆にP^{**}がP^*に十分近いなら,貿易転換効果による余剰の損失は微々たるものになり,貿易創造効果がもたらす利益で社会的余剰は改善する。

地域貿易協定を締結してB国から無税で輸入してもA国の国内消費が賄えない場合はどうだろうか。

図3はそのようなケースの市場均衡を描いている。この場合,地域貿易協定を締結した後でもA国はC国から当該財を輸入し続けるから,国内価格はP^*+T円で協定締結前と変わらない。B国の生産者はA国に対してこの価格で,関税を支払うことなく輸出できる。その輸出量は$S_1 - S_T$の大きさである。A国からすれば,国内価格は協定締結前と変わらず,貿易創出効果は生じない。一方,輸入の一部は関税のかからないB国産に置き換わるから,貿易転換効果によって図中の斜線部分□$EFGH$の面積に等しい関税収入が失われる。したがって協定後にもC国からの輸入が継続される場合,B国に対して差別的に関税を撤廃してもA国は何も得るところがないばかりか,関税収入の一部をB国の生産者に献上するだけになる。

以上では,特定国からの輸入だけについて関税を撤廃するケースを検討し

図3　差別的な関税撤廃の経済効果（貿易転換効果だけの場合）

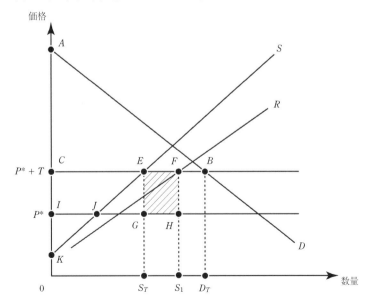

た。地域貿易協定による貿易自由化は双方向である。A 国が B 国からの輸入を自由化するだけでなく，B 国も A 国の輸出財に対する関税を廃止する。B 国からの輸入自由化が A 国に損失をもたらしても，その損失をカバーして余りある利益が，B 国への輸出が域外国よりも有利に扱われることによって得られる可能性がある。

図4は A 国の輸出財産業の市場均衡について描いている。曲線 d および s は当該輸出財の国内需要曲線と国内供給曲線である。B 国と地域貿易協定を締結する前では当該財の消費者と生産者は国際価格 p^* 円に直面しており，A 国は $d_0 - s_0$ だけこの財を輸出する。

協定締結後 B 国が域外国からの輸入だけに課す関税率を t 円としよう。協定締結後も B 国が当該財を域外国からも輸入し続けるならば，A 国の生産者が直面する B 国への輸出価格は，関税を払わなくてよいため，$p^* + t$ 円に上昇する。

このような輸出価格の上昇に反応して A 国から B 国への輸出は $d_t - s_t$ へ増加する。その結果，A 国の生産者は協定締結前と比較して，□$gcfj$ の面積に等しいだけの追加利益を獲得する。同時に，A 国の消費者が直面する国内価格

図4　輸出産業の利益

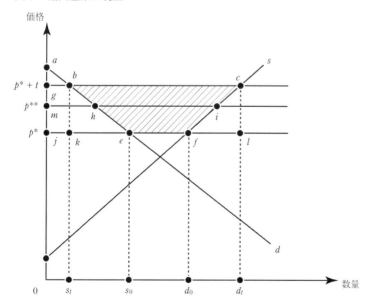

も $p^* + t$ 円に上昇するため，消費者余剰が□$gbej$ だけ減少する。総合すれば，A 国の社会的余剰は輸出拡大によって図 4 の斜線部分で表された□$bcfe$ の面積に等しいだけ増加する。輸入財産業とは対照的に，輸出財産業では協定締結が消費者の損失を補って余りあるだけの利益を生産者にもたらす。

B 国内の需要が国内生産者と A 国からの輸入だけで賄える場合には，図 2 ですでに見たのと同様に，A 国生産者の輸出価格は図 4 の $p^{**} + t$ よりも低下する。それを p^{**} 円とすれば，A 国が協定締結で享受する利益は□$hife$ の面積で表される。

2.3　地域貿易協定の締結と経済厚生

これまでの議論から，地域貿易協定の締結が輸入財産業，輸出財産業を通じて A 国の社会的余剰に及ぼす効果をまとめると，それぞれ以下のようになる。

(1) 域内国からの輸入を差別的に自由化すると，余剰は貿易創造効果によって増える一方，貿易転換効果によって減少する。とくに締結後も域外国からの輸入が継続し国内価格が変わらない場合，輸入財産業の生産者の利益が損なわれない代わりに貿易創造効果も発生しない。その結果，貿易転換効果によって関税収入を失う分だけ余剰は減少する。

(2) 域内国への輸出が特恵措置によって優遇されると，域内国向けの輸出が増え，輸出財産業の生産者余剰が拡大する。これは国内価格の上昇で失われる消費者余剰を補って余りある大きさである。輸出増を通じた余剰の増加は，締結後も域外国からの輸入が続き国内価格が変わらないときに最も大きい。

これらをまとめると，地域貿易協定の締結が各国の社会的余剰にどのような影響を与えるか理解できる。

まず始めに，A 国，B 国ともに協定締結後も域外国である C 国からの輸入を継続する場合を検討しよう。このとき，協定締結がもたらす A 国の社会的余剰の変化分は図 3 と図 4 の斜線部分の面積の差，つまり□$bcfe$ の面積から□$EFHG$ の面積を差し引いた値に等しい7)。前者は B 国の輸入財産業にお

ける貿易転換効果で失われた関税収入（□$bclk$ の面積）から輸出拡大にともなう社会的コスト（国内消費を犠牲にするコスト＝△bek の面積，および追加的な生産増に伴うコスト＝△cflの面積）を差し引いた値である8）。後者は図4で見たように，A 国の輸入財産業における貿易転換効果で失われる関税収入に等しい。

地域貿易協定締結による A 国の利益 ＝ □$bclk$ －（△bek ＋ △cfl）－□$EFHG$

ここで A 国と B 国が，輸出財や輸入財は異なるもののそれらの市場構造は対称的であり，域外関税率 T および t も等しいとしよう。対称的な市場構造とは，図3や図4で描いた事情が B 国の輸入財産業や輸出財産業にもそれぞれ当てはまるということである。そうすると，輸入財産業における貿易転換効果で各国が失う関税収入は等しくなり，図3の□$EFHG$ と図4の□$bclk$ の面積が一致する。これを上の式に当てはめれば，A 国の社会的余剰は地域貿易協定の締結によって減少する結果になる。B 国も同様である。

次に，協定締結後に A 国は B 国だけから輸入するようになり，輸入財の国内価格が協定締結後に低下し貿易創造効果が発現するケースを考えよう。図2ですでに論じたように，協定締結後に実現する輸入財の国内価格 P^{**} が低ければ低いほど，貿易創造効果による余剰の増分が拡大する（△EGH と△BIJ の面積）。一方，貿易転換効果による損失（□$HILM$ の面積）は縮小する。輸出財産業を通じた A 国の利益も，図4が示すように，協定締結後の国内価格 P^{**} が低くなるほど小さくなる。だが域外国からの輸入が継続する場合と同様に，A 国と B 国が対称的な市場構造を持つなら，貿易転換効果によって失う関税収入と輸出財産業の生産者が享受する輸出収入の増加分が相殺する。総じて，対称的な市場構造を持つ国が協定を締結する場合，国内価格が低下

---

7) 厳密な一般均衡モデルの描写は割愛するが，この3国モデルは A 国の輸出財，B 国の輸出財，両国において収穫一定の技術で生産されているニュメレール財の3つで成り立っており，前者2つの財は各国において特殊要素と労働，ニュメレール財は労働だけを用いて生産されると仮定している。また各国の代表的消費者の効用関数は分離可能で，ニュメレール財について線形である。詳細は，たとえば Grossman and Helpman (1995)，Tovar (2015) を参照せよ。

8) 図3を B 国の輸入財産業に当てはめて考えれば，□$bclk$ の面積が B 国で考えたときに□$EFHG$ に相当することがわかる。

すればするほど,貿易転換効果による消費者余剰の増加分が,輸出拡大に伴う社会的コストの増分を上回り,両国の社会的余剰を改善しやすくなるといえる。

2.4 地域貿易協定締結の政治経済学

前節では,輸入財産業における貿易創造効果の大きさが,地域貿易協定を締結した当事国の社会的余剰改善に鍵となることを明らかにした。しかし現実の政府は社会的余剰だけを判断基準に政策の選択をしているわけではない。再分配効果も反映した政治的選択の結果として締結される地域貿易協定は,社会的余剰を改善するだろうか。

Grossman and Helpman (1995) が開発した利益集団政治のモデル(共通エイジェンシー・モデル,第9章を参照せよ)を利用しよう。このモデルでは,政府は社会的余剰だけでなく輸入財産業や輸出財産業の生産者が提供する政治献金にも関心がある[9]。それぞれの利益を代弁する利益集団が組織され,政策決定への影響力を行使すべく政治献金を通じた競争が展開される。各利益集団は政府に対して政策選択を条件にした献金スケジュールを提示する。たとえば協定締結を促したい利益集団は,「協定を締結すれば○○億円献金するが,締結しなければ献金は見合わせる」といった暗黙の約束を政府に申し出るのである。

このモデルの均衡では,政府は社会的余剰と利益集団を組織する生産者の総利潤を加重和した目的関数を最大化するように政策選択の意思決定を行うことになる[10]。政治献金への関心が強い政府ほど生産者の総利潤への影響を重視して政策を選択する。

まず,A, B両国がともに協定締結後もC国からの輸入を続ける場合を考えよう。

輸入財の国内価格に変化がないから,輸入財生産者の利潤も変化しない

---

9) 厳密に言えば,献金を行う「生産者」とは各産業で用いられる特殊生産要素の所有者を指している。共通エイジェンシー・モデルについて邦語での解説は小西 (2009) を参照せよ。
10) ここでは関税収入は代表的消費者に還元され,各産業における特殊生産要素の所有者には分配されないものとしている。また彼らはニュメレール財だけを消費していると仮定している。

(図3の□$CEJI$)。一方,輸出財生産者の利潤は図4の□$gcfj$ の分だけ必ず増加する。したがって,たとえ社会的余剰を低下させることがわかっていても,政治献金に強い関心を持つ政府であれば,輸出産業の政治的影響力に誘導されて,地域貿易協定を締結する可能性が高くなる。

協定締結後の均衡ではどちらの国も域外国からの輸入を行わないときはどうだろうか。

この場合,それぞれの輸入財産業において国内価格は協定締結前よりも低くなり,貿易創造効果が作用する。国内価格が低下するため,輸入財生産者の利益は協定締結によって減少する。図2で言えば,輸入財生産者は協定締結によって□$CEHF$の面積に等しいだけの利潤を失うことが見込まれる。一方,輸出財生産者も輸出先の国内価格が低下するため,特恵的関税政策から享受できる利潤の増分は図4に示された□$mifj$ の大きさに留まる。

このように,域外国からの輸入が継続する場合に比べてどちらの産業でも協定締結から得られる利潤が減少する。すでに検討したように,貿易創造効果が大きいほど地域貿易協定の締結が社会的余剰を増大させる可能性は高まる。だがその一方で,輸入財生産者は損失を被り,輸出財生産者の利益の増加分も小さくなる。政府が政治献金に強い関心を持つならば,輸入財生産者の損失への配慮が働いて,一国全体としては互いに社会的余剰を改善できる余地がありながらも地域貿易協定は締結されにくくなる。

2.5 域外国との貿易自由化への影響

地域貿易協定は域内の貿易自由化を達成するだけで,域外からの輸入には依然として関税が課せられる。しかし,地域貿易協定の締結が域外関税率の選択に影響を与える可能性がある。もしも域外関税率の低下や撤廃を促すのであれば,地域貿易協定は多角的な貿易自由化につながる積み石(building block)として機能するし,逆に域外関税率を上昇させるならば地域貿易協定はそれを阻害する躓き石(stumbling block)になる[11]。

協定締結後に政府が域外関税率を変更できるとしたら,どのように変更しようとするだろうか。

この点を明らかにするために,再び図2を見ていこう。締結当初の段階で

---

[11] 「積み石」,「躓き石」という表現はBhagwati (1993) による。

図5 域外関税切り下げの効果

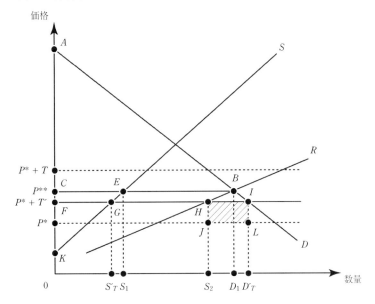

は域外のC国から輸入される財に1単位あたりT円の域外関税が課されることになっている。だが均衡では当該財はすべて域内のB国から輸入されており，国内価格はP^{**}円である。C国からの輸入がないため，A国政府が協定締結後に域外関税率Tを$P^* + T \geq P^{**}$を満たす範囲内で変更しても国内消費量，生産量，輸入量に何ら影響を与えない。

図5が示すように，域外関税率を$P^* + T' < P^{**}$となるT'のような水準まで引き下げたとき初めて，資源配分に変化が生じる。このとき国内価格はP^{**}から$P^* + T'$に転じ，当該財の輸入は域内のB国からだけでなく，域外のC国からも行われるようになる（$D'_T - S_2$）。その結果，A国の生産者の利益は□CEGFだけ減少し，B国の生産者の利益も□EBGHだけ減るが，両者を補って余りあるだけの消費者余剰の増分□CBIFをA国の消費者が享受する。そのうえ，C国からの輸入に対しては斜線部分□HILJの面積に等しいだけの関税収入も入ってくる。

このように協定締結後に域外国からの輸入が途絶えるケースでは，域外関税率を引き下げ域外国からの輸入を促せばA国の社会的余剰が増加する。域外関税率の引き下げはA国の輸入財生産者，B国の輸出財生産者の利益を損

なうものの,それ以上にA国の消費者に利益をもたらし,追加的な関税収入が政府の財政にも貢献する。

図3が示すような,協定締結後の均衡でA国が域外国からの輸入を継続する場合でも,域外関税率を引き下げると,A国の輸入財生産者は損失を被るがそれを上回るのに十分な大きさの消費者余剰が新たに生まれ,社会的余剰は必ず増える12)。

地域貿易協定を締結した後で域外関税率を引き下げると当該国の社会的余剰が増大するという事実は,多角的な貿易自由化の展開に対して重要な含意を持っている。

第1に,政治献金よりも社会の余剰に強い関心がある政府ならば,協定締結後に域外関税を引き下げるインセンティブを持つ。関税同盟の場合は締約国共通の域外関税率を勝手には引き下げられないし,引き下げると域内企業の利益を損なうから,政治的には容易に実現しないであろう。しかし自由貿易協定(FTA)の場合には域外関税率の設定は当時国の裁量に任されている。その意味では,FTAは関税同盟よりも多角的な貿易自由化を促進する「積み石」として機能しやすいと考えられる。

第2に,そうは言っても域外関税率の引き下げは域内の当該財生産者の利益を損なう,事実上の協定破りである。破られることがわかっていたなら協定の締結に彼らは同意しなかったであろう。

各国政府の事後的なインセンティブまで考慮して協定締結の政治的意思決定がなされるとすれば,それぞれの政府は社会的余剰よりも政治献金に強い関心を持つタイプでなければならない。そういうタイプの政府は域外関税の切り下げがもたらす生産者の不利益を重視する。したがって,図5で描いたような域外関税率Tが選択されることはなく,域外関税率は$P^* + T \geq P^{**}$を満たす範囲内に留まるはずである。

逆に締結当初の域外関税率が図3に描かれたような水準にあるならば,それは早晩,国内の輸入財生産保護のために域外国との貿易を事実上閉め出してしまう水準まで引き上げられるかもしれない。このような場合,FTAは多角的な貿易自由化を阻害する「躓き石」であり,世界貿易体制はFTAが乱立

---

12) 協定締結後に域外関税率を引き下げると社会的余剰が改善する点はRichardson (1995) によって最初に指摘されている。

したブロック化の憂き目を見ることになりかねない13)。

では現実には FTA は多角的貿易自由化に対する「積み石」と「躓き石」のどちらとして,これまで機能してきたのだろうか。すでにいくつかの実証研究がこの問題に取り組んできているが,残念ながら明確な解答を引き出すまでには至っていない14)。

3　資本移動の政治経済学

平成27年度の税制改正では法人税の実効税率を現行の34.62％から段階的に,27年度では32.11％,28年度には31.33％へと引き下げる改革が実施された。表1は,主要国およびアジア地域の法人実効税率を示している（2014年3月現在)。日本の法人実効税率は,国税である法人所得税と地方税である法人事業税所得割や法人住民税および地方法人特別税を合計したものであり,法人事業税が国税の法人所得税では損金算入されることを考慮して算出されている。

表1によれば,日本の法人税率はアメリカに次いで高い。高率の法人税が企業の資本コストを高め国際競争力を低下させているかもしれない。経済がグローバル化し貿易自由化が進められる今日,国内企業の国際競争力を確保しなければ,租税回避を目的とした資本流出や企業の海外移転が加速し,国内雇用にも悪影響が出ることが懸念される。

もっとも,法人所得への課税が国際的な資本移動に与える影響は課税ベースの選択によって異なると考えられる。国際的な資本課税の方法は課税ベースの設定に応じて,居住地主義と源泉地主義の2つに分類される。ただし後述するように,どちらか一方の課税方式しか採用できないというわけではない。

表1　主要国およびアジア地域の法人実効税率

日本	アメリカ	フランス	ドイツ	中国	韓国	イギリス	シンガポール
36.62%	40.7%	33.33%	29.59%	25.0%	24.20%	23.0%	17.0%

出典：財務省ウェブサイト

---

13)　Tovar (2015),Konishi and Taba (2011) などを参照せよ。
14)　これまでの実証研究の成果については Tovar (2015) に簡潔にまとめられている。邦語では少し古いが,椋（2006）に解説がある。

居住地主義の場合，資本の所有者が日本の居住者であれば，資本所得の発生地が国内であろうが海外であろうが，それらはすべて合算して課税される。世界中のどこで獲得された資本所得にも適用される税率は同じである。したがって居住地主義による課税は国際間の資本移動に対して中立的になる。

源泉地主義の場合，日本国内で発生した資本所得は，資本の所有者が居住者か非居住者かにかかわらず，同じルールで課税される。日本の居住者が資本を海外に投資して稼いだ所得には外国の課税ルールが適用され，日本の所得税は原則として適用除外になる。日本の居住者は国内と海外のどちらが有利な投資先か，課税後の収益率を考慮しながら判断するだろうから，内外に税率差があれば源泉地主義課税は国際的な資本移動を歪める効果を持ちうる。

3．1 居住地主義課税と源泉地主義課税の違い

上記の点を明確にするために，Bucovetsky and Wilson (1991) にしたがって，2期間の小国モデルを考えよう。このモデルでは，第1期の期首に政府が資本所得税率および賃金税率を決定する。その後，消費者は所与の初期保有量を第1期の消費と貯蓄に配分する。第2期には第1期に残した貯蓄を国内と海外のどちらに投資するかを決める。労働供給量の選択も第2期に同時に行われる。

当該国の代表的消費者による第1期の消費をc_1単位，第2期の消費をc_2単位とする。この消費者は第1期にはe単位の初期保有を利用して第1期消費を賄い，残りを貯蓄して第2期の消費に充当する。その際に得られる税引き後の実質利子率はρである。また第2期には労働をn単位供給して，労働1単位あたりωの税引き後実質賃金を得ることもできる。

第1期の消費をニュメレールとして価格を1に規準化すると，消費者の第2期の消費は次のようにして調達される。

$$c_2 = (1 + \rho)(e - c_1) + \omega n \tag{1}$$

消費者はこの予算制約の下で生涯効用$u(c_1, c_2, n) + h(g)$を最大化するように消費計画(c_1, c_2, n)を選択する。gは公共財の供給量を表し，消費者の意思決定にとって与件となる変数である。$u(\cdot)$は厳密な準凹関数，$h(\cdot)$は厳密な増加関数とする[15]。

各期の消費需要および労働供給は予算制約 (1) と効用最大化の1階条件を

満たすように決まる。それらを連立して解けば，各期の消費と労働供給はρとωの関数として表される。

$$c_1 = c_1(\rho, \omega), c_2 = c_2(\rho, \omega), n = n(\rho, \omega) \tag{2}$$

最大化の結果得られる効用水準（間接効用）vも$v = v(\rho, \omega, g)$と表すことができる。

当該国における第2期の生産活動の成果を生産関数$f(k, n)$で表す。kは資本投入量，nは労働投入量であり，生産関数は規模に関する収穫が一定とする。このとき，企業の利潤最大化条件より，課税前における国内資本の実質収益率rおよび実質賃金wは資本と労働の投入量に対して

$$f_k(k, n) = 1 + r \tag{3}$$

および

$$f_n(k, n) = w \tag{4}$$

を満たすように決まる。f_xは生産要素xの限界生産性を表しており，$f_x = \partial f / \partial x$である。

課税前と課税後の要素価格については以下の関係が成り立つ。

まず賃金税率をTとすれば，課税前後の賃金率の間には

$$w = \omega + T \tag{5}$$

の関係がある。

次に資本収益率に関しては，源泉地主義と居住地主義を区別して考える必要がある。海外市場で決まる資本収益率をRとしよう。これは海外から資本を国内に輸入するときに要求される収益率であると同時に，国内の居住者が海外に投資したとき獲得できる税引き前の収益率でもある。当該国は小国だから，Rはある水準に与えられている。

源泉地主義に基づいて国内で稼得された資本所得に課税が行われる場合，

---

15) 簡単化のため，ここでは公共財から得られる効用が分離可能な形の効用関数を前提しているが，以下での議論はより一般的な効用関数についても妥当する。

国内投資家であれ海外投資家であれ国内に投資してもらうには，海外市場と同じ資本収益率を税引き後で見て保証する必要がある。したがって，その税率をtとすれば，

$$r - t = R \tag{6}$$

が成り立たなければならない。その結果，源泉地主義課税では，国内企業の資本コストが$r = R + t$へと課税分だけ海外資本収益率よりも上昇し，課税の楔（tax wedge）が打ち込まれる。

一方，居住地主義で資本所得が税率τで課税されるなら，国内投資家に国内外で同一の資本収益率を税引き後で見て保証しなければならないから，

$$\rho = R - \tau \tag{7}$$

が成立する。居住地主義課税では，居住者の直面する税引き後の貯蓄利子率と海外での資本収益率の間に課税の楔が入ることになる。

図6は資本をネットで輸出している小国の状況を部分均衡分析で描いている[16]。図中の曲線ABは資本に対する需要曲線でありその高さは資本の限界生産性に等しい。曲線CDは資本の供給曲線であり，その高さは2期間の消費の限界代替率を表している。横に水平の実線は海外市場での資本収益率Rの水準で描かれている。これらに基づいて，課税がなければ資本の国内需要量は点F，供給量は点Jで決まってくる。ネットではFJの長さに等しいだけの資本が国内から海外へ流出する。

ここで源泉地主義による資本所得税を導入すると，国内企業の直面する資本コストがRからrに上昇する。国内で投入される資本量は点Eで決まり，OHだけの資本が国内で需要される。課税がないときと比べれば，GFの分だけ国内で投入される資本が減少する。

一方，居住地主義による資本所得税を導入すると国内の投資家が直面する

---

[16] この小国経済の一般均衡は次のように段階的に求まる。まずRとtが与えられれば，rが決まる。ここで生産関数が収穫一定であることを想起すれば，(3)と(6)より，与えられたrに対してk/nが求まる。そうすると，(4)と(5)よりwおよびωが決まる。一方，(7)より，与えられたRとτからρが決まる。ωとρが定まれば，(2)より，c_1, c_2, nが求まる。最後に，先決されたk/nにしたがって，kが決まる。

図6 居住地主義と源泉地主義

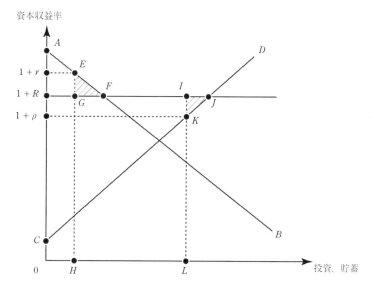

利子率は R から ρ に低下する。資本供給量（国内貯蓄量）は図中の点 K で決まり，OL の長さに等しいだけの資本が国内で供給される。課税がないときと比べると，資本供給量は IJ の分だけ減少する。

このような源泉地主義および居住地主義に基づく資本所得課税が同時に実施されると，ネットで見れば，この小国は GI の長さに等しいだけの資本を海外へ輸出することになる。図中の斜線部分が，課税によって生じた社会的余剰の損失を表している。

△EFG の面積は源泉地主義課税がもたらした余剰の損失を表す。これは一国全体でみた生産の非効率を反映している。

この国では第1期の貯蓄を原資として第2期の消費を賄うのに，2つの手段がある。1つは海外投資，もう1つは国内投資である。一定の貯蓄から得られる運用収入を一国全体で最大にするには，2つの投資先の限界生産性が等しくなるように投資量を配分すればよい。その条件は $f_k(k, n) = R$ である。(3) と (6) から明らかなように，源泉地主義課税はこの条件を歪め国内投資を減らす方向に作用して，第2期の消費財生産を非効率にする。

一方，△IJK の面積は居住地主義課税による余剰の損失を表している。(7) が示すように，居住地主義課税は異時点間の消費選択を歪める。これは貯蓄

の収益率を投資先の選択にかかわらず,税率の分だけ低めるからである。図6では居住地主義課税は IJ の分だけ貯蓄を減らし,第1期の消費を増やす効果をもたらしている。

3．2　最適課税理論からの接近

居住地主義と源泉地主義のどちらが資本所得に対する課税ルールとして望ましいだろうか。最適課税理論の観点からこの問題にアプローチしてみよう。

今,政府は一定の公共財供給量 g を調達するために税率の組合せ (t, τ, T) を選ぶものとする。公共財1単位は私的財1単位で生産できるものとすれば,税収制約は

$$g \leq tk + \tau(e - c_1^*) + Tn \tag{8}$$

と表せる。最適な税率の組合せは g を一定として,市場均衡で決まる諸変数のもとで上の税収制約を満たしながら間接効用 $v(\rho, \omega, g)$ を最大にするように決められる。

最適税率の導出は数学付録に譲るが,重要な点は $t = 0$,つまり源泉地主義を廃し居住地主義による資本所得課税を実施するのが最適になるということである。これは Diamond and Mirrlees (1971) によって明らかにされた「生産効率性命題」の応用になっている。厳密に言うと,

- 生産関数が規模に関する収穫一定で,政府が消費者の直面する相対価格を自由に調整できるならば,同じ生産要素の投入に対して差別的な課税を実施する税制は最適でない

という命題である。

図6で見たように,源泉地主義課税は国内投資家から見たとき,国内投資の収益だけに差別的に課税している形になっている。これに対して居住地主義の場合は,投資先にかかわらず均一な税率が適用される。

しかしながら,生産効率性命題の応用として居住地主義課税の最適性を主張するにはいくつかの前提条件がある。

第1は,生産関数が規模に関する収穫一定の条件を満たすことである。長期的には収穫一定の条件が満たされるかもしれないが,少なくとも短期的に

は各産業に特化した生産要素が存在する可能性がある。それらは，価格の変化に敏感に反応して産業間を移動するのが難しいため，超過利潤を獲得しうる17)。

第2は，小国の仮定，言い換えれば税制の変更によって誘発される資本移動が海外資本収益率に影響を与えないことである。源泉地主義課税によって国内の資本投入が不利になり海外からの資本流入が減少したとき，海外市場では資本が超過供給になって資本収益率が低下するかもしれない。そうすると，資本輸入国は海外に支払う資本利子が減少し利益を享受できる。

第3に，市場が完全競争になっていることである。たとえば第2期の消費財は海外から参入してきた独占企業が生産し，価格支配力を行使して独占利潤をあげるとしよう。政府は外国資本への課税によって，国内消費者が価格転嫁を通じて負担する以上に多くの税収を手に入れることができるかもしれない。

第4に，第1期の期首に政府が課税ルールにコミットできることである。政府には，国内に資本が投下された後で課税ルールを変更するインセンティブがある。居住地主義を維持するよりも，源泉地主義で課税すれば，少なくとも短期的には資本移動を引き起こすことなく追加的な税収を得られるからである。

第5に，制度的な観点からは，居住地主義を徹底するには海外で得られた資本所得を税務当局が遺漏なく捕捉できなければならない。しかし海外所得が国内にすぐに還流するとは限らない。還流せずに海外で再投資されると捕捉は困難になりやすい。海外の資本所得を当局が正しく補捉するには，税務当局間での国際的な情報共有が不可欠である。

3.3　資本所得に対する課税競争の帰結

各国政府が源泉地主義で資本所得に課税する場合に懸念されるのは，資本の海外流出を恐れて税率の引き下げ競争が生じ，結果として税収不足が起きて公共財が過少にしか供給されないという問題である。このような現象は底

---

17)　ただし，生産関数が収穫逓減の場合，政府が国内で生じる超過利潤を100%の税率で課税してすべて徴収することができれば，生産効率性命題は依然として成立する。

辺への競争（a race to the bottom）と呼ばれている。前節で用いたモデルをより簡単にしてこの点を確認してみよう。

前節のモデルにおける第2期の投資配分だけに焦点を当てた1期間モデルを考える。

ある小国の代表的消費者は$\bar{k}$だけの資本をすでに蓄積しており，それを国内外のいずれに投資するか選択する。簡単化のため労働供給は$\bar{n}$で一定であり，政府は賃金所得に課税せず，資本所得税の税収だけで公共財を供給する。この国の生産関数は規模に関して収穫不変であり，投資量kと労働投入量nを用いて$f(k, n)$と表せる。

政府が源泉地主義で国内資本投入に税率tで課税したとする。税引き後の資本所得は投資先が国内であれ海外であれRのリターンが裁定によって確保されるから，代表的消費者の消費水準は

$$c = w\bar{n} + (1 + R)\bar{k}$$

と決まってくる。一方，国内投資kと賃金率wの均衡水準は国内企業の利潤最大化条件にしたがって

$$f_k(k, \bar{n}) = 1 + R + t \tag{9}$$

および

$$w\bar{n} = f(k, \bar{n}) - (1 + R + t)k$$

を満たすように決まる。公共財の供給量は$g = tk$である。

代表的消費者の効用関数を$u = c + h(g)$としよう。国内投資の水準がkのとき代表的消費者が享受する効用水準は

$$u = f(k) - (1 + R + t)k + (1 + R)\bar{k} + h(tk) \tag{10}$$

と表せる。当該国の政府はこれを最大にするように資本所得税率tを選択する。その最適解は次の1階条件を満たすように決まる。

$$h'(g) = \frac{k}{k + t\dfrac{dk}{dt}} = \frac{1}{1 - \eta} \tag{11}$$

ここで$\eta = -(t/k)(dk/dt) > 0$は国内投資の資本所得税に関する弾力性を表し

ている。

　(11)の左辺は公共財を追加的に1単位供給したときに享受できる社会的限界便益，右辺はそれに要する社会的限界費用を表している。社会的限界費用が国内投資の弾力性に依存しているのは，公共財の財源調達のために資本所得税を増税したとき国内資本が海外に逃避する結果，図6の△EFGで示された生産の非効率が拡大するからである。

　経済のグローバル化が進展すると，税率引き上げに対して資本移動がより弾力的に反応するようになるであろう。その結果，公共財供給の社会的限界費用も上昇する。グローバル化に伴ってηの値が大きくなると，(11)より，税率tが引き下げられ，公共財の供給量gも減少する[18]。不足する財源を補うためには，消費や賃金を重課する方向に税体系の変更が迫られるかもしれない。

　資本の海外逃避を減らして公共財供給の社会的限界費用を引き下げるには，すべての国が連携して資本所得税率を引き上げればよい。そうすれば国内投資に変化をもたらさず，税収を上げることができる。各国が単独で税率を引き上げて財源調達する場合に比べれば，共通税率の設定によって公共財供給量を増加させ，社会的余剰も改善させられる。

3.4　国際的な課税競争は起きているか

　では前節の理論が示すような課税競争が実際，グローバル化に伴って国際的に起きているのだろうか。

　図7はOECDのデータベースに基づいて描いた主要先進国の法定法人税率（国税と地方税を統合した税率）の推移を表している。これを見ると，法人所得に対する税率が時間とともに逓減している傾向が窺える。しかしこの傾向がグローバリゼーションの進展に起因するものかどうかは，厳密な回帰分析を行わなければわからない。国によって国際的な資本移動に対する規制の程度も異なるし，法人所得に対する課税の軽減は必ずしもグローバリゼーションが理由ではないかもしれない。たとえば国内の資本蓄積を促進し経済

---

18)　この点は厳密には，2階の条件を考える必要があるが，直観的には，最適税率はいわゆるラッファー曲線の左側に存在するはずだから公共財供給量の低下とともに最適税率も低下する。

図7 法定法人税率の推移

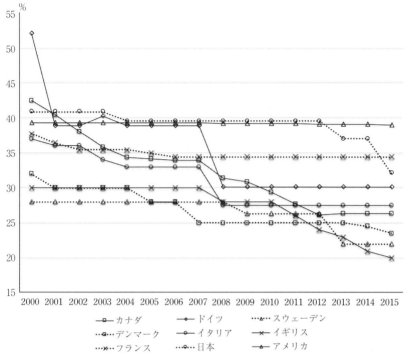

出所：OECD 統計

成長を加速するために先進各国が挙って資本所得税率を引き下げている可能性もある。

さらに図7を見る上で注意すべき点として，法定税率が投資決定に直接影響を与える税負担の指標になるとは限らないということがあげられる。法人税には借入利子の損金算入，加速度償却，投資税額控除などさまざまな課税優遇措置が用意されている。法定法人税率が引き下げられても，これらの優遇措置が整理縮小されれば，追加的な投資に対する負担はむしろ高まるかもしれない。事実，この章の最初に紹介した日本の平成27年度税制改正でも，欠損金繰り越し控除限度額の引き下げ，受取配当等の益金不算入制度の見直し，法人事業税（地方税）の外形標準課税の拡大といった法人税の課税ベース拡大策が法定税率の引き下げと同時に実施されている。

法定法人税率に代わる指標としてこれまでの研究でしばしば採用されてき

たのは，法人税収の対 GDP 比である。図 8 はその推移を表している。これを見ると法定法人税率のような一定のパターンは観察されない。リーマン・ショックに代表される景気要因が法人税収の対 GDP 比を大きく左右していることもわかる。

　法人税収でグローバル化への対応を測るのにもいくつかの問題がある。たとえば法人税の課税ベースには，いくら税率が高くなっても海外には移転できないか，もしくは企業が移転しようとしない資本の収益も算入される。税収が多いからといってグローバル化に対応していないとは限らない。また法人税収はあくまでも過去の課税政策に基づいた結果である。資本移動は将来の課税政策に反応するから，現在までの税収の変化がグローバル化への対

図 8　法人税収の対 GDP 比の推移

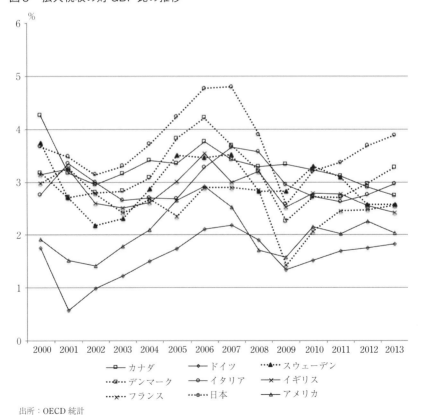

出所：OECD 統計

応を反映しているとは必ずしも言えない。

国際的な課税競争に関する実証分析の結果は多数報告されている[19]。だが上記のような不完全な資本所得税率や資本開放度の測り方にも起因して，現在までのところ，前節で説明した理論と整合的な実証的根拠が十分に提供されているとは言いがたい状況である。

4　グローバル化がもたらすトリレンマ

グローバル化がもたらす政策決定への影響は税制面にとどまらない。政府支出もしくは政府の規模にも影響を与える可能性があるし，国民国家の伝統に根ざしたさまざまな社会制度や規制にも修正を迫りうる。

4.1　効率化仮説と補償仮説

グローバル化が政府活動にもたらす影響について，政治学では従来から2つの仮説が提示されてきた。

1つは効率性仮説（efficiency hypothesis）と呼ばれるものである。この見方によれば，財や生産要素の国際移動の活発化は政府に，無駄な支出を減らして税負担の増大を抑え，国内産業の国際競争力を維持しようという誘因を与える。国際競争の妨げになるような非効率な制度や規制も撤廃される。その結果，グローバル化はより効率的な政府，小さな政府を作り出す。

もう1つは補償仮説（compensation hypothesis）と呼ばれる考え方である。国際的な財，サービス，生産要素の移動が活発化すると，国民は以前にも増して為替変動や海外の景気変動，海外企業との競争からのリスクにさらされる。低賃金国からの安価な製品が流入すると，輸入競争産業では賃金の低下，雇用機会の喪失，労働条件の悪化が引き起こされるかもしれない。国内企業の海外進出が加速し，いわゆる産業の空洞化が引き起こされる懸念もある。グローバル化が生み出す新たな経済的リスクや所得格差の拡大は，社会保障制度の充実や再分配政策の強化に対する政治的要求を高めるであろう。その結果，効率性仮説とは逆に，グローバル化は政府の規模を拡大し，弱者保護を目的とした社会的あるいは経済的規制の強化を促すというのが補償仮説の

19）課税競争の実証分析については Devereux and Loretz (2013) および Baskaran and Fonseca (2014) などの展望論文を参照せよ。

見方である。

　グローバル化は政府支出や社会保障支出の規模にどのような影響をもたらしてきただろうか。残念ながらこの点についても，現在までの実証分析の結果は明確ではない。

　たとえば Garrett and Mitchell (2001) は，1961年から1993年までの OECD18ヶ国にもとづくパネルデータを用いて，貿易額の対 GDP 比，資本移動の開放度，低賃金国からの輸入量，海外直接投資といったグローバル化に関連した説明変数が政府消費，社会保障支出，資本所得に対する実効税率，消費税収と勤労所得税収の和に対する資本所得税収の割合に与えたインパクトを計測している。それによると，貿易の拡大は政府消費や社会保障支出に統計的に有意なマイナスの影響を与え，効率性仮説と整合的な結果が得られているが，資本所得の実効税率には有意な結果が得られていない。逆に，消費税収と勤労所得税収の和に対する資本所得税収の割合に関しては貿易量の拡大は統計的に有意なプラスの効果を与えており，補償仮説と整合的な結果になっている。他の説明変数については，ほとんど有意な結果が検出されていない。租税競争理論の実証分析と同じく，グローバル化の尺度の取り方にさまざまな論点があるだけでなく，歳出規模の決定に作用する慣性が実証分析の際に慎重な処理を要する内生性問題を引き起こすという指摘も無視できない。今後，より詳細なデータにもとづく厳密な実証研究が待たれると言ってよいであろう。

　補償仮説が妥当するならば，政府は，経済社会のグローバル化とともに強まる再分配政策への政治的要請に対応すべく財源を充実させなければならない。財源を十分に確保できないまま再分配への要請に応えるには，市場取引を直接規制する政策や制度の導入によって効率性を犠牲にして，間接的な再分配効果を発揮させることになるだろう。

　日本における近年の労働者派遣法改正をめぐる変遷はグローバル化への政策対応を，効率化仮説と補償仮説の双方から関連づけて解釈できる事例だと思われる。

　1986年に施行された労働者派遣法ではソフトウェア開発や事務用機器操作など13業務に限定して運用されたが，その後の法改正で業務範囲は広げられ，1999年の法改正によって原則どの業務でも派遣労働者を雇用することが認められた。派遣期間の上限も施行当初は1年ないし9ヶ月であったが，2003年

の改正で専門的26業種については無制限，それ以外では最長3年へと引き上げられた。このような派遣労働者の雇用に関する規制緩和は，中国をはじめとするアジアの低賃金諸国から安価な製品が大量に流入するようになったり，そういう国々に立地した企業との国際競争が過熱するようになったりしたグローバル化の情勢と無縁ではないであろう。

　労働力の効率的配分に資する法改正が矢継ぎ早に施行される一方で，派遣労働者の待遇改善や直接雇用への転換促進に向けた法改正も実施されている。実際，派遣労働者の間には，正規労働者と同じ仕事をしているのに給与などでの処遇が違うといった不満が多く聞かれる。民主党政権下の2012年改正では，派遣会社に対して有期派遣を無期雇用に転換する努力義務を課したり，3年の上限を超えて雇用する違法派遣を続けていると，企業側が派遣労働者に直接雇用契約を申し込んだとみなす条項が導入された。こういった規制強化は補償仮説と整合的な政策対応と言えるだろう[20]。

4.2　政治経済のトリレンマ

　源泉地主義の資本所得税に関する課税競争理論が予測する帰結や効率化仮説の見方を敷衍すると，グローバル化によって各国の政策的な裁量の余地が狭められ，文化や伝統に根ざした固有の政策を実施するのが困難になる可能性を指摘できる。これは税制や社会保障支出にとどまらず，社会的，法的規制にも当てはまる。2015年10月に大筋合意されたTPP交渉でも，関税率の引き下げだけでなく，知的財産権，海外の投資家保護，医療保険における混合診療など，国際取引に関わる制度やルールの統一化が重要な交渉の的になった。日本で伝統的に培われてきた終身雇用，年功序列，企業内福祉といった雇用慣行もグローバル化の流れの中で過去の遺物となりつつある。

　グローバル化の進展によって各国が政策や制度の国際的調和を余儀なくされるならば，国民国家レベルでの民主的な意思決定はどのような制約を受けることになるだろうか。Rodrik (2011) は「政治経済のトリレンマ」と名付けた命題を提示して，グローバル化の帰結を論じている。それによれば，(1)財・

---

[20]　2015年10月1日から施行された改正法以前は，専門的26業務以外では業務ごとに3年を超えて派遣労働者を雇うことは禁止されていた。だが改正法では派遣労働者が異なれば同じ業務に派遣労働者を雇用できるため，「申込みなし制度」が事実上骨抜きにされているという批判もある。

サービスだけでなく資本も取引費用なしに自由に国際間を移動するハイパーグローバリゼーション，(2)各国が固有の文化や伝統に根ざしつつ主体的に政策決定を行う国民国家体制，(3)国内の多数派のみならず少数派にも配慮した再分配を実施する民主政治，の3つを同時に維持することは不可能であり，どれか1つを諦めなければならない[21]。

先に説明した課税競争の理論から類推して考えると，政治経済のトリレンマを理解しやすい。

資本移動が自由なハイパーグローバリゼーションの世界を想定しよう。各国が源泉地主義の資本所得税率を独自の裁量で決める場合，政府は資本の海外逃避を恐れて，法人税率や資本所得税率を低位に維持しなければならなくなる。その結果財源不足に陥り，公共財供給量は社会的に見て過小な水準に留まってしまう。

社会的に望ましい水準の公共財を供給するためには，各国が資本所得税率の決定について自主権を放棄し，国際的に合意した共通税率にコミットする必要がある。市場アクセスや雇用慣行も世界標準に合わせた制度の設計が要求される。

このように国際的な政策協調が貫徹された状況は事実上，国民国家体制を捨て世界全体を1つの国として統治するグローバル・ガバナンスが実現したのと同じ状況である。そこでは，経済的弱者への再分配政策や保護政策の決定をグローバルな民主主義的意思決定にゆだねることになるであろう。世界各国が独自政策を採用できる範囲は今よりも大幅に制限される。

しかし世界全体を1つの国にまとめて民主的な政策決定の仕組みを維持するという選択肢には，少なくとも現在の地政学的情勢を見る限り，実現可能性があるとは思われない。だとすれば，ある程度国際的な資本移動を制限する税制や規制を残しながら，国民国家の枠組みのもとで再分配に関わる民主的な政策決定を維持するのが現実的な選択かもしれない。

もちろん，再分配政策のすべてがグローバル化によって制約を受けるというわけではない。たとえばEUで採用されている付加価値税は，原理的には輸出の際にそれを還付する国境税調整という仕組みを備えている。ある国で

---

21) この考え方は，国際金融理論でよく知られた，自由な国際資本移動，固定為替相場，金融政策の自主権に関するトリレンマになぞらえて命名されている。

高い付加価値税が課されようとも，国境を越えた取引を非課税にできれば，国際的な経済活動の支障にはならない。労働力が国際間を移動せず，人が居住地を自由に変更するのが難しいという前提に立てるならば，付加価値税を主な財源として再分配政策を実施することでグローバル化の制約をある程度回避できる。

　それでも2015年の日本における軽減税率導入論争にも見られるように，付加価値税や消費税が発揮できる再分配効果には限界がある。間接税であるため個人や世帯の特性に配慮した税負担の調整がほぼ不可能なことに加えて，資本所得への課税が支出時点まで繰り延べられるため経済格差を是正するには力不足である。消費課税は生涯所得もしくは恒常所得を課税ベースにした税制だと考えられている。そういった課税の公平論に国民的な合意が得られたとしても，相続税や贈与税の設計が重要な政策課題になるし，資産保有それ自体がもたらす経済力をどう評価して課税するかという伝統的な税制改革にまつわる論点も避けて通れない。そういう意味では，消費税率の引き上げとともに相続税の強化が実施された最近の日本の税制改革はグローバル化を下敷きにしたものと見てよいであろう。

参考文献

Atkinson, A.B. and J.E. Stiglitz (1980), *Lectures on Public Economics*, McGraw-Hill.

Baskaran, T. and M.L. Fonseca (2014), "The economics and empirics of tax competition: a survey and lessons for the EU," *Elasms Law Review*, vol.7, no.1, pp.3-12.

Bhagwati, J.N. (1993), "Regionalism and mulitilateralism: an overview," De Melo and Panagariya (eds.), *New Dimensions in Regional Integration*, Cambridge University Press, pp.22-57.

Bucovetsky, S. and J.D. Wilson (1991), "Tax competition with two instruments," *Regional Science and Urban Economics*, vol.21, pp.333-350.

Diamond, P.A. and J.A. Mirrlees (1971), "Optimal taxation and public production I: production efficiency," *American Economic Review*, vol.61, no.1, pp.8-27

Devereux, M.P. and S. Loretz (2013), "What do we know about corporate tax competition?" *National Tax Journal*, vol.66, no.3, pp.745-774.

Garrett, G. and D. Mitchell (2001), "Globalization, government spending and taxation in the OECD," *European Journal of Political Research*, vol.39, pp.145-177.

Grossman, G.M. and E. Helpman (1995), "The politics of free trade agreements,"

American Economic Review, vol.85, no.4, pp.667-690.

Konishi, H. and Y. Taba (2011), "Free trade agreement and domestic negotiation with import - competing industry," *unpublished manuscript*.

Richardson, M. (1995), "Tariff revenue competition in a free trade area," *European Economic Review*, Vol.39, pp.1429-1437.

Rodrik, D. (1994), "The rush to free trade in the developing world: why so late? why now? Will it last?" in S. Haggards and S. Webb (eds.), *Voting for Reform: Democracy, Political Liberalization, and Economic Adustment*, Oxford University Press.

Rodrik, D. (2011), *The Globalization Paradox: Democracy and the Future of the World Economy*, W.W. Norton & Company: New York（柴山・大川訳『グローバリゼーション・パラドクス：世界経済の未来を決める　３つの道』，2013年，白水社）

Tovar, P. (2014), "External tariffs under a free-trade area," *Journal of International Trade & Economic Development*, vol.23, no.5, pp.656-681.

小西秀樹（2009），『公共選択の経済分析』，東京大学出版会。

椋寛（2006），「地域貿易協定と多角的貿易自由化の補完可能性：経済学的考察と今後の課題」*RIETI Discussion Paper Series*, 06-J-006。

数学付録：生産効率性命題の証明

　居住地主義課税が最適になる直観的な理由は次の通りである。

　生産関数が規模に関する収穫一定の仮定を満たしているので，市場均衡では企業に超過利潤が発生しない。そのため消費者の間接効用は r や w といった生産者価格には依存せず，消費者価格 ρ および ω と公共財供給量 g だけで決まってくる。

　今，政府が源泉地主義の資本所得税率 t を低下させたとする。誘発された国内投資 k の増加によって労働の限界生産性が上昇する。このとき政府は税引き後の賃金税率 ω を一定に維持しながら，労働の限界生産性が増えた分だけ賃金税率 T を引き上げ，賃金税収を増やすことができる。生産関数が規模に関する収穫一定の性質を満たしているため，源泉地主義の資本所得税率引き下げによる税収ロスよりも賃金税率の引き上げによる増収の方が必ず大きい。政府は公共財の供給量を一定に保ちつつ，ネットの税収増を賃金税率や居住地主義の資本所得税率の引き下げに充当し，代表的消費者の効用水準を引き上げることができる[22]。

　ネットで税収が増える点は，次のように考えることもできる。上のように源泉地主義の資本所得税を減税し賃金税率を引き上げたとき，消費者価格の ρ および ω は変化させていないから，労働供給や消費量に新たな課税の歪みが生じない。その結果，源泉地主義課税がもたらす国内資本投入の歪みだけを減らし，生産の効率性を改善できるのである。

　数学的な証明は以下の通りである。まず始めに，c_1, c_2, n は消費者の効用最大化の結果，ρ と ω の関数として決まってくる。

$$c_1 = c_1(\rho, \omega), c_2 = c_2(\rho, \omega), n = n(\rho, \omega).$$

---

[22] ここでの直観的説明からもわかるように，この小国モデルにおける生産効率性命題の成立には居住地主義の資本所得税率は何の役割も果たしていない。その理由は，海外資本収益率が固定されているからであり，政府が居住地主義の資本所得税率 τ を自由に変更できなくても生産効率性命題は成立し，源泉地主義課税の撤廃が最適になる。詳細は Bucovetsky and Wilson (1991) を参照せよ。

そこでρとωを固定して考えよう。このとき労働供給量nが決まるから、源泉地主義の資本所得税率tが与えられたとき、国内資本市場および労働市場の均衡条件

$$f_n(k, n) = \omega + T$$

$$f_k(k, n) = 1 + R + t$$

を通じて賃金税率Tと国内投資kが決まってくる。とくに後者で求まる国内投資はt, ω, ηの関数として、$k = k(t, \rho, \omega)$と表せる。

次に、税率の組合せが(t, τ, T)のとき実現する均衡で政府が獲得する税収bは、

$$b = \tau(e - c_1) + Tn + tk$$

である。一方、生産関数が収穫一定だから

$$(\omega + T)n + (1 + R + t)k = f(k, n)$$

が成り立つ。これを用いて源泉地主義課税から得られる税収tkを書き直すと、政府の税収は

$$\begin{aligned} b &= \tau(e - c_1) + Tn + f(k, n) - (1 + R)k - (\omega + T)n \\ &= (R - \rho)(e - c_1) + f(k, n) - (1 + R)k - \omega n \end{aligned}$$

となる。二段目では右辺の表現から賃金税率Tが消えていることに注意したい。

ここで最適課税問題を考える。本来ならばそれは政府の予算制約と一般均衡条件を満たしながら消費者の効用水準を最大にするような税率の組合せ(t, τ, T)を求める問題である。だが海外資本収益率Rが一定であり、上で見たように労働市場の均衡条件からTが決まると解釈すれば、τとTの選択はρとωの選択に置き換えても本質的には変わらない。そうすると最適課税問題は、上で得られた税収の表現を用いた政府の予算制約

$$g \geq (R - \rho)(e - c_1) + f(k, n) - (1 + R)k - \omega n$$

と均衡条件$c_1 = c_1(\rho, \omega)$, $n = n(\rho, \omega)$, $k = k(t, \rho, \omega)$のもとで、間接効用

$v(\rho, \omega, g)$ を最大にするように (ρ, ω, t) を選ぶ最適化問題に帰着する。ラグランジュ未定乗数を用いて最大化の1階条件を求めれば，t に関する条件が $f_k(k, n) = 1 + R$ と得られる。したがって $t = 0$, すなわち源泉地主義の所得税率はゼロにするのが最適である[23]。

---

23) 賃金税率および居住地主義の資本所得税率の最適水準はいわゆるラムゼイ・ルールを満たすように決まる。この点については他の解説書，たとえば Atkinson and Stiglizt (1980, ch.12), に譲る。

第 9 章　選挙の政治経済学*

1　はじめに

　民主主義社会において選挙は有権者が為政者を合法的に交代させられるほぼ唯一の制度的仕組みである。それゆえに選挙が政策決定に及ぼす影響を検討することは，民主主義の機能を政治経済学的に評価する上で決定的に重要と言える。

　選挙によって有権者は政治家に望ましい政策を実施するよう動機づけたり，そうしてくれそうな政治家を選出したりすることができる。だが選挙がこういった機能を無条件で発揮するわけではない。

　実際，当選した政治家が公約を反故にして有権者の意向に沿わない政策を実施するかもしれない。有権者は，選挙後に政治献金や賄賂で政策誘導を図る利益集団に直接対抗する術を持っていない。どの候補者が自分たちの利益に適った政策を実施してくれるのか，有権者が十分な判断材料を持っていないこともある。そもそも有権者自身，どの政策が自らの利益に適っているのか正確にはわからないといったケースも考えられる。

　最近ではゲーム理論を用いて，再選可能性や非対称情報を取り込んだ選挙競争の分析が深化してきた。本節ではその一端を可能な限り簡単な形で紹介しながら，マニフェスト選挙の意義，利益集団政治における選挙の役割，ポピュリズムの弊害について議論したい。

---

*　公約の役割について有益な議論をさせていただいた浅古泰史氏(早稲田大学)に感謝します。

2　公約の役割

　Downs (1957) や Wittman (1973) をはじめとする標準的な選挙競争のモデルでは，候補者が公約を掲げて有権者の票を争う分析枠組みが共通して用いられてきた。公約は有権者に対するコミットメントであり，たとえ自分の政策選好とかけ離れていても当選したら実行しなければならない。反故にできないとなれば，有権者は自分の政策選好にもっとも適した公約を提示する候補者に投票しようとする。

　Besley and Coate (1997) や Osborne and Slivinski (1996) は上記とは対照的に，候補者が当選後に公約を自由に反故にできるという前提で，候補者の立候補段階までを視野に入れた選挙競争のモデル（市民立候補モデル）を構築している。有権者は候補者の政策選好を知っていて，当選後の政策選択を読み込んだ上で投票する。当選後に自由に反故にできるから，このモデルでは公約には何の意味もない。

　実際，政治家が公約を破っても罪に問われるわけではない。有権者が公約違反を理由に政治家に損害賠償を求めても裁判所は訴えを却下するだけで裁判にもならないであろう。だとすれば Downs (1957) や Wittman (1973) のモデルの前提は非現実的であり，Besley and Coate (1997) や Osborne and Slivinski (1996) の見方の方が妥当だということになる1）。

　それでも有権者は候補者の街頭演説や政見放送に耳を傾け，公約を注視する。法的拘束力を欠く公約はどのような役割を果たしているのだろうか。

　有権者が現職の行動に与えうる最も強力なインセンティブは再選の可否であろう。実施された政策やそれがもたらした成果など，選挙の時点で利用可能な情報をもとに現職を再選するかどうか決める投票行動は実績投票（performance voting）と呼ばれる。

　前回選挙で示した公約が再選の可能性に影響するなら，現職はそれを読み込んで政策選択を変更しようとするかもしれない。立候補段階でも，将来の政権継続まで考慮して公約を提示しようとするかもしれない。Austen-

---

1）　最近では公約違反のコストを外生的に導入して公約が政策選択や政策選好の伝達に与える影響を分析する研究がいくつか行われている。Asako (2015) およびその文献案内や文献リストを参照せよ。

Smith and Banks (1989) は政治的エイジェンシー・モデルを用いて，就任前の公約を組み込んだ実績投票が現職の努力水準を有権者に最も有利な水準まで引き上げることを明らかにした。Harrington (1993) はチープトーク・モデルを用いて，それが候補者に自らの政策選好を正直に公約に反映させるよう促すことを示した。

本節では法的拘束力のない公約の役割が多数の有権者間での投票行動の協調を実現し，為政者のモラルハザードの軽減に貢献するという新たな視点を提示したい2)。

2.1　1期モデル

まずは1期モデルから始めよう。政権を獲得した政治家は経済運営のための努力水準 $e \geq 0$ を選択する。それに要する費用を関数 $C(e)$ で表す。費用関数 $C(e)$ は図1の曲線 OC として描かれているように，e の厳密な増加関数であり，$C(0) = 0$ を満たしている。一方，政権担当者が1期間政権の座を占有することで得られる収入を支配者レント $R > 0$ とする3)。支配者レントは努

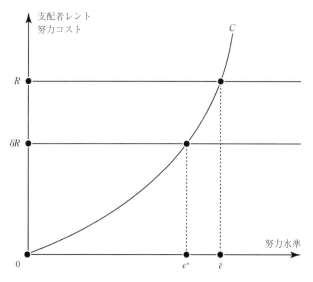

図1　支配者レントと努力水準

---

2)　本節の分析は小西（2009, 第3章）をより簡単にしたモデルに基づいている。

力水準にかかわらず一定であり，図1の切片 R を通る水平線の高さがその大きさを表している。政権担当者の利得は $R - C(e)$ である。

有権者には政権担当者の努力水準が大きいほど望ましい。以下では，政権担当者がどれだけ努力したかを有権者は観察できるものとする。

政権の座を獲得できなかったとき候補者の利得はゼロとする。これは政治家の留保利得になる。候補者は当選しても図1の $\bar{e}$ を超えた努力水準を選択することはない。$\bar{e}$ は $R = C(\bar{e})$ を満たす努力水準であり，有権者が政治家に期待できる努力水準の最大値を表している。

期首に行われる選挙には2人の同質的な候補者 A と B が立候補し，過半数の票を得た候補者が勝利する。各有権者は，在任中により多く努力してくれると期待できる候補者に投票する。どちらの候補者でも無差別な場合には確率1/2で候補者 A に投票する。

ゲームのタイミングは次のようになっている。

[ゲーム1]
(i) 候補者 A と B がそれぞれ努力水準 e_A, e_B を同時に公約する。
(ii) 有権者がどちらかの候補者に投票する。
(iii) 選挙の勝者が政権を執り，努力水準を選択する。

このゲームの部分ゲーム完全なナッシュ均衡を考えよう。

最初に分析するのは，公約に法的拘束力があり，当選した候補者は公約通りの努力水準を実行しなければならない場合である。このとき段階 (ii) において有権者は皆，努力水準の大きい公約を掲げた候補者に投票するから，候補者 A が選挙で勝つ確率は e_A と e_B の関数 $P_A(e_A, e_B)$ として次のように表せる。

$$P_A(e_A, e_B) = \begin{cases} 1 & \text{if } e_A > e_B \\ 1/2 & \text{if } e_A = e_B \\ 0 & \text{if } e_A < e_B \end{cases}$$

---

3) 支配者レントは政治経済学のモデルでしばしば登場する "ego rent" を意訳したものである。支配者レントには，自尊心の充足から来る満足や政権の座に就くことで得られる様々な便宜供与が含まれる。

候補者 B の勝利確率は $P_B(e_A, e_B) \equiv 1 - P_A(e_A, e_B)$ で表される。これらを用いると段階 (i) における候補者 $j = A, B$ が直面する期待利得はやはり公約の組合せの関数として,

$$\pi_j(e_A, e_B) = P_j(e_A, e_B)[R - C(e_j)]$$

と書ける。

各候補者が期待利得を最大になるよう公約を選ぶとき,均衡では

$$e_A = e_B = \bar{e}$$

となる公約の組合せが実現する。たとえば候補者 A は B の公約が $\bar{e}$ より低いときは必ず,e_B と $\bar{e}$ の間の努力水準を公約することで確実に勝利して正の期待利得を得られる。公約に法的拘束力があれば,選挙での競争は,実行可能な範囲内で有権者に最も有利な努力水準を政治家に選択させるよう促すといえる。

公約に法的拘束力がなければどうだろうか。この場合,段階 (iii) で選挙の勝者は一切努力を行わず,公約を反故にする。有権者は政治家のインセンティブを読み込むから,段階 (ii) ではどちらの候補者も無差別になる。その結果,段階 (i) で各候補者が直面する勝利確率は

$$P_A(e_A, e_B) = P_B(e_A, e_B) = 1/2$$

と決まる。公約が勝利確率に影響することはなく,期待利得も公約とは無関係に $R/2$ で一定である。均衡で提示される公約は無数に存在するが,実際に選択される努力水準と整合的なものは,

$$e_A = e_B = 0$$

以外にない。公約に法的拘束力がなければ,実行可能な努力水準の中で有権者にとって最も不利な努力水準が選択される。

2.2 実績投票

公約に法的拘束力がないとき政権担当者が努力を一切しないのは,努力しなくても何ら罰を受けないからである。そこで少し視点を変えて,有権者が現職の実績に応じて再選の可否を決める実績投票の効力を考察する。

ゲームはすでに第1期の現職が就任している段階から始まり，第1期終了後に彼の再選を問う選挙が行われる。対抗馬として立候補する挑戦者は現職と同質的な政治家である。

[ゲーム2]
(i) 有権者が実績投票戦略を選ぶ。
(ii) 現職 I が努力水準を選択する。
(iii) 現職 I と挑戦者 C が立候補した選挙が行われ，有権者が実績投票戦略にしたがって投票する。
(iv) 選挙の勝者が第2期の政権の座に着き，努力水準を選択する。

公約に法的拘束力がないため，段階 (iv) で選択される努力水準は現職と挑戦者のどちらが勝利してもゼロである（そのため段階 (iii) の選挙では公約の提示を省略している）。したがって段階 (iii) で有権者は本来，現職と挑戦者のどちらに投票しても無差別になっている。前節のモデルでは無差別の場合には確率1/2で各候補者が勝利すると仮定したが，それに縛られる必要はない。ここでは有権者が現職の実績を勘案して投票すると想定する。

具体的には，現職が第1期に選択した努力水準 e_I がある基準値 $\hat{e}$ 以上なら再選を支持し，そうでなければ支持しないものとしよう。このとき現職の再選確率は e_I と $\hat{e}$ の関数として

$$P_2(e_I, \hat{e}) = \begin{cases} 1 \text{ if } e_I \geq \hat{e} \\ 0 \text{ if } e_I < \hat{e} \end{cases} \tag{1}$$

と書くことができる。なお再選の基準値 $\hat{e}$ は段階 (i) において選ばれる。段階 (ii) では現職は上の再選確率関数に直面しながら，期待利得

$$\pi(e_I, \hat{e}) = R - C(e_I) + \delta P(e_I, \hat{e})R \tag{2}$$

を最大にするように努力水準 e_I を選ぶ。δ は現職が第2期の利得を評価する際の割引因子であり，$0 \leq \delta \leq 1$ を満たしている。現職が政権継続を重視すればするほど δ の値は大きくなる。

再選確率関数の形状から，現職が政権を継続するには最低限 $\hat{e}$ だけの努力をしなければならない。そのとき得られる追加的な利得は $\delta R - C(\hat{e})$ である。

現職に $\hat{e}$ だけの努力をする誘因があるかどうかは，この利得が努力せずに落選したときの留保利得を上回るかどうかによる。

$\delta R = C(e)$ を満たす努力水準を e^* と定義しよう。それは図1では，切片 δR を通る水平線と努力費用曲線 OC の交点で決まってくる。もしも $\hat{e}$ が e^* を上回るなら現職が再選から得るネットの利得はマイナス，下回るならプラスになる。このように考えると，再選基準 $\hat{e}$ に対して最適反応となる努力水準 $r(\hat{e})$ は

$$r(\hat{e}) = \begin{cases} \hat{e} & \text{if } \hat{e} \leq e^* \\ 0 & \text{if } \hat{e} > e^* \end{cases} \quad (3)$$

と表せる[4]。

最後に段階（i）に戻ろう。有権者が現職の最適反応を読み込んだ上で再選基準 $\hat{e}$ を選択する。現職が選択するインセンティブを持ちうる努力水準の最大値は e^* である。したがって，(3) の最適反応を考慮すれば，有権者にとって最も望ましい再選基準は

$$\hat{e} = e^* \quad (4)$$

と決まる。この再選基準を用いた実績投票戦略が段階（i）で有権者が採るべき最適戦略である。

図1が示すように，最適な実績投票戦略によって第1期に実現できる努力水準 e^* は，公約に法的拘束力がある1期モデルの均衡水準 $\bar{e}$ に比べれば少ないものの，法的拘束力がない1期モデルの均衡水準0より大きい。有権者は現職の再選誘因を利用した実績投票によって，法的拘束力のない公約がもたらす損失をある程度回避できると言える。

2.3　協調の失敗

前節で展開した実績投票戦略の実行には致命的な欠陥がある。それは有権者の協調した投票行動を暗黙のうちに前提している点である。個々の有権者が (1) で表されるような実績投票戦略をとるのはよいとしても，どうやって

4）　努力をするのとしないのが無差別な場合，現職は努力すると仮定している。

再選基準を（4）の水準に揃えることができるのだろうか。

たとえば有権者が全部でn人（ただしnは3以上の奇数）いて，有権者$i=1, 2, \cdots, n$が［ゲーム2］の段階（i）で独自に設定した再選基準を$\hat{e}_i$とする。これらが

$$\hat{e}_1 \leq \hat{e}_2 \leq \cdots \leq \hat{e}_m \leq \cdots \leq \hat{e}_n$$

のように並んでいるとしよう。$\hat{e}_m$は中位投票者となる有権者$m \equiv (n+1)/2$が設定した再選基準を表している。このとき，段階（ii）で現職は努力水準$\hat{e}_m$を選択すれば有権者1からmまでの過半数の票を獲得して再選を果たすことができる。最適な実績投票戦略の実行には$\hat{e}_m = e^*$でなければならない。だが自律的な調整によってこの条件が満たされる保証はなく，いわゆる協調の失敗が発生する。

例として，全有権者が$e' < e^*$を満たす再選基準e'を選択しているケースを考えよう。言うまでもなく$\hat{e}_m = e'$だから，現職はe'だけの努力を行って再選を果たす。$e' > e^*$の場合には，現職はまったく努力を行わず第2期には政権が交代する。いずれの場合でも，どの有権者が1人だけ再選基準を変更したところで$\hat{e}_m = e'$である状況は変わらないから，現職の選択に影響を与えない。つまり

$$\hat{e}_i = e' \quad \text{for } i = 1, 2, \cdots, n$$

のようにすべての有権者が同じ再選基準を選択する状況は，e'の大きさにかかわらず，どれでも［ゲーム2］の部分ゲーム完全なナッシュ均衡を構成する。同様な結果をもたらす再選基準の分布は他にも無数にある。このような協調の失敗による複数均衡問題を解決しなければ，前節で示した最適な実績投票戦略は絵に描いた餅である。

2.4 公約の役割

最適な実績投票戦略を妨げる協調の失敗から有権者を救い出す鍵が，法的拘束力のない公約の宣言である。［ゲーム2］に第1期の政権担当者を選ぶ選挙を付け加えてみよう。

［ゲーム3］

(i) 候補者 A と B がそれぞれ努力水準の公約 x_A, x_B を宣言する。
(ii) 有権者がどちらかの候補者に投票する。
(iii) 選挙の勝者 $I = A$ または B が第1期の政権を執り，努力水準 e_I を選択する。
(iv) 現職 I と挑戦者 C が立候補して第2期の政権の座を争う。
(v) 有権者が現職の公約 x_I と実績 e_I を比較した実績投票を行う。
(vi) 選挙の勝者が第2期の政権を執り，努力水準を選択する。

段階 (v) の実績投票によって決まる現職の再選確率関数は段階 (i) での公約 x_I と段階 (iii) での実績 e_I に依存して，

$$P_2(e_I, x_I) = \begin{cases} 1 & \text{if } e_I \geq x_I \\ 0 & \text{if } e_I < x_I \end{cases} \tag{5}$$

となる。[ゲーム2] で検討した実績投票戦略 (1) との違いは，有権者が現職の就任時の公約 x_I を再選基準に用いている点である。現職は公約を守れば再選されるが，守らなければ政権の座を失う。有権者はただ現職が公約を守ったかどうかだけ観察すればよい。[ゲーム2] のように共通の再選基準 $\hat{e}$ を採用して投票行動を協調する必要はない。

再選確率関数 (5) に直面した現職の期待利得は (2) と同様に表せるから，最適反応となる努力水準も (3) と同様に，公約 x_I に依存して，

$$r(x_I) = \begin{cases} x_I & \text{if } x_I \leq e^* \\ 0 & \text{if } x_I > e^* \end{cases} \tag{6}$$

となる。現職は再選の可能性を考慮して努力水準 e^* 以下の公約なら遵守するが，それを超えた公約を果たすインセンティブは持たない。有権者の目から見れば，e^* を超えた公約は守ってもらえない，信憑性のない公約であり，e^* 以下の公約は守ってもらえると予想できる公約である。したがって，段階 (ii) で2人の候補者の公約を聞いた有権者の投票行動は，候補者 A の勝利確率関数 $P_A(x_A, x_B)$ として以下のように記述できる。

$$P_A(x_A, x_B) = \begin{cases} 1 & \text{if } x_B < x_A \leq e^* \text{ or } x_A \leq e^* < x_B \\ 1/2 & \text{if } x_B = x_A \leq e^* \text{ or } e^* < \min\{x_A, x_B\} \\ 0 & \text{if } x_A < x_B \leq e^* \text{ or } x_B \leq e^* < x_A \end{cases} \quad (7)$$

有権者は信憑性のある公約を提示した候補者に投票する。両候補が信憑性のある公約を提示したときにはより多くの努力水準を公約した候補者を支持する。ともに信憑性がなければ無差別である。候補者Bの勝利確率関数は言うまでもなく$P_B(x_A, x_B) \equiv 1 - P_A(x_A, x_B)$で定義される。

上記の勝利確率関数に基づくと，段階（i）において候補者Aが直面する，2期間を通じた期待利得は次のようになる。

$$\pi_A(x_A, x_B) = \begin{cases} (1+\delta)R - C(x_A) & \text{if } x_B < x_A \leq e^* \text{ or } x_A \leq e^* < x_B \\ [(1+\delta)R - C(x_A)]/2 & \text{if } x_B = x_A \leq e^* \\ R/2 & \text{if } e^* < \min\{x_A, x_B\} \\ 0 & \text{if } x_A < x_B \leq e^* \text{ or } x_B \leq e^* < x_A \end{cases} \quad (8)$$

候補者Bの期待利得 $\pi_B(x_A, x_B)$ も同様に定義できる。これらを用いると，互いに最適反応になる公約の組合せは，

$$x_A = x_B = e^*$$

だけであり，各候補者の期待利得は$R/2$に等しいことがわかる。均衡では第1期の公約は守られるから，どちらの候補者が勝利しても第1期では努力水準e^*が選択される。

このように，法的拘束力がなくても個々の有権者がかつての公約を現職の再選基準に用いるならば，最適な実績投票戦略をとったときと同じ結果を実現できる。法的拘束力のない公約の宣言は，実績投票にまつわる複数均衡問題を解決し政治家のモラルハザードを最大限抑制できるよう有権者の投票行動に協調を促す役割を果たしている。

2．5　マニフェスト選挙

　公職選挙法の改正によって最近では国政選挙だけでなく地方の首長選挙でも，候補者が政権公約（マニフェスト）を公表・配布し選挙戦に臨む「マニフェスト選挙」が一般的になってきた。マニフェストが従来型の公約と異なるのは，具体的な政策課題について数値目標や達成工程を明示する点であり，実際の達成度合いを検証することも可能になる。

　民主党は2009年7月の衆議院議員総選挙で，(1)財政支出の効率化，特別会計の資産活用，租税特別措置の見直しなどの施策によって2013年度までに16.8兆円の財源を生み出す，(2)中学卒業まで1人あたり年31万2000円の「子ども手当」を支給する，(3)年金制度の一元化によって月額7万円の最低保障年金を実現する，(4)農業の戸別所得補償制度を創設し，高速道路を無料にする，(5)中小企業の法人税率を11％に引き下げる，といった施策の実施を掲げたマニフェストを打ち上げ，政権交代を実現した。しかしながら，同党はこれらの公約の大半を達成できず，普天間基地移設問題の迷走や東日本大震災での対応の不手際なども相まって，2012年12月に施行された衆議院総選挙で記録的大敗を喫し，政権の座を再び自民党に明け渡した。

　政権を奪回した当時の自民党のマニフェストを見ると，前回選挙における民主党のものとは対照的に，施策に関わる数値目標や達成の工程表といった具体案はほとんど示されていない。見方によっては，民主党の失敗に学び，後々マニフェストで尻尾を掴まれないよう具体的な数値目標の設定を避けたのかもしれない。政権を奪われた民主党のマニフェストには，前回選挙のものに比べれば具体性の点で大きく後退してはいるが，依然として社会保障改革や経済活性化，政治改革に関する政策について数値目標や達成の期限などが明示されている。とは言え，有権者の多くはその信憑性に強い疑問を持ったに違いない。

　次いで実施された2014年12月の衆議院議員総選挙において自民党が用意したマニフェストでは，2年間のアベノミクスの成果ばかりが強調され，肝心の公約は抽象的な表現で政策運営の方針が述べられる程度に留まっている。民主党のマニフェストからも数値目標や達成工程に関する記述が一切姿を消した。この選挙は自民党の勝利に疑いの余地がないものであったから，各党はあえて具体的な公約で有権者の関心を引く必要もなかったのかもしれない。

　最近のマニフェストの変遷は，前述の理論分析が示唆する公約の機能を弱

体化させていると考えられる。数値目標や達成工程を明示しない曖昧な公約は，政権担当者が当選後に反故にしても言い逃れができ，有権者が実績投票に訴えるのを困難にしやすいからである。

政権担当者の政策選択に規律を与えるようマニフェストを機能させるには，その達成度に関する事後的な検証のみならず，すでにいくつかの研究機関やシンクタンク，NPO が実施しているように，提示された時点での評価や実現可能性を比較検討し，その結果を有権者に提供することが望まれる。また，マニフェストで示した計画が単なる思いつきではなく，どういったデータ，予測，理論に基づいているのか，明確にすることも必要であろう。もちろん，政治家や政党は背後の事情を秘匿しやすい傾向にある。機に乗じてそれを可能な限り引き出し，マニフェストの下敷きになった試算や隠された独断を科学的に分析できるジャーナリストの育成も重要な課題と言えよう。

3　利益集団政治と選挙

利益集団や圧力団体と言うと農協，医師会，経団連，経済同友会，連合といった業界団体が真っ先に思いつく。日本には業種，職種などに応じて形成された無数の業界団体があり，それらを全国あるいは地域ごとに統合した上位団体も組織されている。

業界団体は加入者あるいは加盟企業に経済動向や新技術などの情報を提供したり，経済行動の協調を容易にして規模の利益を享受させたりする役割を果たしている。多くはこういった経済的利益の実現を目的に設立されたのであろうと思われる。ところが特定分野の政策について選好が類似した個人や企業が集まり資金力や集票力が強化されるにつれて，業界団体は政策選択に影響力を行使する政治的な集団としての機能も担うようになる。

利益集団の使命は言うまでもなく，母体となる業界に有利な方向へ政策選択を誘導することである。そのための手段には様々なものがある。代表例は政治献金，賄賂，選挙での人的物的支援，票の動員，政策形成のための情報提供などであろう。総称して，ロビー活動と呼ばれることが多い。

本節では TPP（環太平洋連携）協定に参加するかどうかという政策課題を例にとり，利益集団による政治献金を通じた競争と選挙の役割について検討する。

政治献金競争を分析する枠組みとしては，近年盛んに用いられている共通

エイジェンシー・モデルを取り上げる。このモデルでは，利益集団が政策選択に条件付けした献金スケジュールを政府に提示して政策誘導を試みる。もともとは Bernheim and Whinston (1986) が開発したメニュー・オークションのモデルだが，Grossman and Helpman (1994) が政策決定の政治経済学に応用したのをきっかけに，現在では利益集団政治を分析する標準的なモデルになっている。

3．1 利益集団政治のモデル分析
3．1．1 モデルの設定

簡単化のため，政府の選択する政策は Y（TPP に参加する），N（TPP に参加しない）であり，社会を構成する個人は誰しも M（工業），A（農業），V（一般市民）の3つの集団のいずれか1つに属しているとする。集団 g が政策 p から享受する利益を W_{gp}，政策 p が生み出す社会的余剰を W_p で表す（表1参照）。

集団 M と V は TPP への参加を選好し，集団 A は不参加を選好するとする。

表1　集団の利得と社会的余剰

政策	集団 M	集団 A	集団 V	社会的余剰
Y	W_{MY}	W_{AY}	W_{VY}	W_Y
N	W_{MN}	W_{AN}	W_{VN}	W_N

$$W_{MY} > W_{MN}, W_{AY} < W_{AN}, W_{VY} > W_{VN} \tag{9}$$

社会的余剰は各集団の得る利益の合計であり，

$$W_Y = W_{MY} + W_{AY} + W_{VY}, W_N = W_{MN} + W_{AN} + W_{VN} \tag{10}$$

を満たしている。さらに問題設定に現実的な意味を持たせるために，TPP に参加した方が社会的余剰は大きく，

$$W_Y > W_N \tag{11}$$

が成り立つとしよう。

共通エイジェンシー・モデルでは，政治的に組織された集団が政府に献金スケジュールを提示する。献金スケジュールとは，政府の選択に条件付けした献金の（暗黙の）約束である。具体的には，集団 M は，政府が政策 Y を選択すれば $C_M \geq 0$ だけの献金を政府に支払い，N のときはまったく献金を行

わないという約束を提示する．集団 A は逆に，政策 Y のときの献金額はゼロだが，N のときは $C_A \geq 0$ だけの献金を行う．集団 V は政策 Y が選択されたときは $C_V \geq 0$ だけの献金を行うが，N のときには献金を行わない．

もちろん，すべての集団がうまく政治的に組織されて献金活動を展開できるとは限らないが，まずは全集団が献金競争に参加できる場合から分析を始めたい．

ゲームのタイミングは次のようになっている．

(i) 各集団が献金額 C_M, C_A, C_V を決めて，献金スケジュールを政府に同時に提示する．
(ii) 提示された献金スケジュールを見た上で，政府が政策 $p \in \{Y, N\}$ を選択する．

政府が政策 p を選択したときの利得を，$\Pi_p = \theta W_p + C_p$ とする．C_p は政策 p を選んだときに受け取る献金の総額，$\theta \geq 0$ は政府が政策選択において社会的余剰に配慮する程度を示すパラメータである．献金にしか関心のない政府の場合，$\theta = 0$ になる．各集団の利得は表1に示された利益から実際に支払う献金額を差し引いた値として定義される．

3.1.2 全集団が献金競争に参加できるケース

段階 (ii) からゲームを解いて，部分ゲーム完全なナッシュ均衡でどちらの政策が選択されるか検討する．

献金スケジュールが提示されたとき，政府が選ぶ政策 p は次のように決まる．

$$p = \begin{cases} Y & \text{if } \theta W_Y + C_M + C_V > \theta W_N + C_A \\ Y, N & \text{if } \theta W_Y + C_M + C_V = \theta W_N + C_A \\ N & \text{if } \theta W_Y + C_M + C_V < \theta W_N + C_A \end{cases} \quad (12)$$

右辺の中段は政府がどちらの政策でも無差別であることを意味する．

政策 Y が選ばれる均衡が存在するかどうか考えよう．まずは，集団 M か V が献金を行い $C_M + C_V > 0$ が満たされるケースに焦点を当てる5)．

$C_M + C_V > 0$ を満たしつつ政策 Y が選ばれる場合，均衡で提示される献金

スケジュールは

$$\theta W_Y + C_M + C_V = \theta W_N + C_N \tag{13}$$

を満たし,政府がどちらの政策でも無差別になるよう調整されていなければならない。もしも (12) 上段の厳密な不等式にもとづいて Y が選ばれているなら,集団 M か V はほんのわずか献金を節約しても政策選択は変わらないからである。

(13) が成り立つとすれば,どの集団もわずかな献金額の増減で政策選択を Y から N に変えられる。しかし均衡ではどの集団もそのインセンティブを持たないはずだから,段階 (i) で決められる C_M, C_A, C_V は各利益集団の利得について次の 3 つの不等式

$$W_{MY} - C_M \geq W_{MN},\ W_{AY} \geq W_{AN} - C_N,\ W_{VY} - C_V \geq W_{VN} \tag{14}$$

を満たさなければならない。たとえば $W_{AY} < W_{AN} - C_N$ が成り立つなら,利益集団 A はほんのわずかに献金額を増やして政策選択を Y から N に変更させれば,利得が増加する。逆に $C_M + C_V > 0$ となる献金額の組合せ (C_M, C_A, C_V) が (13) と (14) を満たすならば,政策 Y が均衡で選択されることは明らかである。

図 2 は政策 Y が選択される均衡の存在条件を図解している。図中の斜線部分の領域が,(13) と (14) から C_N を消去して得られる C_M と C_V の範囲である[6]。この領域の存在が均衡で政策 Y が実施されるための必要かつ十分な条件になる。

図 2 は,均衡における各集団の献金額の組合せが一般には無数に存在する事実を示している。均衡での政策選択は一意に決まっても,利得の分配には無数の可能性がある[7]。

---

5) これは後に示すように,$C_M + C_V = 0$ で政策 Y が選ばれる均衡が存在するときは必ず $C_M + C_V > 0$ で政策 Y が選ばれる均衡も存在するからである。
6) 右下がりの直線 FG は,$C_M + C_V = W_{AN} - W_{YN} - \theta(W_Y - W_N)$ を表している。
7) 政策の選択肢が 3 つ以上あれば,均衡での政策も一意に決まるとは限らない。政策選択が一意にならない問題を解決する均衡精緻化の提案として,Bernheim and Whinston (1986) は共謀防止可能な (coalition - proof) 均衡というアイディアを用いている。これによって均衡で実現する利得の分布の範囲も狭

図2 均衡の存在条件

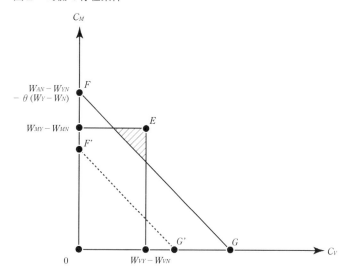

政府が社会的余剰の増大をより高く評価するようになると，集団MとVが支払う献金額の合計が少なくても政策Yが均衡で選択されるようになる。θの値が大きくなるにつれ図2の直線FGはFG'のように内側にシフトするからである。とくにθが十分大きくなると斜線部分の領域が$C_M = C_V = 0$を含むようになる。集団Nだけが献金で圧力をかけても社会的余剰への配慮から政府は政策Yを選択する。

図2から直観的にわかるように，政策Yが選ばれる均衡の存在条件は点Eが直線FGの右上に位置することである。それは，(13) および (14) の左右両辺を足し合わせ献金額を消去して得られる条件，

$$\theta W_Y + (W_{MY} + W_{AY} + W_{VY}) \geq \theta W_N + (W_{MN} + W_{AN} + W_{VN}) \tag{15}$$

に等しい。各辺は，それぞれの政策が生み出す社会的余剰と集団の利益の合計との加重和を表している8)。

めることができるが，それでも一般には一意に決まらない。本節の例では直線FG上の均衡解にまで絞られる。
8) 代数的な議論も補足しておこう。(15) が必要条件であることは明らかである。十分性は次のように確認できる。今，$C_M = W_{MY} - W_{MN}$, $C_V = W_{VY} - W_{VN}$と

政策Nが選ばれる均衡が存在するための条件も同様にして示すことができる。$C_N > 0$ となる均衡では（13）が成立しなければならないし，各集団の利得については（14）と反対に，

$$W_{MY} - C_M \leq W_{MN}, W_{AY} \leq W_{AN} - C_N, W_{VY} - C_V \leq W_{VN} \tag{16}$$

が条件になる。これらをまとめると，政策Nが選択される均衡の存在条件は（15）と逆の不等式として，次のように求められる。

$$\theta W_Y + (W_{MY} + W_{AY} + W_{VY}) \leq \theta W_N + (W_{MN} + W_{AN} + W_{VN}) \tag{17}$$

これまで2つの政策がそれぞれ選択される均衡の存在条件を考えてきた。どちらの条件が妥当するか検討すれば，均衡で選ばれる政策がわかる。

このモデルでは各個人はいずれか1つの集団だけに属しており，(10) のように集団の利益の合計は社会的余剰に一致する。また，(11) のように，政策Yの方が大きな社会的余剰を生み出すことを仮定している。これらの前提を（15）および（17）に当てはめれば，成立するのは前者だけである。つまり，どの集団も献金競争に参加できる場合には，生み出す社会的余剰の大きい政策が選ばれる。

この結論が政府の選好パラメータθに依存しない点は注目に値する。献金総額にしか関心がない政府（$\theta = 0$）であっても，すべての集団が献金競争に参加できるなら，政策は社会的余剰を最大にするように選択される。

マスコミなどは，利益集団政治が政治献金を餌に政策選択を歪め社会全体の利益を損なう元凶であるかのように言う。目の前にちらつかされた政治献

すると，(9) より$C_M, C_V > 0$であり，(14) の最初と最後の条件を満たしている。これらを (13) に代入して政府の選択が無差別になるようなC_Nを求めると，$C_N = \theta(W_Y - W_N) + (W_{MY} - W_{MN}) + (W_{VY} - W_{VN})$が得られる。(9) および (11) の不等式から，$C_N > 0$である。そして (15) が成り立つとき，上に与えられたC_Nが (14) の2番目の不等式を満たすことがわかる。なお，$C_M + C_V = 0$を満たしながら政策Yが選ばれる均衡が存在するための必要十分条件も，(15) を応用すれば，$\theta W_Y + W_{AY} \geq \theta W_N + W_{AN}$であることがわかる。というのは，$C_M + C_V = 0$となる均衡とは事実上利益集団$M$と$V$が最初から献金競争に参加していないモデルの均衡と見なすことができるからである。そうすると (9) の条件から，上記の条件が成り立つときには必ず (15) が成立するから，政策Yが選ばれる均衡の存在条件は (15) に集約できる。

金に飛びついてしまう政治家の姿勢も非難の対象になる。だが上記の理論にしたがえば，たとえ私益しか頭にない政治家でも，国民全員がどこかの利益集団に属して献金競争に参加できる状況ではそういった問題は生じない。

3.2 集合行為問題

たとえ政治家の関心が献金集めにしかなくても，献金競争を通じて社会的余剰を最大にする政策が選択される。このメッセージはわれわれが通常，利益集団政治に抱くイメージとかけ離れている。乖離を生み出した原因の1つは，すべての集団が政治的に組織され，献金競争に参加できると仮定した点にある。実際，工業や農業の利益を代弁する圧力団体が政府に影響力を行使する例は枚挙に暇ないが，一般市民が政治献金を集めてロビー活動を展開するという話は少なくとも日本ではあまり聞いたことがない。

ある集団がロビー活動によって政策決定に影響力を行使できるほど強く政治的に組織されるかどうかは，Olson (1965) によって提起された集合行為問題の解決にかかっている。

政治献金の財源となる資金集め，デモンストレーションへの参加，投票の呼びかけ，政策選択に関わる様々な情報収集といった集団のロビー活動に協力するかどうかは，所属する個人の意思決定に委ねられる。協力するには，資金，労力，時間といった費用がかかる。だが活動が奏功して政策転換がなされたとき集団の構成員にもたらされる利益は，それに協力したかどうかにかかわらず，皆に等しく享受される。

つまり集団のロビー活動に対する貢献は公共財の自発的供給に類似しており，個々のメンバーにはただ乗りのインセンティブが常に存在する。これはゲーム理論の初歩で習う「囚人のジレンマ」と似た状況である。ただ乗りが蔓延すれば集団の政治的影響力は低下する。ロビー活動による政策誘導の成否は，集団構成員のただ乗りを防止して，どれだけ多くの協力を引き出せるかで決まってくる。

標準的な繰り返しゲームの理論におけるフォーク定理からの類推で考えれば，構成員の関わりが長期的でかつただ乗りが発覚しやすい小規模集団であるほど，自発的な公共財供給を促しやすい。

この点からすれば，不特定多数の一般市民や入れ替わりの激しい都市生活者で構成された集団がロビー活動を効果的に展開するのは難しいと思われる。

しかし，たとえば日本医師会やJA全中のような政治的に強力な利益集団と言えども，その母体となる医師や農家は何万，何十万という数に上る。また活動の源泉となる組織票や政治献金の財源が少なくては，いくらただ乗りを回避できても政治的影響力はたかが知れている。単純な繰り返しゲームの論理を援用するだけでは，現代の利益集団がいかにして組織力を維持しているか説明できない。

Olson (1965) は，大規模集団が政治的に組織されるには，政策誘導によって構成員全体にもたらされる集団的な誘因とは別に，各構成員への個別誘因 (selective incentives) の提供が必要であり，その「副産物」として政治的な組織力が生まれると論じている[9]。

たとえば日本医師会に加入すると，会員だけに配布される雑誌やニュースレター，傘下の学会への出席などを通じて，医学や治療に関するさまざまな最新情報を手に入れることができる。さらに認定産業医や健康スポーツ医になるための研修会への参加，賠償責任保険制度や医師年金制度への加入といったサービスも利用できる。こういった会員だけに提供される特典がOlson (1965) のいう個別誘因であり，医師が会費を支払って日本医師会に参加する動機付けになっている。

日本医師会の会費は損害賠償保険に加入するかどうかなどで違ってくるが，医師1名あたり数万円から十数万円かかる。平成26年度の財務諸表によれば，日本医師会の会費収入は総額で140億円超に上る。こうやって集められた会費の一部が政治献金，政策提言，政治的な広報活動などの政治活動に費やされる。個人会員に提供する各種サービスがあって初めて日本医師会の政治的組織力が作り出されているのである。

3.3 一般市民が献金競争に参加できないケース

一般市民が集合行為問題を解決できず，献金競争には参加できない場合を検討しよう。どのような均衡が実現するかは，3.1.2節の分析で最初から集団Vが存在しないものと想定して考えればよい。そうすると，均衡において政策Yが選択されるための必要十分条件は，(15) より，

---

[9] Olson (1965) の訳書では selective incentives は「選択的誘因」と訳されているが，意味が伝わりにくいので，ここでは「個別誘因」とした。

$$\theta W_Y + W_{MY} + W_{AY} \geq \theta W_N + W_{MN} + W_{AN} \tag{18}$$

となる。今,集団MとAが享受する利益の合計については

$$W_{MY} + W_{AY} \leq W_{MN} + W_{AN} \tag{19}$$

が成り立ち,政策Nによる利益が上回ると仮定しよう。このとき(18)より,政策Yが選択される条件は,

$$\theta \geq \bar{\theta} \equiv \frac{W_{VY} - W_{VN}}{W_Y - W_N} - 1 \tag{20}$$

に帰着する。$\bar{\theta}$以上のウェイトで社会的余剰を評価する政府でなければ政策Yは選択されない[10]。

逆に$\theta < \bar{\theta}$ならば均衡では政策Nが選ばれる。政治的組織力を欠いた一部の集団が献金競争に参加できないとき,利益集団政治は社会的余剰への配慮が小さい政府に,社会的余剰の最大化に反した政策を選択させてしまう。

3.4 選挙の役割

政治的に組織されにくい一般市民は,政策が特定の利益集団に有利な方向へ誘導されるのをただ指をくわえて見ているしかできないのだろうか。献金活動に参加できない以上,彼らには直接的な政策誘導の機会はない。だが選挙を通じて政府の存続に影響を与えられる。そこで,集団Vが有権者の過半数を占めるものとして,前述のモデルに選挙を導入した次のゲームを考えよう。

(i) 集団Vが政府の選択に依存した実績投票戦略を選択する。
(ii) 集団MとAが献金額C_M, C_Aを決めて,献金スケジュールを政府に同時に提示する。
(iii) 実績投票戦略と献金スケジュールを見た上で,政府が政策$p \in \{Y, N\}$を選択する。
(iv) 現政府の政権継続か政権交代を問う選挙が行われる。

---

[10] (10)および(19)より,$W_{VY} - W_{VN} > W_Y - W_N > 0$が成り立つから,$\bar{\theta} > 0$である。

集団Vの実績投票戦略は，政府が政策Yを実施すれば政権継続を支持し，Nを実施すれば政権交代を支持する。政府は政権を継続できれば次期に支配者レント$R>0$を獲得できるが，下野すれば次期の利得はゼロになる。簡単化のため$\theta=0$とし，政府の利得は当期の献金総額と次期の支配者レントの割引現在価値の和と定義する。

集団Vが上記の実績投票戦略をとるとき，政府が段階（ii）で政策Yを選べば$C_M+\delta R$，政策Nを選べばC_Nだけの利得を得る（δは政府の持つ割引因子）。政府はこれらを比較して政策選択を行うことになる。この状況はすべての集団が献金競争に参加できるモデルで，集団Vが$C_V=\delta R$と定めた献金スケジュールを提示する場合に他ならない。一般市民の実績投票戦略は彼らを実質的には献金競争に参加させる機能を持っている。

前節までの議論を応用すれば，実績投票を加えたゲームの均衡で政策Yが実施されるための必要十分条件は，

$$C_M+\delta R=C_N, W_{MY}-W_{MN}\geq C_M\geq 0, C_N\geq W_{AN}-W_{AY} \tag{21}$$

を満たすC_MとC_Nの組合せが存在することに帰着する。この条件は

$$\delta R\geq W_{MN}+W_{AN}-(W_{MY}+W_{AY}) \tag{22}$$

と同値である11)。支配者レントの割引現在価値が利益集団の利益総額の差を上回るなら，利益集団政治から取り残された一般市民でも実績投票戦略に訴えることで，献金活動に参加したときと同じように政策選択を誘導できる。

(22)が示すように，実績投票戦略による政策誘導が有効に機能するためには，支配者レントの割引現在価値が十分に大きくなければならない。この点は献金活動に参加できない一般市民にとって不利である。その代わりに一般市民は一切自分のポケットから政策誘導の資金を捻出する必要がない。支配者レントの源泉には政治家の自己満足以外にも，政策決定に付随した政治献金や賄賂が含まれる。実績投票戦略を活用して利益集団のロビー活動に対抗する一般市民は，相手が支払う政治献金をてこに政策誘導をもくろむ，ある

---

11) (21)の最初の等式を3番目の不等式に代入して2番目の不等式と組み合わせれば，$W_{MY}-W_{MN}\geq C_M\geq W_{AN}-W_{AY}-\delta R$を満たす$C_M$が存在することが必要十分であると判明する。

意味では狡賢い圧力団体という一面を持つと言える。

　周知のように，TPP協定への参加問題は特にJA全中をはじめとする農業団体が強硬な反対姿勢を示すなど，国論を二分する大騒動になった。日本経済の国際競争力強化と成長重視の戦略を掲げた安倍政権にとって，小規模な兼業農家による非効率経営が蔓延した農業部門を放置するのは政治的な致命傷になりかねない。結局は，かつて自民党の集票マシーンとも呼ばれ，政治資金面でのサポートも引き受けてきた農協の改革に着手し，長く全国各地の農協を組織してきたJA全中を事実上解体する決着となった。

　安倍政権がJA全中の政治力を弱体化させてでもTPP協定参加の道を選択した理由は，それによって潤う輸出財産業に配慮をしただけでなく，規制緩和や成長戦略の遂行を期待する大多数の有権者に応えて政権基盤をより強固にしたいという政治力学が働いたものと考えられる。曲がりなりにも二大政党制の形が整った今日，無党派と呼ばれる一般市民はもはやサイレント・マジョリティーの地位に甘んじる政治的アクターではなくなっている。

　利益集団政治の弊害を避けるために政治献金，とくに企業や団体からの献金を規制するべきだと主張されることがある。しかし政治資金に対する規正は容易に遂行できない。最近でも日本歯科医師連盟による迂回寄付事件が発覚し，前会長らが逮捕された。本節での分析からは，政治資金規正の強化よりも，実績投票の効力を高める環境整備の重要性を指摘できる。利益集団政治が政策決定を歪める原因の一端は，投票率の低さや有権者に蔓延した政治的無関心にも帰されるべきである。

4　選挙とシグナリング

　選挙には2つの機能がある。動機付け（incentive）と選抜（selection）である[12]。

　動機付け機能とは，再選を目指す現職に再選可能性がない場合とは異なる政策選択を促す機能である。前節までで論じてきた実績投票戦略はこの機能に着目し，それが一般的な有権者にどのように有利に作用するか検討した。

　選抜機能とは，有権者に望ましい候補者を選び出せるようにする機能である。有権者は次期の政権を任せるのに最適な候補者を選出したい。しかし彼

---

12)　動機付けと選抜の機能についてはBesley (2007, pp.36-43) の解説も参照せよ。

らが政治家の政策選好，能力などの個人特性を正確に把握していることは希である。このような非対称情報の問題をどう克服できるかによって，選抜機能が有権者に有利に働くかどうか決まってくる。

本節ではシグナリング・モデルを用い，これら2つの機能の相互依存関係を視野に入れて選挙のメリットとデメリットを分析する。

4.1 歳出削減のシグナリング・モデル

政府による財政再建への取り組みを例として取り上げよう。

今，ある現職政治家が政権を担っている。期末には再選を問う選挙が控えている。政治家には2つのタイプがある。1つは利益集団と癒着しやすいタイプ，もう1つは癒着しにくいタイプである。それぞれをタイプH，タイプLと呼ぶ。事前情報として有権者が知っているのは，政治家は確率qでタイプLだということだけである（ただし$0 < q < 1$）。有権者は，タイプLである確率が高いと予想される政治家に次期の政権を委ねたい。

現職による財政再建政策には2つの選択肢がある。1つは$m > 0$だけの歳出削減を実施する政策であり，もう1つはまったく歳出削減を行わない政策である。歳出削減を実施するには利益集団の既得権に切り込む必要があり，彼らと関係の深い政治家ほど政治献金の減少などによる政治的費用が高くなる。タイプ$t = H, L$の政治家にとって歳出削減1単位あたりに要する政治的費用$c_t > 0$は，$c_H > c_L$を満たすものとする。

ゲームのタイミングは次の通りである。

(i) 現職のタイプがランダムに決められる。
(ii) 現職が歳出削減額$x \in \{0, m\}$を選択する。
(iii) 挑戦者のタイプがランダムに決められ，選挙が行われる。
(iv) 歳出削減額を観察した後，有権者が現職と挑戦者のどちらかに投票する。
(v) 選挙の勝者が次期の政権を獲得する。

政治家が政権獲得で得る支配者レントを$R > 0$，下野したときの利得をゼロ，将来利得に適用する割引因子をδ（ただし$0 < \delta < 1$）とする。図3は展開型でこのゲームを記述している。便宜上，最終節に続いては現職の利得だけを表示し，有権者および挑戦者の利得を省略した。

段階（iv）の選挙では有権者はタイプLである確率の高い候補者に投票す

る。挑戦者については確率 q でタイプ L だと予想する以外にないが，現職には在任時に実施した歳出削減額の情報がある。有権者はこれを用いて現職のタイプを，挑戦者よりも正確に予想できるかもしれない。予想の変化は有権者の投票行動に影響するであろう。

有権者の投票行動の変化も考慮に入れて，歳出削減を x だけ実施したタイプ t の現職が直面する期待利得を

$$R - c_t x + \delta p_x R \text{ for } x = 0, m$$

と書くことにしよう。p_x は歳出削減の規模に依存した現職の再選確率を表している。

４．２ 完全ベイジアン・ナッシュ均衡

上で説明した不完備情報ゲームの解を完全ベイジアン・ナッシュ均衡として求める。この解概念は各プレイヤーの戦略と予想形成をペアにして定義される[13]。

モデルに則して説明しよう。タイプ t の現職が実施する歳出削減額を $m_t \in \{0, m\}$ とすると，現職の戦略は $M = (m_L, m_H)$ と表記できる。ランダムに決まるタイプに依存させて，それぞれの場合の歳出削減額をあらかじめ指定するのが（タイプが決まる前段階の）現職の戦略である。一方，有権者の戦略は現職の再選確率の組合せ $P = (p_m, p_0)$ と表記できる。繰り返しになるが，p_x は x だけの歳出削減を行った現職を有権者が再選する確率である。

予想形成は，図３の左右に位置する各情報集合内の２つの意思決定節に付与された事後確率で表現される。歳出削減額 x を観察した有権者は，現職を確率 μ_x でタイプ L だと予想するとしよう。このとき予想形成は $\mu = (\mu_m, \mu_0)$ と表記できる。たとえば μ_m は図３の左側の情報集合に含まれる２つのうち，下の意思決定節に付与された確率である。同じ情報集合内にある上の意思決定節には確率 $1 - \mu_m$ が付与される。

戦略と予想形成の組合せ $[M, P, \mu]$ が次の条件を満たすとき，それは完全ベイジアン・ナッシュ均衡であるという。

---

[13] 完全ベイジアン・ナッシュ均衡の厳密な定義は Gibbons (1992) などゲーム理論の上級テキストを参照せよ。

図3　シグナリング・ゲーム

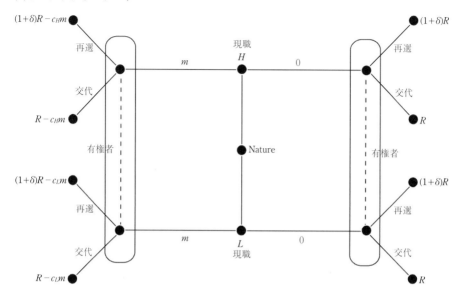

- 予想形成 μ を所与としたとき，戦略 M と P は逐次合理的である。
- 戦略 M と P を所与としたとき，予想形成 μ はベイズルールと整合的である。

具体的に逐次合理的な戦略を求めてみよう。

予想形成 μ が与えられたとき，有権者はタイプ L である確率の高い候補者に投票する。同じ確率なら現職を再選すると仮定すれば，有権者の逐次合理的な戦略 $P = (p_m, p_0)$ は

$$p_x = \begin{cases} 1 & \text{if } \mu_x \geq q \\ 0 & \text{if } \mu_x < q \end{cases} \quad \text{for} \quad x = 0, \ m \tag{23}$$

となる14)。このように与えられた p_x に対する最適反応として，現職の逐次合理的な戦略 $M = (m_L, m_H)$ は

$$m_t = \begin{cases} m & \text{if } R - c_t m + \delta R p_m > R + \delta R p_0 \\ 0 & \text{if } R - c_t m + \delta R p_m \leq R + \delta R p_0 \end{cases} \text{ for } t = L, H \tag{24}$$

と決まってくる。ここでは現職は無差別なら歳出削減を実施しないと仮定している。

一方，戦略と整合的な予想形成は現職の戦略に依存して

$$(\mu_m, \mu_0) = \begin{cases} (1, 0) & \text{if } (m_H, m_L) = (m, 0) \\ (0, 1) & \text{if } (m_H, m_L) = (0, m) \\ (q, r) & \text{if } (m_H, m_L) = (m, m) \\ (r, q) & \text{if } (m_H, m_L) = (0, 0) \end{cases} \tag{25}$$

のいずれかに決まる。ただし r は $0 \leq r \leq 1$ を満たす任意の実数である。最初の2つのようにタイプによって異なる歳出削減額が選ばれる場合，有権者は歳出削減額の情報でタイプを事実上識別できる。だが残りの2つのように同じ歳出削減額が選ばれる場合には，歳出削減額を見ても事前の予想を改訂できない。また均衡では選ばれるはずのない歳出削減額が万一観察されたときにはどのような事後確率を設定してもベイズ・ルールに反しない。

4.3 分離均衡と一括均衡

完全ベイジアン・ナッシュ均衡は戦略と予想形成の相互依存関係を明示的に捉えるため，分離均衡と一括均衡に場合分けして求めるのが簡便な方法である。

分離均衡とは，異なるタイプが異なる行動をとる結果，事実上タイプを識別できる均衡，一括均衡とは両方のタイプが同じ行動をとるため予想形成を事後的に改訂できない均衡を言う。

まずは $(m_L, m_H) = (m, 0)$ を満たす分離均衡が存在するかどうか検討しよう。この場合歳出削減を実施するのはタイプ L だけだから，整合的な予想形成は

---

14) $\mu_x = q$ のときは有権者は無差別なので，たとえば現職の再選確率を1/2としてもよい。そのような修正を行っても以下の議論の本筋は変わらない。

(25) より，$(\mu_m, \mu_0) = (1, 0)$ である。そうすると有権者の逐次合理的な戦略は，歳出削減を実施した現職だけを再選させる戦略になる。すなわち (23) より，$(p_m, p_0) = (1, 0)$ である。

このとき，あらかじめ前提した現職の戦略 $(m_L, m_H) = (m, 0)$ が逐次合理性を満たす条件は，(24) より，$\delta R - c_L m \geq 0$ および $\delta R - c_H m < 0$ の 2 つであることがわかる。それぞれの左辺は各タイプの現職が歳出削減を実施して確実に再選を果たせるときの利得である。したがって，これら 2 つの不等式は，歳出削減のインセンティブがタイプ L にしかないという誘因整合性を表している。2 つをまとめると，タイプ L だけが歳出削減を実施する均衡の存在条件は

$$\frac{\delta R}{c_H} \leq m < \frac{\delta R}{c_L} \tag{26}$$

に集約される。

歳出削減が利益集団と癒着しにくいタイプのシグナルとして機能するには，削減額 m が上記の範囲内に含まれている必要がある。削減額が大きすぎるとタイプ L のインセンティブが失われるし，小さすぎるとタイプ H がタイプ L を真似て歳出削減を実施しようとしてしまう。

次に，$(m_L, m_H) = (m, m)$ となる一括均衡が存在するかどうか検討しよう。両タイプの歳出削減額が m で等しいため，予想形成は改訂されず，$\mu_m = q$ である。一方，μ_0 には任意の確率が許容される。よって，(23) にしたがった有権者の行動を前提すれば，$(m_L, m_H) = (m, m)$ が実現するための誘因整合性条件は，$\delta R - c_L m > 0$ および $\delta R - c_H m > 0$ の 2 つになる[15]。これらをまとめると，どちらのタイプも歳出削減を実施する均衡の存在条件は，

$$m < \frac{\delta R}{c_H} \tag{27}$$

となる。

(26) と (27) を比較すれば，一括均衡で選択される歳出削減額は分離均衡のそれよりも必ず小さいことがわかる。均衡でタイプ H も歳出削減のインセ

---

15) ここでは $\mu_0 < q$ を仮定し，歳出削減を行わない現職は再選されないと想定して条件を求めている。この想定によって各タイプが歳出削減を行うインセンティブを最大限強めることができる。

ンティブを持つには，削減額が十分に小さくなければならない16)。

4.4 選挙による選抜と動機付け

分離均衡と一括均衡はこの節の冒頭で述べた選挙の選抜機能と動機付け機能において異なる性質を示している。その含意をまとめておこう。

分離均衡では，有権者は現職の政策選択を観察してタイプLだけを再選できる。この点で選挙の選抜機能は有効に働いている。だが再選の可能性がないタイプHの現職に歳出削減のインセンティブが生まれず，動機付け機能は弱まっている。対照的に一括均衡では，現職の政策選択は彼らのタイプの推測に役立つシグナルになっていない。その結果，タイプLだけを再選することはできず，選挙の選抜機能は作用しない。だがどちらのタイプの現職にも歳出削減に取り組ませられる点においては，分離均衡よりも動機付け機能が強くなっている。

社会全体の利益を考えたとき，分離均衡と一括均衡のどちらが望ましいか一概には言えない。

分離均衡では，シグナルとして機能する歳出削減額が社会的には過大な水準になってしまう可能性もある。有権者へ自らのタイプを伝達するために，タイプLの現職は社会的に必要な公共事業までも削減してしまうかもしれない。一括均衡では，どちらのタイプの現職も歳出削減に取り組む点は望ましいが，規模が小さく無駄な支出が温存されるかもしれない上に，分離均衡と比べると，タイプHの現職が再選される可能性が高まってしまう。

4.5 政治的予算循環

選挙を間近に控えていなければ，現職は選挙を意識して有権者にシグナルを送るインセンティブを持たない。本節のモデルでは，選挙を控えた年では歳出削減が実施される可能性があるが，選挙のない年ではどちらのタイプの

---

16) (25)の右辺に列挙された，現職の他の戦略が均衡と両立するかどうかについても簡単に述べておきたい。まず，$(m_L, m_H) = (0, m)$を満たす分離均衡は存在しない。タイプLが歳出削減をせずに再選を果たせるため，タイプHも同じ行動をとろうとするからである。次に，$(m_L, m_H) = (0, 0)$を満たす一括均衡は存在する。$\mu_m = 0$という予想形成を想定すればよい。この場合，選挙があってもなくても現職の政策選択は影響を受けないことになる。

現職も歳出削減を行わない。歳出削減に限ったわけではないが，選挙前後における予算政策の周期的変動を政治的予算循環と呼ぶ。

これまでは選挙の前後でのインフレ率や失業率の周期的変動に焦点を当てた政治的「景気」循環理論の研究や，有権者の財政錯覚を論拠にして減税政策や支出拡大政策が政権支持率を高めるかどうか検証する実証研究が盛んに行われてきた[17]。最近では，予算の透明性，民主主義の発展度合い，政治体制など国ごとの制度的な特性をコントロールした上での，「条件付き」政治的予算循環の実証分析や，政府消費，公共投資，直接税の税収というように予算政策を細分化して捉え，費目別や税目別に政治的循環があるかどうか検証する研究が進められている[18]。

伝統的によく議論されてきた仮説は，選挙前には減税や支出拡大などのバラマキ政策が実施され，選挙後には財政赤字解消のために増税や支出削減が行われるという循環である。しかし，有権者は選挙後に増税や支出削減が行われるのになぜ選挙前のバラマキ政策に反応して現政権を支持してしまうのか。有権者の非合理な財政錯覚を仮定しなければならなかったのがこの仮説の弱点である。

シグナリング・モデルを用いた政治的予算循環理論の嚆矢となったRogoff (1990) の研究は，合理的な有権者を仮定した上で同様な予算循環を完全ベイジアン・ナッシュ均衡の結果として説明することに成功した。そのロジックによれば，有能な政治家ほど多くの財源を将来獲得できるから能力のシグナルとして選挙前に財政赤字を拡大するというのだが，現実にどれだけもっともらしいか疑問の余地がある。実証研究でも，バラマキが選挙の勝利確率を上昇させるという仮説をサポートする証拠は必ずしも明確ではない。

日本で政治的景気循環や政治的予算循環が起きているかどうか実証する際に注意すべきは，政府が衆議院議員総選挙の時期を解散によって選択できる点である[19]。安倍政権が衆議院を突然解散して2014年12月に実施した総選

---

[17] 代表的な文献としてはNordhause (1975) やPeltzman (1990) などがある。サーベイ論文としては，Drazen (2001) などを参照せよ。

[18] たとえば，de Haan and Klomp (2013), Enkelmann and Leibrecht (2013), Katsimi and Sarantides (2012), Tanaka (2015) などを参照せよ。

[19] 日本における政治的景気循環理論の実証研究はIto and Park (1988); Ito (1990); Cargill and Hutchison (1991); Heckelman and Berument (1998) がある。

挙は，野党のみならずマスコミからも「大義なき選挙」と批判された。前回総選挙で民主党から政権を奪還してまだ2年しか経っておらず，しかも連立政権を組む自民党・公明党が衆議院に占める議席は，過半数をはるかに超えた326議席であった。それでも，物価や賃金には上昇の兆しが見え始め，企業業績は円安のおかげで輸出財産業を中心に大幅な改善が進む一方，政権交代当初は1万円割れしていた日経平均株価が総選挙当時には1万7000円台にまで回復するなど，日本経済が「失われた20年」からいよいよ脱出できるのではと多くの国民が希望を抱いた時期である。経済の好転がすべてアベノミクスの効果かどうかは定かでないが，選挙をやって政権基盤を一層強化するのには絶好のタイミングであったと言えよう。

政治的予算循環に関する最近の研究では，de Haan and Klomp (2013) が世界63の民主主義国について1975年から2005年までのデータを集め，選挙の年に財政支出や財政赤字がどのように変化してきたか実証した。その中で日本も扱われており，選挙のある年は財政支出が2.45％，財政赤字は1.75％増えるという結果を検出している。ただしこの研究では議会解散のタイミングがもたらす内生性を排除するために，任期満了で選挙が実施されるケースだけをデータに取り込んでおり，衆議院議員総選挙の影響がほとんど分析に反映されていないものと思われる。

5 大衆迎合の陥穽

前節の分析で，過大な歳出削減が行われる可能性は否定できないものの，選挙による動機付けが基本的には有権者にとって有利な方向へ政策選択を促す効果を持っていたのは，歳出削減が自分たちにとって望ましい政策であり，その実施に要する政治的費用はタイプ L の方が低いことを有権者が知っているからである。

だが有権者自身が最善の政策について十分な情報を持っているとは限らない。そういう場合には，有権者と同じ政策選好を持つ政治家でさえ政権継続を優先して有権者の利益に反する政策をとってしまう可能性が生まれる。最善の政策を実施しても，そうとは知らない有権者には受け入れられないからである。選挙はこのようにして政治家を大衆迎合，ポピュリズムの陥穽に落としてしまうことがある。原子力発電所（以下，原発と略称する）の再稼働問題を例にとって検討してみよう[20]。

5.1 原発再稼働の政治的意思決定モデル

 ある地域で原発を再稼働するか,廃炉にするかが首長の判断に委ねられている。原発が安全な地盤に立地しているなら再稼働したときの有権者の利益は1,廃炉にしたときは0である。逆に安全でない地盤に立地しているなら,再稼働による有権者の利益は0,廃炉による利益は1である。地盤が安全かどうか有権者は正確には把握していない[21]。有権者が知っているのは確率pで地盤が安全だという事前情報だけである(ただし$0 < p < 1$)。

 政治家は地盤の安全性について正確な情報を持っているとする。しかし彼らが有権者の利益のために行動してくれるかどうかはわからない。

 現職,挑戦者にかかわらず,政治家には政策選好を異にする2つのタイプGとBがある。タイプGは「良い」政治家であり,原発政策について有権者と同じ選好を持っている(つまり,安全な場合は再稼働,そうでなければ廃炉を選択する)。一方,タイプBは「悪い」政治家であり,原発関連業界の利益を優先し,地盤が安全であろうがなかろうが必ず原発を再稼働させる。残念なことに,有権者は外見だけで政治家のタイプを識別できない。何の情報もないとき,政治家がタイプGである確率をqとする(ただし$0 < q < 1$)。

 前節のモデルと違って,このモデルには2種類の非対称情報が組み込まれている。これらをまとめて政治家のタイプを再構成すれば,G_s, G_r, Bの3つに分けられる。G_sは「良い」政治家で原発が「安全」だとを知っているタイプ,G_rは「良い」政治家で原発が「安全ではない」とを知っているタイプを意味している。G_s, G_r, Bそれぞれの事前確率はpq, $(1-p)q$, $1-q$である。

 タイプにかかわらず政治家が自らの政策選好に照らしてベストな政策を実施したときに得られる利得をL,そうでない政策を実施したときの利得を0とする。Lを名声レントと呼ぶことにしよう。名声レントは,タイプGなら社会的使命を果たした満足感,タイプBなら業界団体から提供される資金や便宜からの効用を表すと解釈してよい。

---

20) 本節の分析はCoate and Morris (1995)およびMaskin and Tirole (2004)を参考にしている。
21) また,原発が安全かどうか,どれだけの利得を原発の再稼働あるいは廃炉で得ることができたのかについて,有権者がゲームの途中で知ることはないと仮定している。

またタイプにかかわらず政治家は政権継続によって支配者レント $R > 0$ を獲得できるものとする。支配者レントは2期目の政権運営で政治家が享受する利得を表している（2期目の名声レントが含まれていると考えてよい）。

第1期の終了とともに行われる選挙では，現職と挑戦者が立候補して第2期の政権の座を争う。第2期にタイプ G の政治家が政権を担当したときに有権者が得る利得は1，そうでないときは0とする。有権者はタイプ G である確率の高い政治家に第2期の政権を任せたい。有権者が挑戦者について知っているのは，確率 q でタイプ G であるということだけである。

ゲームのタイミングは，次のようになっている。

(i) 第1期の現職のタイプ $t \in \{G_s, G_r, B\}$ がランダムに決められる。
(ii) 現職が，原発を再稼働するかどうか選択する。
(iii) 有権者が現職の選択を観察した後選挙が行われ，現職を再選させるか，挑戦者に交代させるかを決める。
(iv) 選挙の勝者が第2期の政権をとる。

なお，有権者と政治家の持つ割引因子はともに1とする。

このゲームを展開型で表現したものが図4である。最終節に続く数式は最初が現職の利得，2番目が有権者の利得を表す（現職が第1期に獲得する支

図4　原発再稼働の政治的意思決定

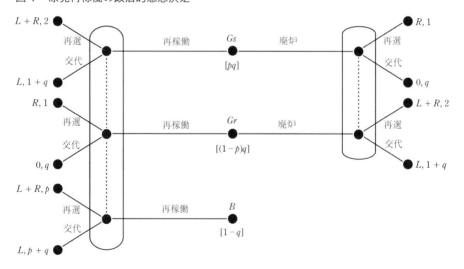

配者レントは省略している)。現職のタイプを表す記号の下にはそれぞれの事前確率が記載されている。現職がタイプ B のとき再稼働された原発が安全かどうか解らないので,有権者の第1期の期待利得は $1\times p + 0\times(1-p) = p$ である。

5.2 選挙がないとき

選挙がなく,政権継続が保証されている場合にどのような選択が行われるか考察しよう。現職は第1期の利得だけを考慮して再稼働か廃炉の意思決定を行うから,タイプ G_s と B は再稼働,タイプ G_r は廃炉を選択する。加えて,それぞれのタイプが第2期の政権も担当するから,2期間を通じた有権者の利得を現職のタイプ別に考えると,G_s および G_r のとき2,B のとき p である。各タイプの事前確率をかけて有権者の期待利得を求めると,

$$W_0 = 2pq + 2(1-p)q + p(1-q) \tag{28}$$

となる。現職がタイプ G のときは有権者の利益に適った政策が必ず採られるが,タイプ B のときには逆の政策になる上,その現職を交代させられない不利益も生じている。

5.3 選挙の影響

次に選挙がある場合について,このゲームの完全ベイジアン・ナッシュ均衡を考察しよう。実質的な現職のタイプは3つ,行動は再稼働と廃炉の2つだけなので,以下の3点に着目して,一括均衡を探せばよい。

第1に,廃炉を選んで図4の右側の情報集合に来るのはタイプ G の現職だけだから,この情報集合上でタイプ G_s と G_r に関する予想形成がどうであれ,現職を再選するのが有権者の逐次合理的な戦略である。

第2に,廃炉を選んだ現職が必ず再選されるとすれば,タイプ G_r は再稼働を選んだときの再選確率にかかわらず,必ず廃炉を選択する。

第3に,タイプ G_r が再稼働を選ばずタイプ G_s だけが再稼働を選択するとき,再稼働を選択した現職がタイプ G の,「良い」政治家である事後確率 μ は

$$\mu = \frac{pq}{pq + 1 - q} < q$$

となる。これは挑戦者が「良い」政治家である確率 q を下回る。タイプ G_s も再稼働を選ばないなら，$\mu = 0$ であり事情は変わらない。したがって再稼働を選んだ現職は交代させるのが有権者の逐次合理的な投票行動である。

5.3.1 $L > R$ のとき

再稼働を選べば交代，廃炉を選べば再選になるときタイプ G_s の現職による逐次合理的戦略は，図4からわかるように，名声レント L と支配者レント R のどちらが大きいかに依存する。

$L > R$ のとき，タイプ G_s の現職は政権継続よりも社会的使命の充足を優先し，次の選挙で負けるとわかっていても，原発の安全性を確信して再稼働を実施する。このとき有権者の期待利得は

$$W_1 = (1+q)pq + 2(1-p)q + (p+q)(1-q) \tag{29}$$

となる。

選挙がないケースとこのケースで有権者の均衡利得を比較してみよう。

選挙の存在は有権者の期待利得に，相反する2つの効果をもたらしている。1つは，タイプ G_s の現職が再選を果たせないために，確率 $1-q$ でタイプ B の政治家が第2期の政権を担当してしまうデメリットである。もう1つは，タイプ B の現職を政権から追い出せるために，確率 q で第2期の政権をタイプ G の挑戦者に任せられるメリットである。前者の事象が確率 pq，後者が確率 $1-q$ で起きるから，選挙の存在が有権者の期待利得にもたらす総効果は

$$W_1 - W_0 = q(1-q)(1-p) > 0 \tag{30}$$

と求まる。したがって政治家が再選に強い誘因を持たないならば，原発再稼働問題の解決を政治に委ねることは有権者の利益に適っていると言える。

5.3.2 $L < R$ のとき

続いて，$L < R$ が成り立ち，「良い」政治家でさえ社会的使命より政権継続を優先するケースを考察しよう。この場合，タイプ G_s の現職は原発が安全であり再稼働した方が有権者の利益を増進すると知っていても，政権継続のために廃炉を選択してしまう。これは政治家が社会的使命をかなぐり捨てて，大衆ウケする政策選択を追求するポピュリズムに陥ってしまった状況である。

均衡ではタイプBだけが原発を再稼働し、タイプGは必ず廃炉を選択し政権継続を果たす。図4に照らせば、有権者の期待利得は

$$W_2 = pq + 2(1-p)q + (p+q)(1-q) \tag{31}$$

と決まってくる。

　選挙がない場合と比較すると、やはり有権者の期待利得にはトレード・オフがもたらされている。第1に、タイプG_sの現職が安全な原発を廃炉にしてしまい、有権者に1だけの不利益がもたらされる。第2に、タイプBの現職を政権から追い出すことでqだけ有権者の期待利得を増進できる。前者は確率pq、後者は確率$1-q$で生起する事象だから、選挙の存在が有権者の期待利得にもたらす総効果は

$$W_2 - W_0 = (1-p-q)q \tag{32}$$

である。したがって$p+q>1$のとき、つまり原発が安全である確率が高かったり、政治家がタイプGである確率が高いならば、選挙がもたらすポピュリズムの弊害は有権者の期待利得を選挙がない場合よりも引き下げてしまう。

5.4 原発の安全性について情報が対称的なとき

　これまでの分析では、有権者が政治家のタイプと原発の安全性という2つの事象について情報の非対称性に直面している設定が結果に対して本質的な役割を果たしている。もし有権者も政治家と同じように原発が安全かどうかを知っているならば、上で述べた大衆迎合による不利益の発生を避けられる。

　図5は有権者も原発が安全かどうか知っている場合のゲーム・ツリーである。タイプGの政治家にならってタイプBもB_sとB_rに分けて記述されている。有権者は現職がタイプGかBかわからないだけだから、左側の情報集合はsとrで2つに分断されている。

　このゲームの完全ベイジアン・ナッシュ均衡を解く手がかりは次の通りである。

　まず先のゲームと同じ理由で、廃炉を選んだ現職は必ず再選される。したがってタイプG_rは必ず廃炉を選択する。一方、タイプB_rの現職は必ず再稼働を選ぶから、「悪い」政治家であることが判明して次の選挙で必ず落選する。

　問題はタイプG_sの現職の選択である。タイプB_sの現職は再稼働を選ぶか

図5 原発の安全性について情報が対照的なとき

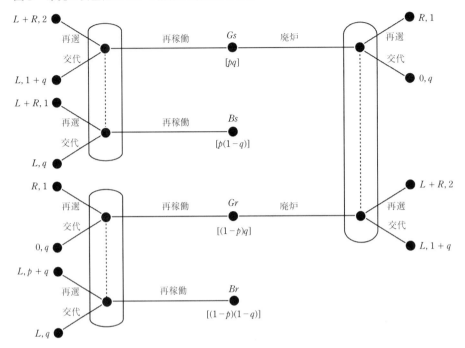

ら,もしタイプ G_s も均衡で再稼働を選ぶなら,安全な原発の再稼働は有権者が現職のタイプを推測するシグナルにならない。そのため再選させても交代させても無差別である。一方,タイプ G_s の現職は,廃炉を選んだなら確実に再選を果たすことができる。

はじめに,$L > R$ のケースを考察しよう。

このときタイプ G_s の現職はたとえ次の選挙で落選が予想されても社会的使命を優先して再稼働を選ぶ。有権者は現職を再選させるか交代させるか無差別だが,いずれであっても均衡経路上で選択される政策は第5.3.1節の分析結果と変わらない。有権者の均衡利得も W_1 のままである。すでに見たように,この期待利得は選挙がない場合の期待利得 W_0 より大きい。

次に,$L < R$ のケースを検討しよう。

有権者が「安全な原発でも再稼働させた現職は落選させる」という投票行動をとるなら,タイプ G_s の現職は廃炉を選ぶ。そして第5.3.2節の分析と

同様に,大衆迎合の弊害が発生する。確かに二重の非対称情報に直面した有権者には,現職がタイプ G である事後確率が挑戦者の事前確率より低くなるから,原発を再稼働させた現職を落選させるのが逐次合理的である。だが原発が安全だとわかっている場合には,再稼働させた現職を再選するのも交代させるのも無差別で,どちらも逐次合理的な投票行動である。そこで代わりに,有権者が「安全な原発を再稼働させた現職は再選する」なら,タイプ G_s の現職は再稼働を選ぶのが最適反応になる。大衆迎合による損失は生じない。このときタイプ B_s の現職も再選されることに注意すれば,有権者の均衡利得は

$$W_3 = 2pq + 2(1-p)q + p(1-q) + q(1-p)(1-q)$$

と表せる。選挙がない場合と違って,タイプ B_r の現職を政権から追い出せる点で有権者は有利になっている。実際に計算すれば,

$$W_3 - W_0 = q(1-p)(1-q) > 0$$

であり,有権者の期待利得は選挙がない場合よりも増加する。

原発の危険性について政治家と有権者の間で情報の非対称性がなければ,安全な原発を再稼働した現職だけを再選する逐次合理的な投票戦略によって,有権者は大衆迎合の弊害を避けることができる。

5.5 原発再稼働の実際

2015年12月現在日本にある原発44基のうち稼働しているのは鹿児島県の川内原発2基だけである。東日本大震災前には日本の年間発電電力量のほぼ30%は原子力で調達されていたが,現在はほとんどゼロになっている。原発停止による電力不足を補完したのは石油,石炭,天然ガスなどを使った火力発電である。化石燃料はその調達をほぼ全面的に輸入に依存せざるをえないうえに,CO_2 の排出量も原子力とは比較にならないほど多い。水力,太陽光,風力などの再生可能エネルギーに対する国民の期待は大きいが,少なくとも現状では原子力を代替する電源にはなりえない。原発再稼働は日本経済が成長軌道を短期間で回復するためのボトルネックと言ってよいであろうし,安倍政権の成長戦略を実行していくためにも避けて通れない道である。

上記の分析では原発再稼働を決める権限が政治家にあるとして議論を展開

してきた。だが日本の場合，いったい誰にその法的権限があるのか実はあまりはっきりしていない。

再稼働が実施されるまでの手続きは概ね次のようになっている。(i) 再稼働を希望する電力会社が原子力規制委員会に対して原発の適合性審査を要請する。(ii) 原子力委員会が震災後に改定された新規制基準に照らして適合性の審査を実施する。(iii) 適合性が確認されれば，電力会社が地元の同意を得た後，再稼働が実施される。

政治が直接関わってくるのは (iii) の段階である。「地元の同意」とは形式的には，原発が立地する市町村の首長および都道府県知事が再稼働への同意を表明することを指している。もちろん説明会などを頻繁に開催して周辺住民を説得しなければならない。この段階には国も積極的に関与している。たとえば現在再稼働の手続きが進められている福井県の高浜原発では，経済産業大臣が福井県知事や高浜町長に会って再稼働を要請したり，理解を求めたりしている。

原発が立地する市町村の周辺自治体が電力会社との協議から排除されてきた点も問題視されている。東日本大震災で引き起こされたような過酷事故が発生すると，その影響は立地自治体だけでなく，周辺自治体，さらには全国にまで及ぶ。立地自治体の住民には原発の危険性は認識していながらも，雇用や派生的な需要などの経済効果を頼みにして，再稼働を容認するインセンティブがある。

本節の分析は原発再稼働のコストとしてその安全性だけに焦点を当てたが，使用済み燃料の処分問題が将来世代に大きな負担を残す可能性も否定できない。政治家はそのような外部費用を国民に十分説明しないで原発再稼働を進めてしまうかもしれない。

現在のように国民の多くが原発の安全性や外部費用について疑心暗鬼になっている状況では，本節で論じたようなポピュリズムの弊害が発生しやすいと考えられる。本節最後の分析は原発再稼働の社会的費用に関する徹底した情報開示によってそれを回避できる可能性を指摘したが，現実には国民の疑念を完全に払拭することは難しいかもしれない。だとすれば再稼働の意思決定を，政治家ではなく，選挙の洗礼を受けない中立的な第三者機関や裁判所に任せる以外ないであろう。日本の場合，判断の専門性を考慮すれば原子力規制委員会がその第一候補と思われるが，福島原発の事故に際しても議論に

なったように，中立性をいかにして担保するのかが大きな課題である。

参考文献

Asako, Y. (2015), "Partially binding platforms: campaign promises vis-a-vis cost of betrayal," *Japanese Economic Review*, vol.27, pp.613-649.

Austen - Smith, D. and J. Banks (1989), "Electoral accountability and incumbency," Ordershook, P.C. (ed.), *Models of Strategic Choice in Politics*, pp.121-148, The University of Michigan Press.

Bernheim, D. and M. Whinston (1986), "Menu auctions, resource allocation, and economic influence," *Quarterly Journal of Economics*, vol.101, pp.1-31.

Besley, T. (2007), *Principled Agents?: The Political Economy of Good Government*, Oxford University Press.

Besley, T. and S. Coate (1997), "An economic model of representative democracy," *Quarterly Journal of Economics*, vol. 112, pp.85-114.

de Haan, J. and J. Klomp (2013), "Conditional political budget cycles: a review of recent evidence," *Public Choice*, vol.157, pp.387-410.

Downs, A., *An Economic Theory of Democracy*, Addison Wesley.

Drazen, A. (2001), "The political Business cycle after 25 years," *NBER Macroeconoimcs Annual 2000*, vol.15, pp.75-138.

Enkelmann, S. and M. Leibrecht (2013), "Political expenditure cycles and election outcomes: evidence from disaggregation of public expenditures by economic functions," *Economics Letters*, vol.121, pp.128-132.

Gibbons, R. (1992), *Game Theory for Applied Economists*, Princeton University Press（福岡・須田訳，『経済学のためのゲーム理論入門』，1995年，創文社）.

Grossman, G.M. and E. Helpman (1994), "Protections for sale," *American Economic Review*, vol.84, pp.833-850.

Harrington, J.E., Jr. (1993), "The impact of reelection pressure on the fulfillment of campaign promises," *Games and Economic Behavior*, vol.5, pp.71-97.

Katsimi, M. and V. Sarantides (2012), "Do elections affect the composition of fiscal policy in developed, established democracies?," *Public Choice*, vol.151, pp.325-362.

Nordhaus, W.D. (1975), "The political business cycle," *Review of Economic Studies*, vol.42, pp.169-190.

Olson, M. (1965), *The Logic of Collective Actions*, Harvard University Press（依田・森脇訳，『集合行為論：公共財と集団理論』，1996年，ミネルヴァ書房）.

Osborne, M. and A. Slivinski (1996), "A model of political competition with citizen - candidates," *Quarterly Journal of Economics*, vol.111, pp.65-96.

Peltzman, S. (1992), "Voters as fiscal conservatives," *Quarterly Journal of Economics*,

vol.107, pp.327-361.
Tanaka, M. (2015), "Measuring political budget cycles: a Bayesian semiparametric approach," *WINPEC Working Paper Series*, No.E1415, School of Political Science and Economics, Waseda University.
Wittman, D. (1973), "Parties as utility maximizers," *American Political Science Review*, vol.77, pp.490-498.
小西秀樹（2009），『公共選択の経済分析』，東京大学出版会。

第10章　ポスト・アベノミクスの政治経済学

1　アベノミクスの課題

1.1　第2ステージ

　2015年7月下旬に発表された各種の世論調査で，安倍内閣支持率は6月の前回調査から大幅に低下して30％台になった一方で，不支持率は大幅に上昇して50％程度になった。2012年12月発足の現在の安倍政権で初めて支持率と不支持率が逆転した。また，支持率が4割を割ったのも不支持率が50％になったのも初めてである。その大きな要因は，安保法制に対する国民の冷めた受け止め方にある。集団的自衛権の行使容認を柱とする安全保障関連法案を成立させたことに「賛成」は，どの世論調査でも概ね20％程度であり，「反対」の60％程度を大きく下回った。安倍内閣は「株価連動政権」ともいわれ，株価を上げることで支持率を維持してきた。

　支持率低下に危機感を抱いた安部政権は，景気浮揚や地域振興を名目に新しい経済対策を打ち出した。安倍総理は「アベノミクスは第2ステージに移る」と宣言し，経済成長の推進力として新たな「3本の矢」を発表した。

(1)　希望を生み出す強い経済（名目 GDP600兆円），
(2)　夢を紡ぐ子育て支援（出生率1.8），
(3)　安心につながる社会保障（介護離職ゼロ）。

これら3つの政策目標としてそれぞれの数値目標を設定した。これらはいずれももっともらしい。しかし，これまでの3本の矢と異なり，今度の3本の

矢はこうあってほしいという願望を列挙したものに過ぎない。新味がなく具体的な政策手段も曖昧である。これは，アベノミクスの限界を物語っている。地方創生にも力を入れていくようだが，これで，強い経済を実現するのは無理だろう。

大詰めを迎えていた環太平洋経済連携協定（TPP）交渉は2015年10月に大筋で妥結したが，農業改革を口実にその場しのぎの農家支援策がばらまかれるかもしれない。そうなれば，さらなる歳出拡大が予想され，財政再建にはマイナス材料となる。

1.2 規制改革は限界なのか

アベノミクスの第3の矢は，規制改革による成長戦略であった。大胆な規制改革を推進して，経済成長を底上げすることは，ここ数十年に及んで政府が掲げてきた政策目標である。しかし，実際には規制改革が十分に進展しているとは言えず，また，それによる経済成長の促進も十分に実感できる状況ではない。規制改革が大胆に実行されないから，成果が上がらない面もあるが，また，規制改革が経済成長の促進に及ぼす効果に限界があるのもたしかだろう。いずれにせよ，アベノミクスの第2ステージでは規制改革は前面に出ていない。

規制改革の対象は多岐にわたる。規制によって生じる既得権を擁護する利益団体とそれを緩和，解消する改革勢力とで政治抗争が深刻であれば，規制改革は進展しない。

2015年度予算では，安倍政権の重点政策である「地方創生」事業費として1兆円を計上した。そして，地方創生に関して，国は緊急経済対策として，自治体が使途を決められる交付金を創設した。これには消費を底上げするための「地域消費喚起・生活支援型」と，人口減少対策に活用する「地方創生先行型」の2種類がある。

消費喚起型では，購入額に一定額を上乗せした分の買い物ができるプレミアム付き商品券や宿泊券の発行が目立つ。全国1788自治体のうち97％の自治体がこうした消費刺激クーポンを発行した。地方創生型もほとんどの自治体が観光振興や産業振興など従来型の事業を策定した。多くの自治体で同じようなばらまき政策を実施しても，地域経済を活性化する効果は一過性のものである。

地方創成事業が実施される背景は，2015年4月が統一地方選挙の時期であったし，また，2016年夏の参議院選挙でも地方での1人区の結果が重要だという政治的理由が大きい。同時に，これまでのアベノミクスが賞味期限切れになりつつあるという事情もある。円安のメリットを輸出関連企業だけにとどめることなく，広く日本全体に波及させるには，大胆な規制改革が必要であるが，その実施は容易でない。人口減少下で地方を経済的に活性化させるのは，2％のインフレ率達成というアベノミクスの目標以上に，達成が厳しい。

　以下本章では，地方を活性化させる地方創生事業がなかなか進展しない理由について，他地域の取り組みにただ乗りする誘因があることを簡単な理論モデルを用いて指摘したい。

2　地方創生の経済分析

2.1　分析の枠組み

　地方経済の活性化を財政改革の目的とする簡単なモデルを説明しよう。2つの経済主体（地方政府）α，βと中央政府が存在するとする。各地方政府は地域経済を活性化する有益な公共投資への財源s_α，s_βと民間消費c_iに可処分所得$Y_i - T_i (i = \alpha, \beta)$を配分するとしよう。単純化のため，国税$T_i$は外生的に所与であり，中央政府の最適化行動は考慮しない。

　S_iを有益な公共投資とし，w_iを無駄な公共投資とする。本来あるべき地方創生の改革は，波及効果の乏しい無駄な公共投資という既得権益w_iを削減して，波及効果が大きく有益な公共投資S_iを増加させることだと定式化する。こうした改革は単に物理的資本を蓄積するばかりではなく，有益な公的インフラ，知的資本，イノベーションを促進して，当該地方経済のみならずマクロ経済全体に広く波及効果をもたらす。

　2つの予算制約式を区別しよう。中央政府と地方政府の予算制約式はそれぞれ以下のようになる。

$$G = T \tag{1}$$
$$w_i + s_i = \tau_i \tag{2}$$

ここでGは中央政府が供給する公共財であり，Tは中央政府の総税収である。

両方ともに外生的に所与とする。(1)式は中央政府の予算制約式であり、(2)式は地方政府の予算制約式である。w_i は地方政府が供給する無駄な歳出＝既得権であり、τ_i は(各利益団体が支払う)外生的に所与の地方税収である。本来あるべき地方創生の改革は s_i と w_i の配分を見直すことを意味する。S をすべての地方政府が行う有益な公共投資の総額とする。

$$S = s_\alpha + s_\beta \tag{3}$$

このモデルでは、有益な公共投資が各地方政府が行う地方創生努力の金額を表す。$i\ (i = \alpha, \beta)$。地方創生事業は民間の経済活動を刺激して、将来に国民所得を R だけ増加させる行動と考える。

単純化のため、静学モデルを用いて、地方創生が瞬時に R だけの収益をもたらすと想定しよう。言い換えると、R は有益な公共投資総額 $S = s_\alpha + s_\beta$ 増加関数になる。$R = R(S),\ R' > 0,\ R'' < 0$ この波及効果を、R が各地方政府の予算制約で所得を同時に増加させるという形で定式化する。この意味で S は公共財の特徴を持ち、s_α、s_β は、公共財の自発的供給と解釈できる。

したがって、地域 i の予算制約式として次式を得る。

$$Y_i - T_i + R(s_\alpha + s_\beta) = c_i + s_i \qquad (i = \alpha, \beta) \tag{4}$$

(4)式は地域 i の地方政府と民間を合わせた予算制約式である。G が所与なので、各地方政府の効用関数は以下のように与えられる。

$$U_i = U(c_i) \tag{5}$$

このとき、S_i に関する最適条件式は次式になる。

$$2R' = 1 \tag{6}$$

(6) 式は最善解での改革努力水準 s_F を決める。

2.2 分権化された解

まず、中央政府が何ら介入しない分権化された解を見ておこう。非協力ナッシュ解では各地方政府は他の地方政府の創生努力（有益な公共投資水準）を与件として行動する。たとえば、地方政府 α は s_α を選択して効用を最大化する際に、予算制約式 (4) とともに地方政府 β の努力水準 s_β も与件とする。

s_aに関する最適化条件式は以下の通りである。

$$R' = 1 \tag{7}$$

したがって，反応関数は次式となる。

$$s_a = s^* - s_\beta \tag{8-1}$$

ここでs^*はαにとってのSの最適水準であり，(7)式を満たすように決まる。$s^* < s_F$。s_aは可処分所得 $Y_a - T_a + R$ と独立である。したがって，所得効果はゼロである。同様に，βの反応関数は次式となる。

$$s_\beta = s^* - s_a. \tag{8-2}$$

この反応関数からそれぞれの地方政府の反応曲線を描くことができる。図1に示すように，2つの反抗曲線は部分的に一致する。したがって，唯一のナッシュ均衡解は存在しない。もし改革の生産性に差があり，$R'_a \neq R'_\beta$であるなら，唯一のコーナー解がナッシュ均衡として存在する。たとえば，もしβよりもαが限界的により多くの波及効果をもたらす場合 $(R'_a > R'_\beta)$，αのs^*

図1　ナッシュ反応曲線

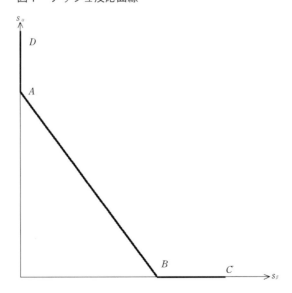

はβの水準よりも大きくなる。このケースでは，αはすべての地方創生支出を負担し，βは何も負担しないでただ乗りする。たとえば，地域αが都市部であり，地域βが地方部であるとしよう。もし都市部の公共投資の生産性が地方部のそれよりも大きければ，都市部の地方政府だけが有益な公共投資を実施する。分権化された社会で，すべての地域が波及効果を持つ地方創生事業を実施するのは難しい。特に，生産性の低い地域での活性化は困難である。地域間で生産性が異なり，都市部の方が生産性が高いとしよう。こうした現実的な想定では，地方部ではただ乗りの誘因が強くなり，有益な公共投資（地方創生事業）が出てくる可能性は低い。地方分権と均衡ある国土の発展とは両立しない。

2.3 中央政府による改革努力

この節では，中央政府による地方創生への促進政策を導入してみよう。地方政府による地方創生事業が過小なとき，中央政府は全体の地方創生努力水準 S を増加させるために，自ら改革努力（有益な公共投資）をする誘因がある。しかし，一括固定税で調達して得た財源で中央政府が似たような s_G を増加しても（$\Delta s_G = \Delta T > 0$），各地方政府が改革努力をしている場合，何ら実質的な効果をもたらさない。これは公共財の中立命題の1つの結果である。Warr (1983) などを参照されたい。

一括固定税で調達された（中央政府の）公共投資や一括の補助金による可処分所得の増加は，有益な事業の活性化に有効でない。もし中央政府が S を刺激するために援助すると，それは地方政府の地方創生努力を抑制する。s_i を刺激するには，代替効果に基づく補助率政策が有効である。

中央政府が最善解 s_F を実現する際に，もっともらしい選択肢は地方政府の改革努力へのひも付き補助金である。すなわち，地方政府 i が s_i を供給するとき，中央政府が $\mu_i s_i$ の大きさの s_G を合わせて供給するという補助金政策である。ここで μ_i は一括固定税で調達された補助率である。

$$\mu_\alpha s_\alpha + \mu_\beta s_\beta = s_G \tag{9}$$

もし各地方政府がこの補助金政策を織り込んで行動すれば，α，β にとっての最適化条件は以下のようになる。

$$1 = (1+\mu_i)R' \qquad (10)$$

したがって，もし中央政府が補助率を以下のように決めれば，

$$\mu_\alpha = \mu_\beta = 1 \qquad (11)$$

最善解が実現する。$R'_a \neq R'_\beta$ もしであれば以下の式を満たす μ_i が最適解を実現できる。

$$\frac{1}{1+\mu_\alpha} + \frac{1}{1+\mu_\beta} = 1 \qquad (12)$$

$s_a > 0$, $s_\beta = 0$ というコーナー解では，$\mu_a = 1$ が最適な補助率となる。この政策によって α は税負担 $\Delta T_a > 0$ の分だけ損をするが，最善解 s_F は実現する。

中央政府が β に一括固定税を課して，その財源で α の地方創生努力に補助率 μ_a で財政支援するとしよう。このとき s_a は刺激され，α は得をする。β は，s_a の増加からは便益を受けるが，税負担 T_β の増加で損をする。地域 α への補助率政策を併用すると，s_a を刺激して地域 α には便益をもたらすが，地域 β は損をする。したがって，政治的には実施しにくい政策だろう。同様に，貧しい地域 β への単なる再分配政策もあまり効果的ではない。ただし，補助率政策を貧しい地域 β にも適用すれば，効果が期待できる。要は，所得効果ではなくて代替効果を重視すべきであり，それは単なる地域間の所得格差を縮小することでは達成できない。

2．4　公共財の代替的な生産技術

2．4．1　ベスト・ショットの技術

ところで，地方創生努力の生産技術が以下のように定式化できるとしよう。

$$S = Max\,[s_a, s_\beta] \qquad (13)$$

改革の結果は，もっとも多くの負担をした地方政府のみに依存すると想定する。たとえば，もしある地方政府が新しい技術を開発したとして，それが全国レベルでの支配的な技術となり，新しい基準になるケースである。経済特区構想は，こうした効果を狙っている。このような場合，この定式化がもっともらしい。Hirshleifer (1983) や Cornes and Hartley (2007) を参照されたい。

地方政府 α の最適化行動を考察しよう。もし $s^* \leq s_\beta$ であれば, $s_a = 0$ となる。もし $s^* > s_\beta$ であれば, α には2つの選択肢がある。$s_a = 0$, あるいは, $s_a = s^*$ である。ここで, $\bar{s}$ を以下の式で定義しよう。

$$R(s^*) - s^* = R(\bar{s}) \tag{14}$$

もし $s_\beta \geq \bar{s}$ であれば, α は $s_a = 0$ を選択するのが最適となる。他方で, もし $s_\beta < \bar{s}$ であれば, α は $s_a = s^*$ を選択するのが最適となる。言い換えると, もし β が $\bar{s}$ 以上の水準を供給すれば, α は何も供給しない。もし β が $\bar{s}$ 以下の水準しか供給しないのであれば, α は s^* まで供給するのが最適な反応になる。

各地域が同質の場合, 内点解でのナッシュ均衡は存在せず, コーナー解になる。そこでは両地域が同時にプラスの s を供給する誘因はない。2段階のゲームで定式化するケースでは, 最初に動く方が何も供給しない。次に動く方が s^* まで供給する。要するに, 改革技術がベスト・ショット・タイプであれば, ただ乗りが一般的に観察される。

2.4.2 ウィークェスト・リンクの技術

次に, ウィークェスト・リンクの技術を想定しよう。

$$S = Min\ [s_a, s_\beta] \tag{15}$$

たとえば, 国土の均衡ある発展が至上命題のように, もし地方創生努力がすべての地方政府の合意を必要とし, かつ, 努力の最低水準が標準となる場合, この定式化がもっともらしい。もっとも遅れている地域の活性化政策が実現してはじめて, 全国レベルでも地域創生の実感を得られるケースである。新幹線を全国に整備する計画を想定しよう。北海道から九州・四国まであまねく新幹線網が整備されるネットワーク機能を国民が重視していれば, こうした定式化が当てはまる。

このとき, 地方政府 α の最適化行動は以下のようになる。もし $s^* \leq s_\beta$ なら, $s_a = s^*$ が望ましく, また, もし $s^* > s_\beta$ なら, $s_a = s_\beta$ が望ましい。言い換えると, もし β が s^* 以上の水準を供給するなら, α も s^* まで供給するのが望ましい。もし β が s^* 以下でしか供給しないなら, α は s_β まで供給するのが望ましい。

唯一のナッシュ均衡は存在しないので, 最適水準 s^* が実現する保証はない。

この技術の定式化では両地域が改革努力をするので，コーナー解は生じない。したがって，ただ乗りも生じないが，また，S の最善水準も実現しない。過小供給は，ベスト・ショット・タイプよりもウィーケスト・リンク・タイプの方が，よりありうる。ただし，ただ乗りの可能性は，逆に，ベスト・ショット・タイプの方がより深刻である。

2．5　負の所得効果

ここまで，モデル分析の結果では地方創生努力の所得効果はゼロであった。したがって，可処分所得が増加しても，地方創生は進展しないし，逆に，後退もしない。もし別の定式化でこの問題をモデル化すると，負の所得効果を導出することも可能である。すなわち，地方創生努力が所得や資源ではなくて，時間を要するものとしよう。

たとえば，一般有権者によるボランティア活動などは「ソシアル・キャピタル」の蓄積につながり，経済活動にもプラスである。Putnam (2001) を参照されたい。この場合，ボランティア活動でソシアル・キャピタルが蓄積されれば，GDP の増加にも役立つ。社会規範の増進が経済成長にも寄与する。

したがって，この定式化では改革に伴う負効用（費用）を効用関数に入れることがもっともらしい。このとき，改革努力は民間の行動なので，地方政府の予算制約式に関係しない。地域 α の代表的個人の最適化問題は以下のようになる。

$$\text{最大化}\quad U_\alpha(c_\alpha, s_\alpha)$$
$$\text{制約式}\quad Y_\alpha - T_\alpha + R(s_\alpha + s_\beta) = c_\alpha \tag{16}$$

ここで，s_α は効用関数の中に費用として入っている。予算制約式の右辺に所得の一部として入ってくるのではない。$U_s < 0$ を改革努力の負効用として仮定する。

そして，最適化条件式は以下のようになる。

$$U_c R' + U_s = 0 \tag{17}$$

この定式化では，所得効果は一般的にゼロではない。s_α の最適水準は，可処分所得に依存する。所得効果は以下の式で与えられる。

$$\frac{ds_\alpha}{dY_\alpha} = -\frac{U_{cc}R' + U_{cs}}{U_{cc}(R')^2 + U_c R'' + U_{cs}R' + U_{ss}} \tag{18}$$

分母は最適化の2次条件から負になる。c と s が分離可能である ($U_{cs} = 0$) とすれば，分子も負になる。したがって，(18) 式全体も負になる。つまり，U_{cs} が正でその値が非常に大きくない限り，所得効果は負になる。可処分所得が増加すると，地方創生努力は抑制される。

　この結果は，直観的に以下のように説明される。Y の増加で改革努力の限界費用も増加する。その結果，所得効果はマイナスになる。これは労働と余暇の選択モデルで労働供給に対する所得効果がマイナスになることに対応している。もし余暇の所得効果が正であれば，労働供給は劣等財であり，その所得効果は負になる。

　経済主体（あるいは地域）の数が増加するという比較静学分析をしてみよう。すなわち，第3主体の個人（あるいは地方政府）γ がこの経済に参加するとしよう。彼は改革努力の結果を享受できる。このただ乗り行動によって，α，β の改革努力は損なわれる。改革努力の全体水準はどうだろうか。所得効果が負であれば，改革努力の総和 $S = s_\alpha + s_\beta + s_\gamma$ も減少する。この意味で改革努力に参加する地域（単純化のために，地域連合という名称でまとめておく）の規模あるいは，地域連合に参加する経済主体の数は改革努力や経済厚生にマイナスの影響を与える。同様に，可処分所得の増加も，改革努力を抑制する。地域連合の規模拡大や可処分所得の増加は，改革努力あるいはソシアル・キャピタルの蓄積に有効でない。

　以上まとめると，もし地方創生事業の成果が時間の投入で定式化される場合，経済環境が良くなっても改革は進展しない。負の所得効果によって，可処分所得の増加は改革の進展につながらない。逆に，世界経済危機のように，マクロ経済環境が悪化すれば，改革が刺激されることになる。

　本モデル分析では，本来あるべき地方創生事業を地方政府による公共財の自発的供給として定式化した。中央政府が地方創生を意図している場合でも，多くの公共財は民間や地方政府によって供給されている。地方創生が公共財の特徴を持つかぎり，ある程度のただ乗り現象は回避できないため，実現する改革水準は過小になる。したがって，地方創生はなかなか進展しない。

この分析結果は，改革努力が総和タイプのみならず，ベスト・ショット・タイプやウィーケスト・リンクのタイプでも幅広く成立する。また，最善解を地域間の所得格差を是正する再分配政策として実現するのは，困難である。むしろ，アベノミクスの第2弾で暗黙に想定している「均衡ある国土の発展」という公平性を棚上げにして，効率性重視の観点で生産性の高い地域を優遇する政策か，波及効果の高い地方創生事業を誘発させる紐付き補助金の方が効果的である。

3　ふるさと納税の政治経済学

3.1　ふるさと納税の仕組み

　最近，ふるさと納税が人気である。この制度は，自分の選んだ自治体（ふるさとという名称であるが，どの自治体でもOK）に寄付を行った場合に，寄付額のうち2,000円を越える部分について，所得税と住民税から原則として全額が控除される制度である。寄付者には地域特産の礼品が送付されることが多く，寄付を受ける自治体の宣伝もあって，最近人気が出ている。ある自治体では数十万円もするパソコンや車まで礼品に登場させている。ふるさと納税を受ける自治体間での礼品競争は過熱気味である。

　ふるさと納税を受ける自治体から見れば，多少の地域特産の礼品を払っても，ネットで税収の増加が期待できるから，税収不足に悩む自治体ほど熱心である。住民，あるいは，一般国民から見れば，寄付額はほとんど住民税の減税で相殺されるので，地域特産の礼品を受け取ることで，プラスの利得がある。どの自治体の地域特産の礼品が魅力的か，ネットなどで情報があふれている。寄付をする家計も受け取り自治体も得をする仕組みであるから，過熱している。最近では，法人税にもこの仕組みを入れようという話が現実化している。

　しかし，ゼロサムのゲームで，全員が得をすることはない。損をするのは，当該寄付者が住んでいる自治体である。本来自分の居住している自治体への納税額は減少するから，住民サービスの低下や財政赤字の増大要因になるコストも無視できない。本来収められるはずの住民税が，他の自治体に納税されるから，その分だけ税収が減る。

　それでも，この税収減に困る自治体からの反対意見はあまり表に出てこな

い。その理由は,地方自治体の税収不足の多くが交付税という国からの補助金で事実上補填されるからである。

しかし,国の税収や地方交付税の財源にも限度がある。結局,ふるさと納税による減収分の多くは,財政赤字として将来に先送りされている。ふるさと納税でプラスとなるのは,寄付を受け取る自治体,特産品を供給する生産者(たとえば,特産品が農産物であれば,それの生産者)や地域特産の礼品をもらえる現役世代(その多くは,住民税を支払っている中高年所得階層)であるが,マイナスとなるのは,納税を逃げられた自治体と財政赤字で先送りされる将来世代である。損をする将来世代は政治的発言力がないから,現実の政策決定で注目されない。その意味で,ふるさと納税は民主主義の悪い面であるポピュリズムの悪しき例である。

3.2 寄付税制のあり方:理論的分析
3.2.1 モデル

ここで,ふるさと納税の功罪を明確にするため,寄付税制のあり方を理論的に分析してみよう。n 人(2人以上)の選好の同質な個人からなる世界を想定しよう。各個人は,寄付行為をするとともに,所得税を支払っている。代表的個人の効用関数は,次のように与えられる。

$$U = U(c, G + \mu H) \tag{19}$$

ここで,c は私的財の消費水準,G は私的に供給される公共財(寄付行為の結果),H は公的に供給される公共財である。μ は公的公共財と私的な公共財の代替の程度を示すパラメータであり,$\mu = 1$ なら両者は完全代替,$\mu < 1$ なら両者は不完全代替,$\mu = 0$ なら H は全く評価されないことを意味する。一般的には μ は 0 と 1 の間にあると考えられる。

G と H はそれぞれ次のように定式化される。

$$G = g_i + \lambda \sum_{j \neq i} g_j = \gamma \hat{G}, \; \gamma = [1 + \lambda(n-1)]/n \tag{20-1}$$

$$H = \hat{H}\sigma, \; \sigma = [1 + \eta(n-1)]/n \tag{20-2}$$

ここで,g_i は,私的に供給される公共財に対する個人 i の負担(彼の私的な

寄付額),$\hat{G}$は,私的な公共財に対する民間の寄付額の合計,$\hat{H}$は,公的な公共財に対する政府の支出額を意味する。λとηとはそれぞれの支出の外部性の程度を示すパラメータである。$\lambda = \eta = 1 (\gamma = \sigma = 1)$のケースは,それぞれの財が純粋公共財であることを意味し,λとηとが0と1の間にあるケースは,準公共財を,また,$\lambda = \eta = 1 (\gamma = \sigma = 1/n)$のケースは,純粋な私的財になることを意味する。したがって,γとσは$1/n$と1の間にある。

個人iの予算制約式は,次のようになる。

$$c_i + g_i + t_i = y_i \tag{21}$$

ここで,y_iは個人iの外生的な所得を,t_iは彼の税支払いを意味する。なお,第4節までy_iはすべての個人で同じであると想定しているが,$\gamma = \sigma = 1$のケースではこの仮定は必ずしも必要ではない。c_iで測ったg_iの相対価格は所与であり,1に基準化する。

寄付税制を考慮した所得税関数は,次のように定式化される。

$$t_i = \tau(y_i - \alpha g_i) \tag{22}$$

ここで,τは税率であり,αは所得からの寄付額の控除率である。τ,αともに0と1の間にある。あるいは,(22) 式を次のように書き直すと,

$$t_i = \tau y_i - \beta g_i \tag{22'}$$

$\beta = \alpha \tau$は,寄付行為に対する補助率,あるいは税額控除率とみなすことができる。(22) 式の場合には所得控除として寄付行為を優遇し,(22') 式の場合には税額控除として寄付行為を優遇している。線形の所得税関数であれば,税額控除,所得控除どちらの形で寄付行為を優遇するかは,控除の調整係数が自由に選択できる限りにおいて,無差別となる。

(22) 式を (21) 式に代入して,次式を得る。

$$c_i + (1 - \alpha \tau) g_i = (1 - \tau) y_i \tag{23}$$

$\alpha \tau = \beta$は線形の所得税関数を前提としているので,所得控除で考えても税額控除で考えても,最適なβ^*に関する理論的な分析の枠組みは同じになる。寄付控除によって,g_iの実質的な価格$p = 1 - \beta$は1より小さくなる。これは,g_iを刺激することを意図した税制上の優遇措置である。

(20−1) 式と (23) 式より，次式を得る。

$$c_i + (1-\beta)G = (1-\tau)y_i + \lambda(1-\beta)\sum_{j\neq i} g_i \tag{24}$$

各人は，g_i を決める際に，政府の公的な支出，税制とともに，他の個人の寄付額も所与とみなす。これは，ナッシュ均衡に対応する仮定である。なお，対称的なナッシュ均衡を仮定するので，各個人は同じ額を寄付するから，(2−1) 式で定義される私的に供給される公共財の大きさは，各個人で共通になる。

3.2.2 比較静学分析

以上のモデルを前提として，所得税率 τ を所与として，最適な α の水準を求める問題を考える。最適な寄付控除率は，井堀 (1995) で導出しているように，次式で与えられる。

$$\beta^* = \frac{n\gamma - 1}{n\sigma\mu} + \frac{\gamma - \mu\sigma}{\gamma\varepsilon n\sigma\mu} \tag{25}$$

ここで，$\varepsilon \equiv -\dfrac{G_p p}{G}$ (>0) は G の p に関しての（補償）弾力性である。ある β のもとで K が大きくなれば，最適な β も他の条件が一定のもとで大きくなる。(25) 式の β^* は，λ の増加関数であり，σ や μ の減少関数である。したがって，最適な寄付控除水準は，私的な公共財の外部性の程度が大きいほど，公的な公共財の外部性が小さいほど，また，私的な公共財と公的な公共財の代替性の程度が小さいほど，大きくなる。

さて，(25) 式に基づいて，寄付税制の経済厚生に与える効果，特に，最適な寄付控除率 β^* の水準に関して，いくつかのケースを検討しよう。最初に，G と H が完全代替であるケースから分析する。このとき，$\mu = 1$ である。G と H の外部効果の大きさについては，いくつかの場合分けが可能である。

(1) $\gamma = \sigma = 1$

G と H とが完全代替でかつ純粋公共財の場合には，$\gamma = \sigma = 1$ である。このとき，(25) 式は，

$$\beta^* = \frac{n-1}{n} \tag{26}$$

これよりも β が小さければ，寄付税制の拡大が望ましく，逆にこれよりも β が大きければ，もはやそれ以上の寄付税制の拡大は望ましくないことになる。実質的な寄付の価格 $p = 1 - \beta$ であるから，最適な寄付の価格 p^* は $1/n$ で与えられる。公共財と私的財との相対価格を実質的に操作するモデルでの最適解は，リンダール均衡として知られている。寄付税制を最適に操作することは，実質的にリンダール均衡を実現することを意味する。

　直観的には，経済主体の数が多い世界ほど，最適な寄付税制の規模も大きい。あるいは，寄付に関心を示す人の数が増大するとすれば，それにつれて，寄付控除の拡大も進めていく必要があること意味している。

(2) $\gamma = \sigma$ $(\lambda = \eta)$

　では，G も H も純粋公共財ではない最も簡単なケースとして，$\gamma = \sigma$ が成立しているケースを考えよう。このとき，$(\lambda = \eta)$ であり，私的な公共財と公的な公共財の外部性の程度が等しい。(15)式から，最適な β である β^* は

$$\beta^* = \frac{n\sigma - 1}{n} \tag{27}$$

で与えられる。また，対応する最適な寄付の実質価格 p^* は $1/n\sigma$ となる。これは，外部性の程度が 1 より小さい場合のリンダール均衡の個別化された価格に対応している。$n\sigma$ は 1 より大きいか，等しいから，β^* は 0 と $1 - 1/n$ の間となり，p^* は 1 と $1/n$ の間の値をとる。

　$\gamma = \sigma$ あるいは $\lambda = \eta$ が 1 より小さい準公共財のケースでは，その分 p^* が大きくなり，最適な寄付控除 β^* は小さくなる。β^* は外部性の程度 $\lambda = \eta$ の増加関数となる。λ，σ ともに 1 より小さい準公共財のケースでは，寄付控除の最適な水準も小さくなり，あまり寄付控除をしても望ましくない可能性が大きくなるのである。また，β^* が経済主体の数 n の増加関数である点は，(1)と同様である。

(3) $\lambda = 0$ $(n\gamma = 1)$

　次に，$\lambda = 0$ のケース（私的な寄付行為に外部性がないケース）を考えてみると，(25) 式は，

$$\beta^* = \frac{1-n\sigma}{\varepsilon n\sigma} \qquad (28)$$

になる。ここで，$\sigma > 1/n$ であるから，$\beta^* < 0$ となり，β の引き下げが常に望ましいことになる。この場合，β の最適水準はマイナスになるが，β はマイナスにはなれないという制約のもとでは，寄付税制をいっさい導入しないことが最適となる。私的な寄付行為に外部性が全くない状況では，寄付に対する税制上の優遇措置を講じる必要性がないのは直観的に明らかだろう。

なお，ふるさと納税では，寄付金の使い道が受け入れ先の地方自治体の裁量に任されており，寄付者は礼品にのみ関心がある。その結果，外部性のない歳出に寄付金が投入されるから，このケースがもっとも当てはまる。(28)式にしたがえば，そうした寄付金には税制上の優遇を与えるべきではない。すなわち，ふるさと納税をしても居住者の住民税を減額すべきではなく，現在のふるさと納税制度は廃止すべきである。

G と H とが不完全代替であれば，最適な寄付控除率は一般的に公共財の価格弾力性にも依存する。G と H が純粋公共財であっても，完全代替でなければ，最適な寄付控除率は寄付行為の価格弾力性の減少関数になる。たとえ私的な寄付行為の外部性がゼロであっても，そのような行動が公的な支出とは完全代替でなく，公的支出ではあまり代替できない有益なものであれば，それを財政的に支援することが望ましい可能性が生じる。

3．2．3　分析結果のまとめ

私的に供給される公共財 G についての外部性の程度 λ が大きいほど，公的な公共財の外部性の程度 η が低いほど，最適な寄付控除の大きさも大きくなる。c，G，H の間での代替の関係が完全ではないより一般的なケースでも，G に関する外部性の程度が大きいほど，H に関する外部性の程度が小さいほど，最適な寄付に対する税制上の優遇措置は，大きくなる。すなわち，たとえ私的な寄付行為の外部性がゼロであっても，そのような行動が公的な支出とは完全代替でなく，公的支出ではあまり代替できない有益なものであれば，それを財政的に支援することが望ましい。

最適な寄付控除率と私的な公共財の価格弾力性の関係は，確定したものではない。公的な公共財の外部性の実質的な程度が私的な公共財の外部性の程度よりも大きければ，最適な寄付控除率は公共財の価格弾力性の増加関数に

なり，逆のケースでは逆の関係となる。すなわち，公的な公共財の外部性が大きい場合には，寄付行為の価格弾力性が大きくなければ，あまり寄付行為を優遇すべきではない。

このように，最適な寄付控除率の大きさは，経済主体の数，外部性の程度や代替性の程度に大きく依存している。私的に供給される公共財についての外部性の程度が大きいほど，公的な公共財の外部性の程度が低いほど，最適な寄付控除の大きさも大きくなる。たとえ私的な寄付行為の外部性がゼロであっても，そのような行動が公的な支出とは完全代替でなく，公的支出ではあまり代替できない有益なものであれば，それを財政的に支援することが望ましい可能性が生じる。

こうした分析からすれば，ふるさと納税は寄付を受ける地方自治体の歳出の外部性（波及効果）や寄付をすることで損害を受ける自治体への影響を全く考慮していない点で，望ましくない。当該自治体の一般財源として通常の歳出に充てられるケースが多いから，この点からも優遇すべき理由はない。ふるさとという用語も名ばかりであり，多くの負担を将来の納税者に転嫁させて，無駄な礼品競争をあおる愚策である。ふるさと納税は速やかに廃止して，社会的に有益な活動を支援する制度としての寄付税制を活用すべきである。

4　ポスト・アベノミクスの経済運営

TPP交渉などで国内農業に損害が生じる場合，財政的な措置がとられる。こうした対応は，農業などの業界団体の政治力が強い場合，必要以上の金額になりがちである。グローバル化が進むほど，それに対応しきれない産業，地域への補助金も増大する。一時的な補助金は必要な場合もあるが，過度に補助金を交付すると，受け取る方にもあまり良い影響はもたらさない。また，その財源調達コストも無視できない。

もともと安倍政権は財政健全化には熱心でなかった。2017年4月から消費税率を10％に引き上げる公約の実現も先送りされた。これまでは，日銀の異次元金融緩和政策で国債を買い支えてきたが，いつまでも続けられるわけでもない。そうした閉塞感の中で，2017年1月29日に日銀は「マイナス金利」という禁じ手を使って，さらなる円安と株高を誘導しようとしている。「マイナス金利」は銀行の預け金に"手数料"を課すという意味であり，通常の

金融政策ではない。日銀に眠る銀行の預け金を民間経済に回して，景気と物価をテコ入れするのが狙いである。しかし，その結果，銀行が逆ザヤに陥って，金融市場が円滑に機能しない副作用もある。日本の多くの企業は手元に潤沢な資金を内部留保として蓄えているから，マイナス金利で銀行の企業への貸し出しが促進されるかどうかも，疑問である。しかも，日銀にとってもこれ以上の非常手段はもはや見当たらない。マイナス金利はアベノミクスを支援する有力なツールになるのか，その先行きは不透明である。実際に，長期金利はマイナスになったものの，円安は進行せず，株価は大きく下落している。

　アベノミクスの第2ステージは，これまでの3本の矢と異なり，こうあってほしいという願望を列挙したものに過ぎない。(1)希望を生み出す強い経済（名目GDP600兆円），(2)夢を紡ぐ子育て支援（出生率1.8），(3)安心につながる社会保障（介護離職ゼロ）という3つの目標は，新味がなく具体的な政策手段も曖昧である。八方美人的な総花政策の羅列にとどまっている。各方面に気配りすると，抜本的な改革は実施できない。目先の選挙や景気動向にとらわれて，懸案の処理を先送りし続けるよりも，第2の矢である財政出動をあきらめて，将来世代の利害を重視した社会保障制度改革を進めるほうが中長期的なメリットは大きい。また，アベノミクスの第3の矢である規制改革を着実に進めることで，成長戦略の成果が出てくることが重要である。

参考文献

Cornes, R. and R. Hartley (2007), "Weak links, good shots and other public good games: Building on BBV," *Journal of Public Economics*, 91, 66-84.

Hirshileifer, J. (1983) "From weakest-link to best-shot: The voluntary provision of public goods," *Public Choice* 41: 371-386.

Ihori,, T, (2011), "Fiscal structural reform and economic activity: public spending and private effort," *Japanese Economic Review*,

Putnam, R. D. (2001), "Social capital: Measurement and consequences." *Canadian Journal of Policy Research* 2: 41-51.

Warr, Peter, (1983), "The private provision of a public good is independent of the distribution of income," *Economics Letters*, 13, 207 - 211.

井堀利宏（1995），「寄付税制の経済分析」『経済学論集』（東京大学），61，1－41．

索引

ア行

圧力団体　102, 264, 270, 274
安倍政権　45, 274, 281
アベノミクス　11, 45, 263, 282
　　ポスト・——　29, 309
　　——第2ステージ　293
異次元緩和政策　45, 54, 56, 58, 66, 67
一括固定税　162
一体改革　23, 123, 151
インフレ　46-49, 50, 51, 53, 56-58, 66-68, 70-73,
　税　53
ウィーケスト・リンク　300

カ行

開ループ・ナッシュ均衡　170
格差是正　158
確定給付　131
確定拠出　131
駆け込み需要　154
課税競争　238, 240, 245, 246
貨幣数量方程式　47
関税　145, 217-225, 227, 229-231, 245
関税同盟　145, 218, 231
完全ベイズ（ナッシュ）均衡　145, 276-280,
　285, 287
　　一括均衡　278-280
　　分離均衡　278, 280
既得権　102
寄付税制　304
給付付き税額控除　165
行政評価　110
協調の失敗　259, 260
共通エイジェンシー・モデル　228, 265
居住地主義　232-238, 249, 251
金融政策　13
グローバル化　27, 217, 218, 240, 242-247
景気順応的　78
献金競争　264, 266, 269, 273
源泉地主義　232-239, 246, 249-251
原発再稼働　283-290

公共事業　91
公共投資　92
　　——の生産性効果　96
　　——の地域間配分　97
　　——の便益　94
公債上限設定　85
公債の負担　71, 72
公約　253-263
　　信憑性のある——　262
　　信憑性のない——　261
　　法的拘束力のある——　256, 259
　　法的拘束力のない——　257-259, 262
効率性仮説　243, 244
高齢化　68-70, 73
高齢者3経費　123
国債　50-56, 59-61, 64, 66, 67, 70, 71, 73
個人勘定の積立方式　129
国庫納付金　55, 56
個別誘因　271

サ行

最恵国待遇原則　221-223
財政運営ルール　111
財政規律　20, 77, 118
財政再建　75
　　——の理論的分析　166
財政出動　17
財政破綻　30
財政ファイナンス　14, 61
最適課税　237, 250
最適な所得税　163
再分配効果　69, 218, 220, 244, 247
債務返済の先送り　65, 66, 67, 71
サイレント・マジョリティー　274
3党合意　151
三位一体改革　205
シグナリング　144
　　——・モデル　275, 281
資産効果　59
自然増収　115
実績投票　257-262, 264, 272-274

支配者レント　255, 273, 275, 284-286
資本所得税　233, 235, 237, 238-241, 245, 246, 251
市民立候補モデル　254
社会的余剰　219-221, 223, 224, 226, 228-231, 240, 267-270, 272
社会保障給付　124
社会保障の機能強化　139
社会保障目的税　140
集合行為問題　270
囚人のジレンマ　270
自由貿易協定（FTA）　218, 231, 232
乗数効果　19
消費者余剰　219, 223, 226, 228, 230
消費税増税　156
消費税率　125, 152, 172
将来世代　125
所得再分配　218
所得税の累進性　160
所得変動　87
シーリング　82
信用乗数　47-49
推定量の一致性　63
政策運営
　　リカード型の――　62
　　非リカード型の――　59, 62, 72
　　　受動的な――　60, 61
　　　能動的な――　60, 61
生産効率性命題　237, 249
生産者余剰　219, 220, 223
政治家
　　――の行動　142
　　――のタイプ　149
政治経済のトリレンマ　245, 246
政治的バイアス　116
政治的予算循環　280-282
成長戦略　294
政府間財政　193
政府債務の維持可能性　61
世代間公平　126
世代モデル　130
ゼロ金利政策　46
選挙競争　253, 254
選択的誘因　271
選抜　274, 275, 280

相続税　163
ソフト予算制約　25, 191, 202

タ行

大衆迎合　282, 289
ただ乗り　21, 80, 184
地域間再分配　180
地域貿易協定　26, 217, 218, 221-226, 228, 229
逐次合理的　277, 279, 289
地方間の競争　186
地方交付税　182
地方債　189
地方創生　24, 295
地方分権　178, 206
中央銀行　36
通貨発行益　49, 50, 52, 53, 55, 56, 58, 66, 67
躓き石　229, 231, 232
積み石　229, 231, 232
デフォルト　32
デフレ　45, 65-71, 73
動機付け　274, 280
統合政府　51-55, 57, 59-61, 69, 73
道路特定財源　103
特別会計　113
ドーマー条件　31

ナ行

二重の負担　132
日銀当座預金（預け金）　45, 47, 48, 54, 60, 67, 73
日銀当期剰余金　55, 56
年金改正　127

ハ行

発生主義　110
パレート効率　137, 208
非協力ゲーム　168
非対称情報　253, 275, 283, 287, 289
非ポンジーゲーム条件　52
費用便益分析　100
ビルト・イン・スタビライザー　18-20
貧困の罠　165, 185
フィッシャー効果　51
フォーク定理　270
副産物　271

複数均衡　260
物価水準の財政理論　14, 58, 59, 63-67, 70, 72, 73
部分ゲーム完全なナッシュ均衡　256, 260, 266
プライマリー黒字（収支）　50-53, 57, 58, 62-65
ふるさと納税　303
ペイゴー原則　107
ベイズ・ルール　277, 278
ベスト・ショット　299
ベースマネー　47-51, 53, 54, 56, 57, 67
貿易創造効果　223, 224, 226-229
貿易転換効果　223, 224, 226-228
法人税　232, 240-242, 246
補償仮説　243-245
補正予算　112
ポピュリズム　28, 282, 286, 287, 290
ボーン条件　31, 107

マ行

マイナンバー　157
マーシャルの k　47, 49
マニフェスト　253, 263, 264
マネーストック　47-50, 53
マネタイゼーション　61, 67

マネタリストの不快な算術　50, 56, 58, 60
民営化　133
民間消費　93
民主主義　246, 253, 281, 282
　　シルバー——　69, 114
名声レント　283, 286
名目債務　59, 70, 72
モラルハザード　220, 255, 262

ヤ行

予算制度　108
予算編成権　117
誘因整合性　279

ラ行

利益集団（団体）　22, 77, 105, 166, 228, 253, 264, 267, 269-275, 279
　　——政治　228, 253, 265, 270, 272-274
リカード・バローの中立命題　72, 77-84
リスク・プレミアム　34
リフレ派　49, 66, 68
労働者派遣法　244
ロビー活動　78

著者紹介
井堀利宏（いほり　としひろ）
1952年生まれ
現在　政策研究大学院大学教授
著書　『日本政治の経済分析』木鐸社，1998年（土居丈朗：共著）
　　　『消費増税はなぜ経済学的に正しいのか：世代間格差拡大の財政的研究』
　　　ダイヤモンド社　2016年　他多数

小西秀樹（こにし　ひでき）
1962年生まれ
現在　早稲田大学政治経済学術院教授
著書　『公共選択の経済分析』東大出版会　2009年　他

著者との了解により
検　印　省　略

政治経済学で読み解く
政府の行動：アベノミクスの理論分析

2016年8月15日　第一版第一刷印刷発行　Ⓒ

（乱丁・落丁本はお取替致します）

著　者	井　堀　利　宏
	小　西　秀　樹
発行者	坂　口　節　子
発行所	有限会社　木　鐸　社
印　刷	アテネ社　　製　本　高地製本

〒112-0002　東京都文京区小石川 5-11-15-302
Tel（03）3814-4195　　振替 00100-5-126746
Fax（03）3814-4196　　http://www.bokutakusha.com

ISBN978-4-8332-2495-6　C3033

現代日本政治分析のフォーラム

レヴァイアサン 年2回（4月・10月）刊行
菊判平均200頁・2000円

編集委員　飯田敬輔・大西裕・鹿毛利枝子・増山幹高
書評委員　石田淳・磯崎典世・曽我謙悟・日野愛郎・
　　　　　待鳥聡史・村井良太
顧　　問　加藤淳子・川人貞史・辻中豊・真渕勝

　この数年，日本の政治学界には新しい流れが生まれている．本誌はこの新しい流れの学問的コミュニティに一つのフォーラムを提供し，一層旺盛な批判と反批判の場を作ることで，政治学研究を活性化することを狙いとしている．

創刊号　新保守主義の台頭（1987年秋）品切
第2号　国家と企業・団体・個人（88年春）
第3号　比較政治体制論（88年秋）
第4号　テクノクラート論と日本の政治（89年春）品切
第5号　岐路に立つ日米関係（89年秋）
第6号　大都市時代の地方自治（90年春）
臨時増刊号　戦後における西独と日本（90年夏）品切
第7号　マス・メディアと政治（90年秋）品切
第8号　フェミニズムと社会運動（91年春）
第9号　自民党（91年秋）
第10号　89参院選（92年春）
臨時増刊号　土地問題と日本政治（92年夏）
第11号　貿易と日本政治（92年秋）
第12号　自由化の政治学（93年春）
第13号　冷戦後の日本外交（93年秋）
臨時増刊号　一党優位制の崩壊？（94年冬）
第14号　利益集団と日本の政治（94年春）
第15号　93総選挙——55年体制の崩壊（94年秋）
第16号　日独の戦後政策と政治（95年春）

第17号　政界再編の序曲（95年秋）
臨時増刊号　国連50年と日本（96年冬）
第18号　日本政治の主役（96年春）
第19号　合理的選択理論とその批判（96年秋）品切
第20号　選挙制度改革と日本政治（97年春）
第21号　世紀転換期の政治学（97年秋）
臨時増刊号　政権移行期の圧力団体（98年冬）
第22号　変容する日欧の政党政治（98年春）
臨時増刊号　連立政権下の政党再編（98年夏）
第23号　日韓政治体制の比較研究（98年秋）
第24号　制度改革の政治学（99年春）
第25号　ポスト政治改革の政党と選挙（99年秋）
第26号　グローバリゼーション－日欧比較（2000年春）
第27号　地球環境政治と市民社会（2000年秋）
第28号　公共政策の政治過程（2001年春）
第29号　日本の政党政治の変容と継続（2001年秋）
第30号　議会研究（2002年春）
第31号　市民社会とNGO——アジアからの視座（2002年秋）
第32号　90年代の政党政治と政策の変化（2003年春）
第33号　地方分権改革のインパクト（2003年秋）
第34号　政官関係（2004年春）
第35号　比較政治学と事例研究（2004年秋）
第36号　日本から見た現代アメリカ政治（2005年春）
第37号　90年代の経済危機と政治（2005年秋）
第38号　行政改革後の行政と政治（2006年春）
第39号　05年総選挙をめぐる政治変化（2006年秋）
第40号　政治分析・研究におけるアプローチの
　　　　フロンティア（2007年春）
　　　　（創刊20周年記念大特集）
第41号　現代日本社会と政治参加（2007年秋）

第42号　ポピュリズムの比較研究に向けて (2008年春)
第43号　2001年省庁再編の効果 (2008年秋)
第44号　ニューロポリティックス (2009年春)
第45号　世界の市民社会・利益団体 (2009年秋)
第46号　変化する政治，進化する政治学 (2010年春)
第47号　選挙サイクルと政権交代 (2010年秋)
第48号　政治学と政治史のインターフェイス (2011年春)

第49号　福祉国家研究の最前線 (2011年秋)
現代ヨーロッパにおける年金改革＝伊藤　武
戦争と医療保険改革＝山岸敬和
ラテンアメリカにおける福祉再編の新動向＝高橋百合子

第50号　国際ガバナンスの本質と変容 (2012年春)
国際ガバナンスの本質と変容 経済危機を越えて＝鈴木基史
国際貿易ガバナンスにおける連携構築＝毛利勝彦
50号記念 近年の政治状況・政治学動向と『レヴァイアサン』の役割

第51号　地方議員と政党組織 (2012年秋)
都道府県議会議員の支持基盤＝品田　裕
都道府県議会議員の選挙戦略と得票率＝西澤由隆
マルチレベルの政治制度ミックスと政党組織＝建林正彦

第52号　変革期の選挙区政治 (2013年春)
小選挙区比例代表並立制と二大政党制＝増山幹高
「我田引鉄」再考＝河村和徳
参院選における「政策バランス投票」＝今井亮佑

第53号　「一党優位体制後」の比較政治学 (2013年秋)
民主党政権の失敗と一党優位政党制の弊害＝上川龍之進
政権交代とカルテル政党化現象＝三浦まり
メキシコにおける政権交代とその政治的・政策的帰結＝高橋百合子

第54号　外交と世論 (2014年春)
外交と世論＝飯田敬輔・境家史郎
日本人はどの程度武力行使に前向きなのか？＝荒井紀一郎・泉川泰博
国際危機と政治リスク＝栗崎周平・黃太熙

第55号　政治経済学のルネサンス (2014年秋)
人々はなぜ農業保護を支持するのか＝直井　恵・久米郁男
現在の脅威と将来の脅威＝岡部恭宜
派遣労働再規制の政治過程＝辻　由希

第56号　国会という情報学 (2015年春)
　座談会　国会審議をめぐる学際的研究の可能性
　　　＝増山幹高・河原達也・松田謙次郎・木村泰知・高丸圭一
　いかに見たい国会審議映像に到達するか＝増山幹高・竹田香織
　国会議員による国会審議映像の利用＝石橋章市朗・岡本哲和
　東日本大震災の発生と日本の国会政治＝松浦淳介
　国会審議の映像情報と文字情報の認知的差異＝木下　健

第57号　日本における「左右対立」の現在 (2015年秋)
　日本における左右対立（2003～14年）＝谷口将紀
　有権者の脱イデオロギーと安倍政治＝竹中佳彦・遠藤晶久・
　　Ｗ・ジョウ
　戦後日本における政党間イデオロギー配置と投票参加行動
　　＝境家史郎
　株価か格差か＝ケネス・モリ・マッケルウェイン（豊福実紀訳）

現代世界の市民社会・利益団体研究叢書
辻中豊編（筑波大学）　　　　　　　　　　　　　　全6巻

　各国市民社会組織の構成や配置，および利益団体としての政治過程での行動，関係を世界的な比較の中で体系的に分析し，各国の政治社会構造の特性を摘出する。とりわけ，共通の調査分析部分とそれを踏まえた日本との比較と各国別の固有の質的な分析を行う。

第1巻　現代日本の市民社会・利益団体
辻中豊編
A5判・370頁・4000円（2014年2刷）ISBN978-4-8332-2319-5

第2巻　現代韓国の市民社会・利益団体
：体制移行と日韓比較研究
辻中豊・廉載鎬編
A5判・490頁・6000円（2004年）ISBN978-4-8332-2320-1

第3巻　現代アメリカの市民社会・利益団体
：ロビー政治の実態と日米比較
辻中豊・石生義人・久保文明編
A5判・350頁・価未定　ISBN978-4-8332-2321-8

第4巻　現代ドイツの市民社会・利益団体
：団体政治の日独比較
辻中豊・フォリヤンティ＝ヨスト・坪郷實編
A5判・350頁・価未定　ISBN978-4-8332-2322-5

第5巻　現代中国の市民社会・利益団体
：比較の中の中国
辻中豊・李景鵬・小嶋華津子編
A5判・448頁・4000円（2014年）ISBN978-4-8332-2323-2

第6巻　現代世界の市民社会・利益団体
：総括　5カ国比較
辻中豊編
A5判・350頁・価未定　ISBN978-4-8332-2324-9

別巻　日本における市民社会の二重構造
R. Pekkanen, Japan's Dual Civil Society : Without Advocates, 2006
R. ペッカネン著　佐々田博教訳
A5判・272頁・3000円（2008年）ISBN978-4-8332-2399-7 C3031
　日本における市民社会の組織は，消費者運動に焦点を絞った生活者運動に終始する傾向が強く，国の政策転換や社会全体の改革に提言する機会が少ない。しかし，日本の市民社会は社会関係資本や共同体の育成を通じて民主主義をささえる一方，政策提言団体に育てる人材が少ないことが市民社会の二重構造を作り出している，と分析する。